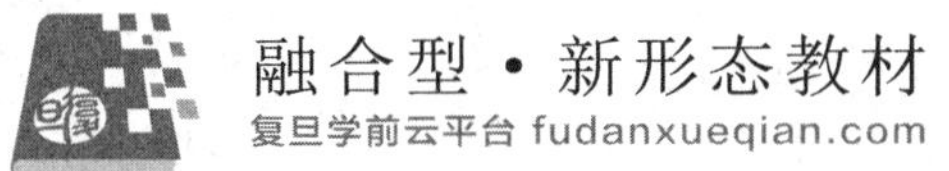

普通高等学校学前教育专业系列教材

幼儿园音乐游戏设计与指导

主　编　董　丽
副主编　李　梦　周　蓓

复旦大学出版社

内容提要

本教材分为歌唱游戏、律动游戏、演奏游戏、欣赏游戏四个部分，每个部分围绕教育价值、能力发展特征、设计与指导、游戏课例及专家评析等内容展开。教材选编了适合幼儿园小中大班的音乐游戏课例，内容广泛，涉及幼儿音乐素质的各个方面，适用于学前教育专业音乐教学法课程，也可为幼儿园一线教师提供了丰富的教学素材和理论支撑。

本书配有教学课件等资源，读者可登录复旦学前云平台www.fudanxueqian.com免费下载。

复旦学前云平台
数字化教学支持说明

为提高教学服务水平，促进课程立体化建设，复旦大学出版社学前教育分社建设了“复旦学前云平台”，为师生提供丰富的课程配套资源，可通过“电脑端”和“手机端”查看、获取。

【电脑端】

电脑端资源包括 PPT 课件、电子教案、习题答案、课程大纲、音频、视频等内容。可登录“复旦学前云平台”www.fudanxueqian.com 浏览、下载。

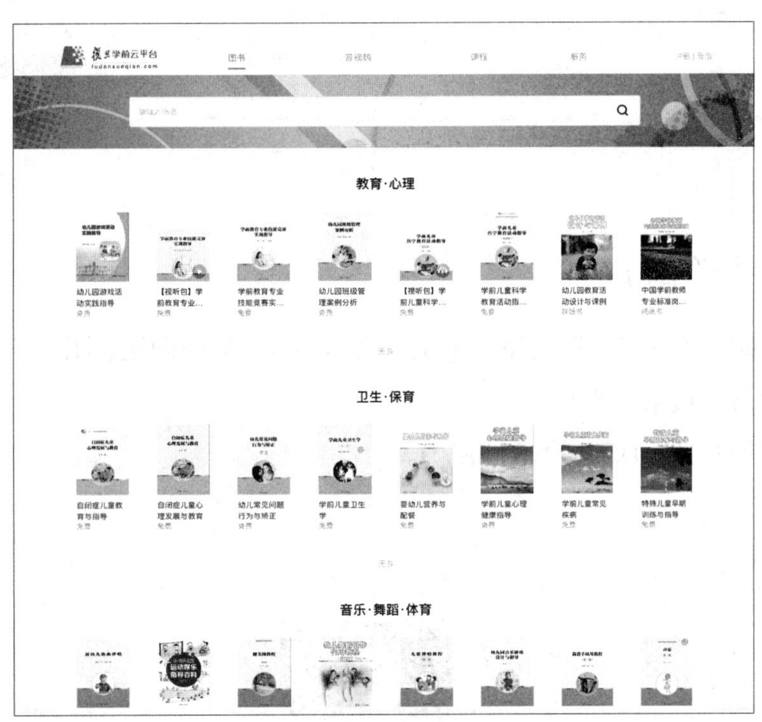

Step 1 登录网站“复旦学前云平台”www.fudanxueqian.com，点击右上角“登录/注册”，使用手机号注册。

Step 2 在“搜索”栏输入相关书名，找到该书，点击进入。

Step 3 点击【配套资源】中的“下载”（首次使用需输入教师信息），即可下载。音频、视频内容可通过搜索该书【视听包】在线浏览。

【手机端】

PPT 课件、音视频、阅读材料：用微信扫描书中二维码即可浏览。

于活动室，在幼儿园内、大自然、家庭和社区都可以进行。学前儿童的科学探究活动不只在使用材料中，问题也不只由教师提出。学前儿童在真实的生活中感悟科学，会觉得科学探究是自己生活的一部分，而不是只在特定的时间、地点、老师准备好的情况下发生的。

第四，学前儿童科学教育活动中多种探究方法并用。既然学前儿童科学探究活动的地点突破了活动室的界限，科学探究的内容和问题就会极大地丰富起来，那么科学探究的方法必定呈现出多样性。需要以观察为主的探究活动就要运用观察，需要做调查研究的就要采用调查方法。教师要具体问题具体分析，关键要让学前儿童在科学探究活动中体验方法，在实践中掌握方法。

第五，学前儿童科学教育活动多时间段进行。虽然学前儿童科学探究活动在概念、原理上是粗浅的，但基于学前儿童生活经验的内容可能是复杂的，再加上学前儿童之间存在能力差异，因此，不是每个学前儿童的科学探究活动都能一次完成。

案例 2-2

顽皮的小蜗牛

科学经验是指学前儿童在科学探究过程中，通过亲自操作、凭自身感觉器官获取的具体事实和第一手经验。它可以是对事物外部特征的认识，如对蜗牛的外部特征认识；也可以是对科学现象的理解，如对迎春花早开的理解等。科学经验是最低层次的科学知识，它是与具体事物和现象联系在一起的，离开了具体的事物和现象不可能获得科学经验。尽管科学经验的层次较低，但它对学前儿童非常重要，是他们认识事物的必经之路。科学经验能为学前儿童形成抽象的科学概念提供大量的概括材料。

案例 2-3

“探秘”菜园子

疫情过后，孩子们回到了喜爱的幼儿园。在一次户外的观察活动中，我们来到了三楼的菜园，发现里面的蔬菜都开始结果了，孩子们对于眼前的一切非常感兴趣，各种各样的问题从嘴里冒出来。“老师，这是什么？”“老师，这个可以吃吗？”“这种蔬菜叫什么名字？”等等。陶行知先生说过“生活即教育”，我们以菜园子为载体，对蔬菜进行了探秘。

蒋子铭：“我在菜园子里面发现了四季豆。”

老师：“四季豆？里面有四季豆吗？”我很疑惑，带着孩子们再一次去到了菜园，原来他把豇豆认成了四季豆。

由于菜园里面没有四季豆，于是我专门去超市买回了四季豆，把豇豆和四季豆放在一起，让孩子们自己观察它们有什么区别。孩子们把两种蔬菜比了一比，发现四季豆短、粗，豇豆长、细。

扫码浏览

【更多相关资源】

更多资源，如专家文章、活动设计案例、绘本阅读、环境创设、图书信息等，可关注“幼师宝”微信公众号，搜索、查阅。

平台技术支持热线：029-68518879。

“幼师宝”微信公众号

前　言

音乐和游戏是幼儿生活世界中不可缺少的活动内容。在音乐游戏活动中,幼儿的情绪受音乐艺术形象的感染,轻松愉快的游戏情境不仅能激发幼儿的音乐兴趣,同时对幼儿音乐能力的培养以及身心的发展都起着至关重要的作用。

当前,随着幼儿园课程改革的深入,游戏化的教育活动已经渗透到幼儿生活的每个角落。游戏作为一种教育手段,其目的在于为孩子提供一个健康成长的平台,如何将音乐与游戏紧密结合,尤其是根据儿童生理、心理发展的自然规律设计和指导音乐游戏,启发幼儿主动、积极、创造性地参与音乐活动,让孩子在游戏中学习音乐,在音乐中享受游戏,这已成为广大幼儿教育工作者迫切关心的问题,而相关教材的匮乏的确给许多一线教师和家长带来诸多的不便。

本教材正是在学习借鉴了世界先进国家儿童音乐教学法的基础上,立足于当前我国学前教育课程改革发展的现状,紧密结合我国课程指导纲领,在此基础上组织全国部分幼儿音乐教育专家、学前师范院校的骨干教师,以及一线的幼儿教育工作者协同参与编写而成。

本教材采用理论阐述与教学课例相结合的原则,根据幼儿的音乐实践方式分为歌唱游戏、律动游戏、演奏游戏、欣赏游戏四个部分,每个部分围绕教育价值、能力发展特征、设计与指导以及具体的课例进行分析。教材选编了幼儿园各年龄班的音乐游戏课例,内容广泛,涉及幼儿音乐素质的各个方面。不仅为幼儿园一线教师和家长提供了丰富的教学素材和理论支撑,同时也为学前师范院校音乐教学法课程提供了辅助的教学参考资料,希望它能够成为广大幼儿教育工作者的教学帮手。

本教材在编写过程中得到了朱婷婷、王燕、朱文倩、张雯、黄嫣等老师,以及李秀婷、陈珂、王宇聪、杜倩、李依泽、严菲儿、李琳、占静等同学的热情帮助和支持,在此深表感谢。由于时间仓促,水平有限,书中的瑕疵在所难免,望专家、学者、同行们不吝赐教,批评指正!

2019 年 5 月

目　录

第一章　概　　论

音乐教育作为幼儿园教学中一项主要的教育课程，在幼儿教育的过程中起着不容轻忽的作用。对幼儿进行音乐教育，不仅能够陶冶幼儿情操，增强幼儿对美的理解，还能够激发和培养幼儿发现美、创造美的能力。而幼儿音乐游戏课程又是幼儿音乐教育不可缺少的重要教学形式，它在幼儿音乐教学过程中产生，并作为幼儿音乐教学活动的一个重要内容，发挥着极其重要的作用。

第一节　幼儿音乐游戏的定义

喜欢游戏是幼儿的天性。发展心理学家认为，游戏是适合和促进幼儿身心发展的一种独特的活动方式。它可以让幼儿通过思考、想象、尝试、验证、创造、吸收、理解等活动来认识和适应周围世界。幼儿游戏蕴藏着幼儿发展的需要和教育的契机，其发展的多样性、差异性、自然性等特点在游戏中体现得最为淋漓尽致。著名的儿童教育家陈鹤琴认为："好游戏"是幼儿的心理特点、是儿童本性，而且认为"游戏是儿童的生命""儿童的生活可以说就是游戏"。石头剪刀布、老鹰捉小鸡、丢手绢……许许多多的民间幼儿游戏，之所以可以代代相传，就是因为它们迎合了幼儿的特点，内容生动活泼，有着广泛的趣味性。近年来，随着人们教育观、儿童观的转变，游戏作为促进幼儿全面发展的教育手段已获得了广泛的重视与应用。

音乐教育，作为幼儿园实施美育的主要途径和特殊手段，经历了漫长的一段发展过程，在这段曲折的过程中，音乐教育逐渐走向成熟，音乐教育课程不断地被丰富和完善。1953 年，在苏联专家戈琳娜的指导下，我国颁布了《幼儿园暂行规程(草案)》《幼儿园暂行教学纲要(草案)》，这两个草案明确规定了幼儿音乐教育的具体目标和幼儿音乐教育的任务、内容及教学计划。1954 年，教育部委托北京师范大学编写了《幼儿园工作指南》，该指南规定唱歌、舞蹈、音乐游戏和听音乐都是幼儿园音乐教育的内容，并指出音乐教育应当指向每一个儿童。至此，幼儿园的音乐教育在苏联专家的帮助与中国幼儿园自身的实践摸索中渐渐得到发展。改革开放打开国门的同时也引进了国外先进的音乐教育体系，如奥尔夫音乐教学法、铃木音乐教学法、柯达伊音乐教学法等。这些先进的教学法为中国所吸收、接纳，中国幼儿音乐教育已进入多层次、多元化的发展阶段。与此同时，游戏这一概念也被提到幼儿园工作指导和教育纲要中。1996 年发布的《幼儿园工作规程》中明确提出："游戏是幼儿进行全面发展教育的重要形式。" 2001 年的《幼儿园教育指导纲要》中指出："幼儿园以游戏为基本活动……" 这些规程确立了游戏在我国幼儿教育中的地位。

音乐游戏目前已成为幼儿音乐教育的重要教学手段，是一种以发展幼儿音乐能力，并且通过音乐促进幼儿身心全面发展为目标的集体教学活动，是音乐教育中不可缺少的形式和内容。音乐游戏一般是指以音乐为背景,或在音乐伴奏、歌曲伴唱的同时,幼儿以个人、多人合作或集体的游戏方式,用动作、表演、演奏或欣赏等形式来表现和体验音乐的性质、内容和音乐形象,以此来培养和发展诸如感受、鉴赏、表现和创造等艺术能力的音乐教育活动。在音乐游戏中,音乐和游戏是相互促进、相辅相成的。它将教育教学的要求以生动有趣的游戏形式表现出来,帮助幼儿更具体、形象地感受和理解音乐,获得一定的情绪、情感体验,使孩子们在乐此不疲的游戏和玩耍中掌握音乐知识和技能,渗透品德教育和审美教育。

游戏的定义,众学者说法不一:游戏是与生俱来的一种倾向,游戏是一种行为、一种情境,游戏是生活的本质,游戏即想象,游戏是幼儿的生活与工作,均有其立论的基础。游戏有其本质,更有其特征。综合国内外学者的观点,游戏具有:出自内在动力(intrinsically motivated)、重过程轻结果(process over product)、是一种自由选择(free choice motivated)、具有正向情感(positive affect)、重行为不重言传(non-literal behavior)、非实际性(nonliterality)、游戏者主动参与(actively engaged)等七种基本特征。游戏对成人来说是一种消遣娱乐,但对孩童而言,它是一种工作、学习或情绪发泄。在游戏过程中,儿童必须透过思考、感官动作的协调、实际生活体验的融合,才能完成在游戏过程中满足学习的乐趣。幼儿音乐游戏,本质上应是让幼儿自发产生、自由选择、弹性发展、乐在其中,可广泛地包括各种自发性的音乐探索活动。

幼儿期被认为是培养幼儿音乐潜能的最佳时期,用游戏的形式对幼儿进行早期音乐教育,不仅可以培养和提高幼儿对音乐的兴趣和爱好,还能够陶冶幼儿情操,培养幼儿的审美能力,激发幼儿感受美表现美的情趣,丰富他们的审美经验,促进幼儿对美好事物的喜爱和对美好生活的向往。音乐游戏具有突出的教育作用,集中地体现了音乐的艺术性、技能性与幼儿的年龄特点和发展水平之间的正比例发展。以前,音乐与游戏在分科教学的影响下,常常被单独教授,或者无意识地融合,近几年,幼儿园音乐游戏逐渐走向融合,体现了极大的优越性。如今,幼儿音乐游戏是幼儿园中最常见的教学形式,它有机地将音乐与游戏结合起来,使二者相得益彰。幼儿在适当的音乐背景下,进行与音乐的内容、情绪、节奏等相吻合的游戏活动,让他们在游戏的情境中感受音乐,在音乐的氛围中进行游戏。这将促使幼儿拥有轻松、积极的学习心态,达到理想的教学效果。

幼儿音乐游戏的活动形式主要分为四大类:歌唱游戏、律动游戏、演奏游戏、欣赏游戏。四种不同的游戏方式各自发挥着不同的作用,每一种游戏方式都有自己的训练价值,同时各领域的内容也相互渗透,从不同的角度促进幼儿的知识、技能、情感、态度、能力等方面的发展。本教材将对这几种教学形式进行分析、研究,并提供大量的教学实例,供学前教育工作者借鉴。

第二节　幼儿音乐游戏的特征

音乐游戏是以歌唱、律动、演奏、欣赏等手段为主要形式的音乐教学活动,它将音乐和游戏紧密地结合为一体。以游戏的方式学习音乐,以音乐的内容进行游戏。在不同的音乐情境中,游戏与联想使幼儿身临其境,在游戏中获取情趣和美感。教师在游戏中教,幼儿在游戏中学,教学过程浸润在生动、活泼、童趣盎然的氛围中,不仅使得幼儿感受和接近艺术,同时还大大提高了幼儿的学习兴趣,使艺术教育摆脱了技能型训练的枯燥与乏味,积极主动的学习愿望会使幼儿在教学活动中更大限度地接近艺术、创造艺术。因此,较之其他的艺术教学,幼儿音乐游戏有其自身的独特性,其特征主要表现在以下六个方面。

一、音乐性

音乐是声音的艺术，是通过声音的高低、长短、强弱、音色等要素，构成节奏、节拍、速度、力度、旋律、音区、音色、调式、和声、织体、曲式等音乐的基本表现手段和组织形式，来表现人的内心情感，反映社会生活的艺术。

音乐是音乐游戏的灵魂，贯穿音乐游戏教学活动的始终。幼儿在音乐游戏中，感受音乐并伴随音乐的流动、旋律的起伏、节奏的跳跃、音色的异同、情绪的变化与发展，用手中的乐器或自己的身体外化音乐、表现音乐，或在老师的启发下进一步欣赏和感受音乐。从接触音乐到感受音乐、认识音乐、表现音乐、发展音乐……整个游戏活动都是以音乐为轴心进行发展和变化的，所以“音乐性”是音乐游戏活动的重要特征。

二、趣味性

心理学研究证明：人有先天性的行为趋势倾向，趋向积极的情感体验，从而回避消极的情感体验，幼儿更是如此。如果让他们感到快乐和获得成功体验，幼儿就会投入强烈的兴趣，表现出不凡的创造力。所以，要想让幼儿自觉、快乐地投入到游戏中，有效率地达成学习效果，“趣味性”是音乐游戏的根本特征。

从歌词到音乐、从体裁到形式、从结构到风格……幼儿音乐游戏都要贴近幼儿生活、体现幼儿情趣、接近幼儿的关注点。如在音乐欣赏游戏中，选择过于悲伤或者情绪变化较大、结构较复杂的音乐会显得不适宜，相对来讲情绪较积极、节奏较明显的音乐更适宜幼儿，容易被幼儿接受。当然，其他多样性的音乐也可以有少量的涉及，这就要求老师找到一个幼儿感兴趣的切入点引导幼儿欣赏和理解，所以音乐活动内容的趣味性是极为重要的。

同时，教学环节的趣味性也是音乐游戏活动成败的关键。游戏中每个环节的设计，需要教师运用游戏的教学手段或情节化的语言带领幼儿由一种（语言）意境自然过渡到另一种（音乐）意境中。游戏环节精心设计、环环相扣，抓住孩子游戏化的情绪体验，才会使幼儿在教师的引导下一步一步地接近教学的目的，完成教学的计划。

三、阶段性

对于学前幼儿，年龄是幼儿能力的决定性因素。因为处于人体发展的初期，幼儿心理和生理的变化非常大，不同年龄段幼儿的能力也有明显的差异。所以音乐游戏的创编一定要考虑到幼儿的实际音乐能力与最近发展区，对幼儿的教学完成情况做不同的要求。例如我们进行打击乐器的演奏活动，根据不同的年龄特点，教师应设计不同程度的内容与教学要求。在小班阶段，我们可以先以大肌肉的（手臂）动作、单一多重复的节奏型为主，逐步发展到中班的增加手眼配合的动作以及多种节奏型的加入，最后到大班双人配合完成较复杂的节奏型。

四、多样性

幼儿的稳定性比较差，比较喜欢长时间重复相同或相似的事物。为了吸引幼儿的注意力，让他们对音乐游戏产生兴趣，用多样化的游戏形式和多样化的游戏内容，去建构幼儿音乐游戏活动的最佳方案，让他们成功地体验音乐是教学中尤为重要的一环。同一个主题、同一种类型的音乐，有时甚至是同一首音乐，我们都可以找到不同的切入点，用不同的教学形式进行教学。

同时,我们看到音乐游戏活动的多样性也来自于音乐的多样性。多样的音乐组成多彩的音乐世界,多彩的音乐世界也带给了孩子多样的音乐游戏。从不同风格的音乐中感受不同文化,从不同节奏型的音乐中感受不同心情,通过不同的游戏形式感受不同的快乐。对于教师有取之不尽的音乐资源,然而如何选择资源,更好地运用资源服务于幼儿的音乐教学工作,我们将在本教材的其他章节涉及此问题的研究。

五、综合性

音乐是综合的艺术,音乐不是以单一形式存在的,不仅仅是用嘴唱或用耳朵听,它是结合动作、舞蹈、语言的有机整体,这恰恰又是人与生俱来的本能,是源于生命开端的,是接近土壤的,是心灵最自然的表露。同样,音乐游戏也不仅仅是音乐中的各个元素的结合,更重要的是多种艺术形式在游戏中的综合体现。当前幼儿园课程改革更是鼓励老师运用开放的观念,寻找音乐与各门艺术以及艺术之外的各门学科间的联系,让孩子在更为宽泛的艺术领域学习音乐,理解艺术,体验世界。音乐游戏正是综合化学习方式的体现。

六、社会性

音乐游戏具有多种社会性特征,如音乐游戏活动能潜移默化地培养幼儿主动参与到游戏中的能力和习惯。皮亚杰"儿童自我中心说"证明了儿童是以自我为中心的,因此在新入学的幼儿中往往出现由于自我为中心而造成的问题,比如参加游戏时具有随意性,缺乏明确的目的性等。而有趣的音乐游戏能有效地激发幼儿参加集体游戏的兴趣,吸引着他们主动地参与游戏活动,让幼儿能够自然地从家庭生活过渡到幼儿园集体教育教学活动,适应社会生活。

另外,音乐游戏也能够培养幼儿遵守游戏规则的能力和习惯。在音乐游戏中,儿童要遵守相应的游戏规则,如果游戏者不遵守规则,就会影响游戏的进行,使游戏失去趣味性,进而影响游戏的顺利进行。规则意识在日常的生活常规中是教师不断强调的问题,幼儿往往带着不情愿的心情去遵守着幼儿园的各种常规,音乐游戏则采用游戏的形式,让幼儿带着愉快的心情去顺从游戏的规则和要求,从而加强对自己的约束,并且在游戏过程中会得到其他幼儿的提醒和督促,从而使其有效地矫正自己的行为,养成遵守规则进行游戏的良好习惯。

第三节　幼儿音乐游戏的价值

音乐是人类社会生活的重要组成部分。音乐游戏具有潜移默化美化心灵的作用,是幼儿生活、学习和成长过程中不可或缺的重要元素,它不仅能培养和提高幼儿的音乐素质和音乐能力,还成为使幼儿身心得以和谐发展、健康成长的重要手段。具体地说,音乐游戏的教育价值主要表现在以下两个方面。

一、工具价值:促进幼儿音乐能力的发展

(一)促进幼儿音乐感知能力的发展

幼儿的音乐感知能力是一种内在的音乐体验能力,虽然学龄前儿童受年龄和音乐经验的影响,对音

乐的感知只能来源于儿童的音乐本能和有限的音乐积累，但是所有的音乐内涵都可以用一种适合幼儿心理特点和接受能力的教学方式来实施和完成。美国早在20世纪60年代的曼哈顿维尔音乐课程计划中就建立起以音乐概念发展的立体螺旋形式，帮助儿童有效地感知音乐。幼儿的感知能力主要体现在：

1. 感知音乐的表现要素

主要指感知音乐的音高、节奏、曲式、力度、音色、和声等表现要素，在游戏中幼儿能够对音乐各种要素的敏感度有所加强，也潜移默化地锻炼了幼儿的听觉感知能力。

2. 感知音乐的情绪情感

对幼儿来说，所有的音乐作品都反映出一定的情绪特点，诸如悲伤、高兴、激动、平静、嫉妒、调皮、紧张、热烈等。在音乐游戏中，幼儿对音乐的喜怒哀乐的捕捉会形成幼儿自己独到的理解，这也为孩子日后建立丰富的音乐情感打下基础。

3. 感知音乐的体裁与形式

音乐的体裁有声乐体裁和器乐体裁，其中有不少是幼儿的音乐世界中经常接触到的，比如摇篮曲、小夜曲、音乐剧、船歌，还有幻想曲、进行曲、圆舞曲、变奏曲等。另外，在音乐游戏中，孩子们往往对音乐的曲式结构，如回旋曲式、变奏曲式表现出极大的兴趣，这些适合幼儿参与体验的体裁与形式通过有效的游戏环节，能够渗透到孩子早期的音乐经验中，可想而知对他们音乐素养的形成有很大的作用。

4. 感知音乐的风格与流派

中外各个时期的音乐流派和音乐人物都是幼儿可以参与理解和体验的内容，无论是巴洛克音乐、印象派音乐，还是中国的古琴、民歌和戏曲，音乐文化对孩子的感染力是任何其他艺术不可替代的。音乐游戏把深奥的音乐概念和音乐文化渗透到幼儿的生活中，这种积累对孩子未来的音乐探索和音乐兴趣都有着不可忽视的影响。

（二）促进幼儿音乐表现能力的发展

幼儿的音乐表现能力主要包括演唱能力、演奏能力、律动能力和综合表演能力。表现能力往往是一种外显的音乐能力，是幼儿运用一定的音乐表演技能将内在的音乐感受表达出来的能力。它建立在孩子的音乐基础之上，同时结合个性、应变能力、心理素质等条件，是比较直观的评价孩子音乐学习状况的一种标准，所以也是幼儿园音乐游戏中实践得较多的一种能力。当然，每个孩子因为音乐基础不同，各项能力会有差异，比如有的孩子演唱能力强，有的孩子动作协调性更好，但所有的表现能力都是幼儿直接深入体验音乐的重要途径。

（三）促进幼儿音乐创造能力的发展

幼儿先天具备音乐创作的潜能，这种创作不能狭义地理解为创作音乐作品，很多时候是来源于孩子对声音的探索——对制造音乐和表现声音的乐趣中。诸如幼儿在音乐游戏活动中积累起来的创编歌词的能力、创编节奏型的能力、创编旋律的能力、创编动作的能力、创造性配器的能力，以及创编表演形式的能力。音乐创造能力以感知能力为基础，是表现能力的升华。音乐游戏是萌发幼儿音乐创造的摇篮，每个孩子都能在通过音乐认识自我、认识世界的过程中激发音乐潜能，并用他们自己独特的表现方式来表达音乐。

二、本体论价值：促进幼儿身心的发展

当前幼儿园音乐游戏活动不仅以音乐能力的提高作为主要教学目标，同时也越来越注重以音乐为工具发展孩子除音乐之外的多种能力。

（一）促进幼儿身体的发展

幼儿期是发展身体动作的重要时期。在音乐游戏中，幼儿通过发声训练锻炼肺活量以及声带和嗓音的柔韧性，通过舞蹈和律动锻炼手脚协调的灵活性，通过打击乐活动锻炼手持乐器的技巧以及脑中枢神经系统的配合能力等，音乐游戏能力强的孩子必定在身体基本素质方面有一定的优势。

（二）促进幼儿语言的发展

众所周知，在幼儿学习语言的过程中，音乐是不可或缺的工具。音乐与语言密不可分，一首首活泼、欢快的歌曲往往就是一首首朗朗上口的儿歌、诗歌，一首首优美、动听的乐曲也好像描述着一个个有趣的故事。通过做音乐律动游戏学习英语单词，通过唱外文童谣积累语感语句。通过音乐来学习语言不仅是孩子的专利，也是成年人语言发展的需要。如今，很多智障儿童通过音乐治疗来刺激语言，改善与人交流的障碍，这正是音乐对语言发展巨大功能的体现。

（三）促进幼儿认知的发展

幼儿的认知能力包括各种思维能力。在音乐游戏中，幼儿对音乐的用心聆听提高了幼儿的专注力。音乐中不同声音的表现形式放在一起，幼儿学会用思维分辨不同类型的声音以及声音中包含的不同情感。久而久之，不仅在听觉中完成了对注意力的培养，也使幼儿养成了良好的行为习惯。通过游戏，教师引导幼儿观察，直接获得感性经验，不仅可以培养和提高幼儿的想象能力，还能为他们抽象思维的发展奠定基础。

（四）促进幼儿情感的发展

音乐是情感的艺术，音乐游戏让幼儿在积极的情感体验中获得美好的生活经验，儿童早期的审美活动对他们一生的情感发展有着重要的作用。经常利用音乐游戏活动对幼儿进行审美教育，不仅会使幼儿在音乐教育活动中体验积极快乐的情绪，在情感上产生共鸣，还可以培养幼儿的审美感知，提高幼儿的审美理解，从而对幼儿的道德品质、行为习惯及审美能力产生积极的影响。在游戏过程中，他们也会遇到一些困难和挫折，这对他们的意志和品格也是个很好的锻炼。

（五）促进幼儿个性与社会性的发展

幼儿既是独立的个体，又是社会的一分子，让他们发展健全的个性和良好的社会性是幼儿园教育的目标。所有的艺术都是个性的艺术，在音乐游戏中，孩子独立的音乐个性能够在多种途径中得到发挥，同时在游戏的过程中还有利于幼儿集体意识和合作意识的形成，提高同伴之间交往的能力，如严格遵守游戏规则，考验幼儿的自制力和耐心等，各种社会性发展特征都能得到锻炼和培养。

音乐有利于情感的抒发，同时也具有缓和、稳固情绪的能力。幼儿音乐注重的是氛围的欢快感和积极感，这样可以使幼儿身心达到一种和谐、平静的状态，即使幼儿情绪有时易冲动，但在音乐的熏陶下他们会学会适度地发泄与控制。开展音乐游戏活动，可以使幼儿在轻松、活泼的环境中去感受音乐形象，吸收音乐形象中积极向上的精神状态，表达自己的思想感情，因此，幼儿比较容易形成活泼、开朗、热情、大方的性格。

快乐是每个幼儿发展初期最重要的情感之一,无论是家庭还是学校,所有教育形式无不是以“快乐发展”为中心的。有了快乐才会拥有自信;有了快乐才会有学习的动力;有了快乐才会有创造的欲望。所以音乐游戏的快乐价值在幼儿身心方面更具有重大意义。幼儿在音乐中获得肢体语言的抒发,情感方式的宣泄,并且以多种形式来表现自己内心的愉悦感,这样就会在幼儿发展的初期为他们提供一种积极乐观的生活方式。

第二章　幼儿歌唱游戏

第一节　幼儿歌唱游戏概述

幼儿歌唱游戏是早期儿童最喜欢的音乐游戏活动之一，主要内容包括嗓音开发、声乐启蒙和演唱歌曲。优秀歌曲的内容和其所蕴涵的艺术形象，不仅潜移默化地陶冶着幼儿的性情，也可以帮助幼儿听辨音高，辨别音色、音区的变化，为幼儿以后的音乐学习和欣赏打下良好的基础。

一、幼儿歌唱游戏的定义

歌唱是运用人体器官进行发声的艺术实践，可以使人们体验节奏、音高、速度、力度等音乐要素的特点，真切感受歌曲的情感意境，从而达到培养音乐素养、感受音乐美的目的。歌唱也是人类自然的愿望，是人类表达喜、怒、哀、乐各种复杂感情的一种有力手段。歌唱在幼儿生活中也有着重要意义，在幼儿园我们经常可以看到孩子们在搭积木、玩娃娃家、拼胶粒时，自发地哼哼唱；在角色游戏中多喜欢当老师，领着小朋友上音乐课；出外郊游、参观时，一坐上汽车就情不自禁地高声歌唱……唱歌也是幼儿表达内心的激动、兴奋、快乐的一种手段。对幼儿来说，歌唱不仅给生活带来无穷乐趣，同时具有重要的教育价值。幼儿通过歌声表达欢快、愉悦等心情，感受音乐的艺术魅力。

歌唱游戏是幼儿园音乐教育活动的重要组成部分，它是指幼儿用嗓子来制造声音，或演唱有旋律、有歌词的歌曲以及有节奏的朗诵等。在幼儿园中，幼儿歌唱材料有成人创作的儿童歌曲、传统的童谣以及幼儿自己自由创编的歌谣等。幼儿歌唱材料一般具有以下特点：歌曲内容简单有趣、歌词易记且能为幼儿所理解熟悉，节奏和旋律比较平稳；歌曲速度适宜，结构简单多重复部分，适合幼儿自发、自由编唱；适合幼儿用动作表现歌曲内容等。

二、幼儿歌唱活动的形式

独唱：一个人独立地歌唱或独自进行声音的表现。

齐唱：所演唱的歌曲为单声部作品，所有演唱者共同演唱同一旋律。齐唱要求所有演唱者在音乐表现诸方面，如起止、音准、节奏、速度、风格处理、力度与音量、发声方法等都要整齐一致。

接唱：将一首歌曲分成几个乐句一句句接唱，包括个人对个人的接唱和小组对小组的接唱。

对唱：以问答的方式唱歌曲中的问句和答句，包括个人对个人、小组对小组及个人对小组。

领唱：一个人或几个人演唱歌曲中比较主要的部分，集体演唱歌曲中配合的部分。一般安排在开始和中间的部分，起引领歌唱的作用。

轮唱：用同度卡农手法写成。多个声部（一般为2—3个）按一定的时距相互追逐，演唱同一旋律。交叠出现时构成良好的和声关系。

合唱：多声部歌曲演唱形式。音响上讲究整体的融合性，各声部之间要求均衡、和谐、统一。

三、幼儿歌唱游戏的特征

考虑幼儿的年龄特点,以上的7种歌唱形式是最基本的形式。如果把游戏融入到几种形式中,并且不拘泥于教师为主导的传统教学形式,教师作为引导者,就会给课堂带来活跃的气氛,并且可以充分发挥幼儿在课堂中的参与度。歌唱游戏教学可以增加教学的趣味性,使幼儿能够对课程感兴趣,从而促进教学有效地进行。所以幼儿歌唱活动还有很多辅助演唱的活动形式,让幼儿尽情地展示表演能力和发挥歌唱水平,并且形式丰富多样,可以自由融入舞蹈、表演、朗诵等。

动作参与:边唱边跳是最普遍的表现形式。将歌词大意用简单、夸张的肢体语言表演出来,帮助幼儿在情境中进行歌词理解,也帮助幼儿学习和了解肢体语言的简单表达方式。

情境表演:将表演的成分加入幼儿的演唱。角色扮演是幼儿最喜欢的游戏形式之一,边唱边演让幼儿在歌声中走进生活与自然,在故事中去体验歌唱的快乐。

乐器辅助:这里的乐器可以是有音调的乐器,也可以是幼儿打击乐器。让幼儿亲自用熟悉的乐器为歌曲伴奏,选择自己合适的乐器种类和伴奏音型,不仅加强了歌曲的节奏感,也增加了孩子们歌曲演唱的兴趣。

歌词创编:突出旋律的完整性,运用歌词部分替换或全部替换的方式,让幼儿展开丰富的想象,运用他们已有的语言经验、数字经验和生活经验对歌曲进行改编,增加歌曲的游戏性。

嗓音玩唱:早期儿童对自己的嗓子往往有着浓厚的兴趣,很多幼儿都有过喃喃发声和一边游戏一边无意识制造声音的经验。在歌唱游戏中,我们可以让孩子哼唱一些无意义的音节,让他们自发地探索嗓子的无穷能量,学会控制和调节嗓音,并用美好的歌声尽情地表达自己。

四、幼儿歌唱游戏的功能

歌唱活动由人的呼吸器官、语言器官、共鸣器官、表情和表演器官等复杂的动作综合而成,因此歌唱游戏是对幼儿身体多方面的开发与训练。

(一)帮助幼儿学习发声

4—6岁幼儿的发声器官正处于发育初级阶段,其发声器官的长短、大小和活动能力与成人不同,发出的音色、音量、共鸣也与成人不同。他们声带短小,口腔内上颚、硬腭浅窄,喉肌调节声带活动的能力差,同时呼吸较浅,多用头腔共鸣。我们常常看到有的孩子在唱歌时颈部青筋凸起,面部涨红,特别是他们唱到情绪高涨时,更容易出现这种现象。这是喉部紧张用力、发声方法不正确的一种表现。这样的唱法会使孩子的发声器官过分疲劳,时间久了,就会损坏他们的嗓子。所以应当让孩子们学习在唱歌时保持喉部自然、放松,防止和纠正大声喊叫的唱法,使唱出来的歌声优美、动听。

(二)帮助幼儿学习呼吸

最初接触歌唱的幼儿,常常开口就唱,他们往往根据自己的需要而不是根据音乐的需要换气,因而他们的气息常常破坏音乐的整体性,而且唱起来也特别累。有些幼儿把声音全部挤压在喉咙里,不会用自然流畅的方法控制气息。因此正确的引导对幼儿养成良好的呼吸习惯很重要。例如:教师会把日常生活中常遇到的亲身体验,让幼儿回忆感受一下,诸如快速爬楼梯或跑步后气喘吁吁时的样子,让幼儿边表演边体验深呼吸的感觉,并学习在唱不同音高时,能使用这些感觉来进行歌唱。游戏化的呼吸方法,不仅改善了孩子演唱的质量,也锻炼了他们的身体素质。

（三）帮助幼儿纠正咬字与发音

很多幼儿的咬字吐字方法不正确，如用“奶声”“扁嘴”说话，又有些幼儿对歌曲中比较长的句子，不能连贯演唱，歌词含糊不清。在歌唱游戏中，教师可以寓教于乐，帮助孩子改善这些问题。例如：在教唱环节上，教师会带幼儿把歌词字正腔圆地朗读出来，待幼儿读正确后再进行练唱；对于字头吐不清的孩子，要多用带爆破音的字进行练习。如模仿青蛙叫（呱）、小鼓敲（咚）、喊爸爸（ba）等，多用跳音练唱。在教师的帮助下，字正腔圆地演唱会让幼儿更充分地理解歌曲的思想内容、领悟美好的艺术形象。

（四）帮助幼儿提高节奏与音准

对于刚接触歌唱的幼儿来说，兼顾节奏和音准并不是一件容易的事情，在教学过程中，我们常常会发现幼儿能够学会歌曲，但很多节奏和音准是“不着调”的，这其中的原因之一就是教学过程过于枯燥和缺乏游戏性，导致幼儿机械地记诵了音乐。游戏化的歌唱方式强调选择适合幼儿音域和演唱能力的歌曲，将幼儿分声部，同时用手打节拍，幼儿就像组成了一个小乐队，这样兼顾节奏和音准的歌唱就变得轻松愉快。在和谐的歌唱氛围中，进行系统的节奏和音调训练，这样循序渐进地培养幼儿的音准和节奏感。

（五）帮助幼儿建立合作精神

相对于幼儿的生理和心理发展特点，合唱是比较复杂的演唱形式。幼儿在合唱的学习过程中会出现各唱各的现象，合唱练习的初期幼儿更容易关注自己的演唱，而忽视他人的声音与节奏。而经过一段时间的训练，幼儿就会将关注点转移到与他人的合作上。简易的多声部训练为幼儿提供了一个合作的平台，让他们从小在听觉中建立和声的概念，声音上的合作也最终会提升他们更为广泛的合作交流能力。

第二节　小班幼儿歌唱游戏的设计与指导

一、小班幼儿歌唱能力的特征

（一）歌唱水平

小班幼儿由于肺活量小，呼吸短促，还不能根据乐句来换气，经常是一字一换，所以唱歌时时常出现断断续续的现象。因此，教师在选择歌曲时，应避免内容太长、速度太快、太慢或者节奏过于密集和拖沓的歌曲。

（二）音域音准

3—5 岁是幼儿歌唱音区发展较快的阶段。对于小班幼儿来说，他们的音域大致在 c_1—g_1 之间。小班幼儿音准控制力较差，一般他们比较容易掌握的是三度及以下的级进音程。在没有乐器伴奏的情况下，小班幼儿独立歌唱时容易走调，所以音准是这个年龄段比较难掌握的技能。

（三）歌词和吐字

小班幼儿在掌握简单歌词方面已经没有什么问题，但是碰到复杂的字词，往往吐字不清楚。有的时候他们甚至会因理解困难而在唱歌时故意把其中的字、词去掉。另外，当他们发不出一些不太熟悉的声音时，会自行采用自己所熟悉的语音来代替。如形容小马跑步的声音“咯滴咯滴”往往被他们唱成“科里科里”。

（四）和谐程度

小班幼儿在集体歌唱时还不会相互配合，往往是自顾自按照各自的音高、速度来唱，常常你超前、我拉后，不会顾及整体的音响效果。在歌唱中，他们也不太懂得换气，不懂得通过改变声音的强弱、快慢、音色以及声音表情表达音乐的情绪。

二、小班幼儿歌唱游戏的设计

（一）歌曲的选择

在歌曲的选择方面，小班幼儿对于音乐的认知有限，但是他们对于音乐中各个元素有着浓厚的兴趣。他们虽然不能够达到准确的认知，但是对于鲜明的节奏、清晰的旋律还是能够很好地把握。

根据小班幼儿的能力特点，首先，歌曲的时间不能过长，这是由小班幼儿注意力集中时间较短这一特点决定的。其次，曲调需简单明了，所涉及的音域要符合小班幼儿的声带发育特点，过宽的音域会对他们声带的发育有损伤。再次，在节奏方面，要选择简单、节奏型比较单一的比较明快的歌曲，以$\frac{4}{4}$或$\frac{2}{4}$为主，节奏变换也要尽量减少。最后，歌词上要尽量选择简短、形象、押韵的歌词，这比较符合小班幼儿的认知发展水平，对歌曲的演唱也比较有利。

（二）活动目标

小班幼儿活动目标设计的基本原则是要符合小班幼儿身心发展水平，所以歌唱游戏的课程目标可以定为学会有表情地演唱歌曲，理解歌词内容，感受歌词表达的情感，掌握基本音准等简单的目标。在目标的设定上也要首先考虑幼儿是游戏主体这一基本的原则，具体目标的设定也可以根据本班情况或近期单元主题或阶段性主题来定。

（三）活动准备

1. 教师自身准备：包括对歌曲材料的分析和教学对象演唱基础的认识，以及辅助歌唱游戏的音频、视频资料，普及型基本知识、玩偶、折纸、绘画、故事等。

2. 环境准备：包括教师和孩子的站位队形、班级黑板或环境的布置、幼儿桌椅的摆放等。

3. 情感准备：为了让小班幼儿更好地投入游戏的情境，要在游戏前进行有关歌词故事的情感引导，使他们更好地融入歌曲游戏中。

（四）活动过程

活动过程的设计是整个歌唱游戏实施的重点和难点。对于歌曲中歌词、情感以及幼儿游戏方式的指导要遵循幼儿是游戏主体这一根本原则。

在活动中，建议先从幼儿身边熟悉的生活场景和生活经验入手，通过复习与再现，引起幼儿的回忆和成就感，从而与歌唱游戏建立紧密的联系，这样可以避免幼儿对陌生事物失去兴趣后游离在游戏之外。

在歌唱游戏进行中，时刻让幼儿自己去学习、联想和探索，不要拘泥于形式，也不要刻意强调歌唱的技术，把大部分时间留给他们，让他们在自然、和谐的环境和音乐中去感知和体验歌唱的快乐。在进行游戏的过程中，也可以根据他们的演唱能力对原定歌曲进行歌词、节奏或者旋律的改编，增加歌唱的趣味性。

（五）教学建议

不要给小班幼儿预设固定的教学目标，给他们更多探索的空间和时间。小班幼儿的有意注意时间较短，要用大部分时间让孩子在游戏中学会歌唱。在歌曲题材上，由于小班阶段的幼儿对于家庭的依恋较大，尽量选择节奏明快、内容愉快以及与孩子的生活内容比较贴切的歌曲，在有限的教学时间中达到最好的游戏效果。

三、小班幼儿歌唱游戏的课例

1. 我爱我的小动物

1=C 4/4

佚　名词曲
陈　珂　李秀婷设计

5 6 5 4 3 1 | 2 1 2 3 5 - | 3 3 3 5 5 5 | 3 3 2 2 1 - ‖

1. 我爱我的小　羊，　小羊怎样叫？　咩咩咩　咩咩咩　咩咩咩咩咩！
2. 我爱我的小　猫，　小猫怎样叫？　喵喵喵　喵喵喵　喵喵喵喵喵！
3. 我爱我的小　鸡，　小鸡怎样叫？　叽叽叽　叽叽叽　叽叽叽叽叽！
4. 我爱我的小　鸭，　小鸭怎样叫？　嘎嘎嘎　嘎嘎嘎　嘎嘎嘎嘎嘎！

一、活动目标

1. 能够完整地歌唱整首歌曲。
2. 学会辨认各种小动物叫声的节奏。
3. 产生热爱小动物的情感。

二、活动准备

物质准备：各种小动物的图片（小羊、小猫、小鸡、小鸭）、音乐《我爱我的小动物》。

经验准备：幼儿知道歌中小动物的叫声。

三、活动过程

1. 故事导入。

教师："今天是大象的生日，他的四个好朋友来做客，大象做了一个大大的蛋糕，和他的好朋友们一起分享。大家都特别高兴地你一言我一语的。""你们听听大象的好朋友都有谁呢？"

2. 播放歌曲。

教师："小朋友，你们听听都是哪些小动物在说话？"（播放音乐）

3. 教唱歌曲。

教师："小朋友们听听小动物们说了什么？"教师分段播放音乐，播放音乐后提问。

教师："小羊是用什么好听的声音让大象伯伯开门的呀？"

让幼儿学会按节奏说歌词 X X X　X X X | X X X X X | 大象听见了小羊好听的叫声急忙来给它开门。

教师："小猫是用什么好听的声音让大象伯伯开门的呀？"

让幼儿学会按节奏说歌词 $\underline{X\ X}\ X\quad \underline{X\ X}\ X \mid \underline{X\ X}\ \underline{X\ X}\ X \mid$ 大象听见了小猫好听的叫声急忙来给它开门。

教师："小鸡是用什么好听的声音让大象伯伯开门的呀？"

让幼儿学会按节奏说歌词 $\underline{X\ X}\ X\quad \underline{X\ X}\ X \mid \underline{X\ X}\ \underline{X\ X}\ X \mid$ 大象听见了小鸡好听的叫声急忙来给它开门。

教师："小鸭是用什么好听的声音让大象伯伯开门的呀？"

让幼儿学会按节奏说歌词 $\underline{X\ X}\ X\quad \underline{X\ X}\ X \mid \underline{X\ X}\ \underline{X\ X}\ X \mid$ 大象听见了小鸭好听的叫声急忙来给它开门。

4. 看图片，带领幼儿理解歌词。

教师："大象的四个朋友全到齐了，还记不记得是哪四个？"

教师："是不是这四个。"（分别出示小羊、小猫、小鸡、小鸭的图片）"大象很高兴，他说他要唱首歌来表达他对好朋友的爱，我们来听听他是怎么唱的。"

5. 学唱歌曲。

教师："听了这首歌你们觉得大象爱不爱他的好朋友啊？我们也来学学这首歌。"

教师带领幼儿哼唱歌曲。

6. 游戏：分角色扮演歌唱。

让幼儿们分别扮演小羊、小猫、小鸡、小鸭，戴上头饰，引导幼儿发挥想象，自由游戏和歌唱。同时模仿小动物的动作。（再互换角色）

7. 结尾。

教师："小朋友们全都找到了自己的朋友，大象也有话要跟大家说，我们来听听他说了什么呀？大象说啊：'今天感谢大家给我过了一个愉快的生日，我好久都没有和那么多小朋友一起过生日了，以后每个生日我都希望和大家一起过。'大象呀要回家了，今天是他生日，我们最后跟他说一句：'再见了大象。'"

四、教学建议

在扮演小动物的时候，可以让幼儿扮演各种小动物，例如：小牛、小狗等，并学会各种动物的发声，同时运用这些声音对歌曲进行创编，在故事中进行角色扮演，创编时，让幼儿自由地发挥想象力和表现力，用肢体和歌曲共同演绎小动物。

这是一个非常经典的教学活动，活动目标制定较准确，过程中的层次性也不错。让幼儿在快乐中学习、在游戏中成长这一理念在该活动中体现得淋漓尽致。以幼儿的生活经验为基础，符合幼儿年龄发展的特征，提高了小班幼儿运用肢体语言大胆想象和表现的能力。教师充满智慧的设计使教学活动基本达到了预设的目的，也突显了活动效果。

2. 五　指　歌

英文童谣
朱婷婷词
朱婷婷设计

1=C $\frac{2}{4}$

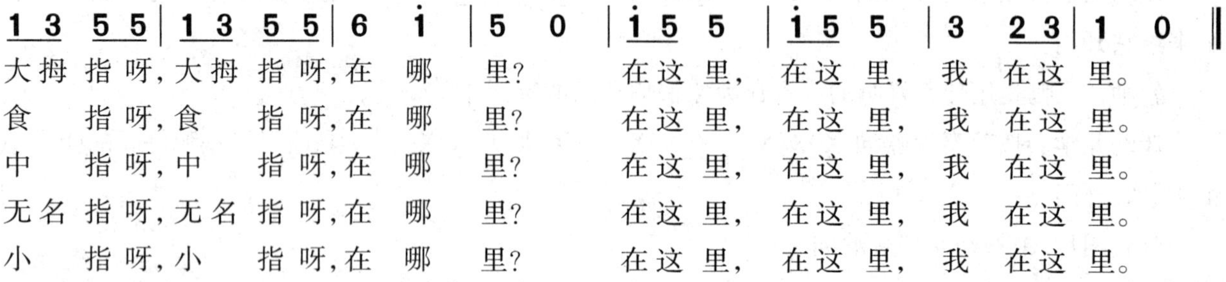

1 3 5 5 | 1 3 5 5 | 6 1̇ | 5 0 | 1̇ 5 5 | 1̇ 5 5 | 3 2 3 | 1 0 ‖

大拇 指 呀，大拇 指 呀，在 哪 里？ 在这 里， 在这 里， 我 在这 里。
食 指 呀，食 指 呀，在 哪 里？ 在这 里， 在这 里， 我 在这 里。
中 指 呀，中 指 呀，在 哪 里？ 在这 里， 在这 里， 我 在这 里。
无名 指 呀，无名 指 呀，在 哪 里？ 在这 里， 在这 里， 我 在这 里。
小 指 呀，小 指 呀，在 哪 里？ 在这 里， 在这 里， 我 在这 里。

一、活动目标

1. 感受歌曲旋律，初步学会唱歌曲。

2. 用简单的动作分别表现五个手指，锻炼幼儿手指的灵活性。

二、活动准备

物质准备：故事《五个孩子捡黄豆》。

三、活动过程

1. 讲述故事“五个孩子捡黄豆”，引发幼儿兴趣。

教师：“每个人都有手，请你数一数，你的一只手上有几根手指呢？”

幼儿：“五根。”

教师：“手妈妈有五个孩子，它们是大拇指、食指、中指、无名指和小指。这五个孩子做什么都能互相配合，把事情完成得很好，可是有一天……”（见附文）

教师：“孩子们，你们知道谁的本领大吗？”（引导幼儿说出五根手指一起合作本领最大）

教师小结：“五个好兄弟只有齐心协力一起做一件事情的时候，才是最棒的！”

（引导幼儿知道手指在一起本领很大，五根手指是好兄弟一家人。）

2. 教师表演，幼儿模仿。

教师：“五个好兄弟又高高兴兴地在一起了，他们准备一起玩游戏啦！先是大拇指哥哥来咯！”

（1）以游戏的形式边唱边演歌曲第一段，两个大拇指一个问一个答。（表现出童趣效果）

大拇指呀，大拇指呀，在哪里？

在这里，在这里，我在这里。

（2）幼儿和老师一起和大拇指来做游戏，老师带着幼儿玩。

（3）听钢琴弹奏的旋律，老师演唱，幼儿欣赏。

（4）请幼儿边唱边模仿，跟随老师一起做。

3. 完整演绎歌曲第一段，启发幼儿思考并表演后四段。

（1）幼儿听着钢琴伴奏轻声唱“大拇指”这一段。

（2）边唱边配上简单的拇指动作，完整演绎。

教师：“小朋友们，大拇指还有哪些好兄弟？”

幼儿：“还有四个兄弟。”

教师:"那让我们一起和另外四个兄弟也来做游戏。"(教师和幼儿一起边唱边做动作表现后四段的内容)

(3)教师问,幼儿答,演唱歌曲。

附:故事《五个孩子捡黄豆》

手妈妈有五个孩子,它们是大拇指、食指、中指、无名指和小指。这五个孩子做什么都能互相配合,把事情完成得很好。

有一天,这五个孩子问道:"妈妈,您说我们谁的本领大?"手妈妈说:"你们的本领都很大呀!"五个孩子很不满意地说:"您得说我们谁的本领最大?"手妈妈想了想说:"好吧,你们看,这碗里有一粒粒的小黄豆,你们谁能单独把它捡起来,谁的本领就最大。"五个孩子说:"这太容易啦!"说完,它们就单独干了起来。可是说来也怪,不管它们怎么使劲,那些黄豆就是在碗里滴溜溜地乱跑,怎么也捡不起来。最后五个孩子垂头丧气地说:"唉!我们是多么没用呀!"

手妈妈说:"当你们齐心协力的时候,你们才最有本领。现在你们一起捡,看看会怎样。"五个孩子听了马上一起去捡。果然,一粒粒黄豆很快都被捡起来了。手妈妈说:"谁的本领大,你们知道了吧!"

四、教学建议

1. 为了增加游戏的趣味性,教师可以在自己的手指上画上人的五官吸引幼儿,也可以在表演的孩子们的手指上画上人的五官。

2. 教师可以在拓展环节,请个别幼儿分角色表演不同手指,戴上指偶边唱边玩。

专家评析

通过讲述《五个孩子捡黄豆》的故事导入游戏,引发幼儿的学习兴趣,为有效达成教学目标做好了铺垫。活动设计了多种形式,较好地把握了教育内容的核心及其发展线索,其中教师表演这一环节,让幼儿在行动中理解、记忆歌词,教学效果值得肯定。教师在设计此游戏活动时,很好地考虑了小班幼儿的年龄特点和心理特点,既提高了幼儿对歌曲表演的兴趣,又发展了音乐的表现力。

3. 王老先生有块地

1=F 4/4

美 国 民 谣
陈 珂 李秀婷设计

i i i 5 6 6 5 | 3 3 2 2 i - | i i i 5 6 5 5 | 3 3 2 2 i - |

1. 王老先生有块地, 咿呀咿呀呦, 他在田边养小鸭, 咿呀咿呀呦,

2. 王老先生有块地, 咿呀咿呀呦, 他在田边养小羊, 咿呀咿呀呦,

i i i 0 i i i 0 | i i i i i i i i i i | i i i 5 6 6 5 | 3 3 2 2 i - ‖

嘎嘎嘎 嘎嘎嘎, 嘎嘎嘎嘎嘎嘎嘎嘎嘎嘎, 王老先生有块地, 咿呀咿呀呦。

咩咩咩 咩咩咩, 咩咩咩咩咩咩咩咩咩咩, 王老先生有块地, 咿呀咿呀呦。

一、活动目标

1. 学唱歌曲《王老先生有块地》,并体验歌唱的乐趣。

2. 喜欢模仿动物的形态和声音,能够自由创编歌曲。

二、活动准备

物质准备:歌曲《王老先生有块地》、王老先生以及各种动物的图片。

三、活动过程

1. 故事导入。

教师出示王老先生的图片,引起幼儿兴趣。

教师:"小朋友们,你们知道这个老爷爷是谁吗?今天老师要带你们去一个地方参观,你们猜猜我们去哪?老师现在要给小朋友们讲一个故事。"

故事内容:

老师要带小朋友去王老先生老爷爷家去玩儿,他有一块很大很大的田地,每天他都会在田地里快乐地干着活,而且干活的时候,还高兴地唱着歌:"咿呀咿呀哟。"他的田地里养了小鸭还有小羊,看到这些可爱的小动物,他又高兴地唱起了歌,你们听……

2. 活动展开。

(1)教师播放一遍音乐。

教师:"我们听到王老先生高兴的时候,他会唱什么?"

幼儿纷纷回答:"咿呀咿呀哟。"

教师:"小朋友们听得都很认真,我们再来听一遍音乐。听完音乐请回答这个问题:王老先生高兴是因为他养了很多小动物,那你们都听到了哪些动物?"

幼儿纷纷回答:"小鸭、小羊。"教师边听幼儿说出答案,一边出示小鸭和小羊的图片。

(2)幼儿说完,播放一遍歌曲,让他们听听自己说的是否正确,再提出下一个问题。

教师:"王老先生田里的小动物们也会唱歌,它们是怎么唱的?"

幼儿回答:"嘎嘎嘎嘎,嘎嘎嘎,咩咩咩咩,咩咩咩。"

(3)看图片学说歌词内容。

教师:"这几张图连起来讲的就是:王老先生有块地,咿呀咿呀哟,他在田边养小鸭(小羊),咿呀咿呀哟。嘎嘎嘎嘎嘎嘎,嘎嘎嘎嘎嘎嘎嘎嘎嘎(咩咩咩咩咩咩,咩咩咩咩咩咩咩咩咩),王老先生有块地,咿呀咿呀哟。我们听老师连起来说了一遍,那么请小朋友跟老师一起来说一说好吗?"

教师一边指图一边完整连贯地念歌词后引导幼儿共同看图片念歌词。

把歌词中重叠词"嘎嘎嘎嘎嘎嘎……咩咩咩咩咩咩……"的节奏说清晰。

(4)学会歌词后,再跟随着音乐演唱。教师伴奏,幼儿跟着哼唱。

(5)游戏:分角色歌唱,让幼儿们分别扮演老王和小动物,戴上头饰,引导幼儿发挥想象,自由游戏歌唱。同时还可以加上一些小动物的动作,教师可以示范王老先生,找两位幼儿分别扮演小鸭和小羊,其余幼儿扮演旁白。(可以互换角色)

王老先生:"王老先生有块地,咿呀咿呀哟。"

旁白:"他在田边养小鸭,咿呀咿呀哟。"

小鸭:"嘎嘎嘎嘎嘎嘎,嘎嘎嘎嘎嘎嘎嘎嘎嘎,王老先生有块地,咿呀咿呀哟。"

王老先生:“王老先生有块地,咿呀咿呀哟。”

旁白:“他在田边养小羊,咿呀咿呀哟。”

小羊:“咩咩咩咩咩咩,咩咩咩咩咩咩咩咩咩,王老先生有块地,咿呀咿呀哟。”

四、教学建议

1. 活动中游戏可以进一步延伸,进行歌词的创编游戏。例如,教师:“王老先生说:‘小朋友再帮我想想我这块地里还可以养什么小动物。’”让幼儿自己把动物的叫声创编到歌曲中。

2. 活动难点是让幼儿掌握重叠词的节奏,可以适当地让幼儿多次反复练习重叠词所在的乐句的节奏。

专家评析

导入部分教师戴上面头饰以“王老先生”的角色身份与幼儿对话,不但能直接快速地吸引幼儿注意,而且能生动自然地引导幼儿进入歌曲情节内容,熟悉歌曲中的人物。活动目标制定得很全面和具体,符合小班幼儿的特点,整个活动幼儿的参与度很高,幼儿能够很好地完成教学的目标。该活动对幼儿的认知、技能和情感方面都进行了启发和培养,层次清晰,课堂互动积极,游戏化的课程组织让幼儿轻松、愉快地学习。

4. 母鸭带小鸭

1=A $\frac{4}{4}$

佚　名词曲

朱婷婷设计

5 5 6 5 5 6 | 5 1 1 - | 5 5 6 5 5 6 |

嘎 嘎 嘎 嘎 嘎 嘎 嘎, 游 来 游 去

5 1 1 1 7 | 6 2 6 7 | 1 - - 0 ‖

真 快 乐, 就 是 母 鸭 带 小 鸭。

一、活动目标

1. 学习歌曲的节拍,会跟着乐谱用小手小脚拍节拍。

2. 初步学习歌曲,并尝试用肢体动作表现歌曲内容。

二、活动准备

物质准备:多媒体课件、节奏谱(小脚、小手)。

三、活动过程

1. 听赏歌曲《母鸭带小鸭》。

教师弹奏歌曲《母鸭带小鸭》,幼儿跟着音乐拍手。

教师:“老师今天准备了一首好听的歌曲,想弹给你们听,请你们用小手来为老师打节拍吧。”

2. 教师出示节奏谱。

介绍节奏谱上有什么(小手和小脚),指导幼儿逐一看节奏谱拍手跺脚。

(谱子上的节拍是母鸭带小鸭中的基本节拍,让幼儿熟悉。)

3. 教师根据歌词启发幼儿,初步学习歌曲内容。

(1)逐句学习歌曲《母鸭带小鸭》。

教师:“谁来告诉我,小鸭子怎么叫?”

幼儿:“嘎嘎嘎。”

教师:“小鸭子跟着鸭妈妈一起唱歌,请你们听一听,他们是怎么唱的呀?”

教师示范唱“嘎嘎嘎 | 嘎嘎嘎 | 嘎 嘎 | 嘎 – | ”“嘎嘎嘎 | 嘎嘎嘎 | 嘎 嘎 | 嘎 – | ”

(教师启发幼儿发现小鸭子叫的规律,提示幼儿根据第二个环节的节奏练习来唱)。

教师:“鸭妈妈带着小鸭子在水里游来游去,真开心呀。”

教师示范唱:“游来游去真快乐,这是母鸭带小鸭。”

教师:“小鸭子们,让我们一起唱,老师来听一听,你们快不快乐呀。”

(2)欣赏课件,母鸭带小鸭。

教师:“接下来,让我们一起看看,母鸭带着小鸭子唱歌的小电影吧。”(播放课件)

(3)用肢体动作表现歌曲。

教师:“老师来做母鸭,我来请一只小鸭子,和我一起唱。要做出小鸭子的动作哦,谁想来试试看?先做小鸭子的动作。”

全体幼儿听音乐来到当中,跟着节拍做小鸭子的动作。

4. 拓展环节,改编歌曲。

教师引导幼儿思考:还有哪些动物妈妈会带着孩子出来玩呀?注意要先想好,什么动物来了,它是怎么叫的,他有什么本领,然后就可以改编歌词了。

当孩子提出一种动物,大家就集中编唱。

四、教学建议

1. 活动中第二个环节,请幼儿看图谱进行节奏的练习,这个过程对于下一个环节的歌曲学习非常重要,所以这个环节教师一定要重点练习,大多数幼儿都能够掌握以后才能进行下一个环节。

2. 在教室和幼儿一起表演母鸭带小鸭的过程中,唱第一句歌词时,教师可以唱第一个“嘎”,然后让幼儿跟“嘎嘎”,到“嘎嘎嘎”的时候一起唱,这样更增加了趣味性。

指导语:老师是鸭妈妈,鸭妈妈先唱“嘎”一声代表她在叫她的鸭宝宝,鸭宝宝听见了要唱“嘎嘎”告诉鸭妈妈:他们来了,最后鸭妈妈和鸭宝宝一起唱“嘎嘎嘎”表示很高兴,让我们一起来试一试吧。

专家评析

该活动主题源于幼儿的生活,是幼儿在观察、了解母鸭和小鸭之后进行的。教师出示了关于歌曲歌词的视频课件,丰富了幼儿的知识,同时又没有脱离歌曲本身,便于幼儿理解并且记忆歌词大意。最后的拓展环节非常有意思,采用改编歌曲的形式能够很好地调动幼儿的积极性。这种轻松的学习方式有助于幼儿了解和掌握小动物的形象和叫声等。整个活动,能够很好地使幼儿参与其中,激发了幼儿的表演兴趣。

5. 新　年　好

朝鲜歌曲
佚　名词曲
严菲儿设计

1=♭E $\frac{3}{4}$

| 1 1 1 5 | 3 3 3 1 | 1 3 5 5 | 4 3 2 – |
新 年 好 呀，新 年 好 呀，祝 贺 大 家 新 年 好。

| 2 3 4 4 | 3 2 3 1 | 1 3 2 5 | 7 2 1 – ‖
我 们 歌 唱，我 们 跳 舞，祝 贺 大 家 新 年 好。

一、活动目标

1. 初步掌握$\frac{3}{4}$拍的节奏并能够跟唱歌曲。

2. 理解歌曲表达的欢快感情。

3. 体验过新年的欢快氛围。

二、活动准备

物质准备：小彩球一筐、小动物头饰。

经验准备：幼儿对于新年的习俗有初步的认识。

三、活动过程

1. 引入：创设情境，导入音乐。

教师："小朋友们，我是小白兔，今天早上我收到了一件礼物，你们看是什么？"（一筐小彩球）教师头戴小白兔头饰蹦跳出场。

2. 初步感受音乐。

教师："新年到了，我要把家里布置得漂漂亮亮！"

教师播放两遍音乐，每三拍子挂一个彩球，让幼儿初步感受三拍子的节奏。

教师："这首歌可真好听，我们一起听着音乐拍拍手吧！"

教师带领幼儿边听音乐边打出三拍子的节奏。（播放两遍音乐）

教师："三拍子的音乐可以用'拍空空'伴奏，还可以用'拍手、拍什么'来表示呀？"

启发幼儿做出拍手拍肩拍肩、拍手拍腿拍腿等不同的动作。

3. 掌握歌曲的名称，理解歌词内容。

教师佩戴不同的动物头饰去小兔家拜年，示范后让幼儿扮演不同的小动物去小兔家拜年，引导幼儿说出歌词内容。

教师："汪汪 汪 汪，汪汪 汪 汪，新年到了，我买了礼物去给小兔拜年。"

教师模仿小狗边做拜年的动作，边清唱歌曲。

教师问："歌里唱了什么？"

教师："叽叽 叽 叽，叽叽 叽 叽，新年到了，我买了礼物去给小兔拜年。"

教师模仿小鸡边做拜年的动作，边清唱歌曲。

教师问："小鸡给小兔拜年，唱了什么？"

教师：呷呷 呷 呷，呷呷 呷 呷，新年到了，我买了礼物去给小兔拜年。

教师边模仿小鸭做不同的拜年动作边清唱。

教师问："小鸭拜年时，唱了什么？"

教师问："祝贺大家新年好以后，小动物们都特别开心，然后它们干了什么呀？"

4. 幼儿学唱歌曲。

教师按歌曲节奏、速度有表情地朗读一遍歌词后让幼儿跟读歌词，注意幼儿的发音，及时纠正存在问题的发音。

5. 游戏：以多种形式轻声跟唱歌曲。

站着唱→和小伙伴两人一组面对面唱→边做拜年动作边唱→出示爷爷奶奶图片，边唱边给爷爷奶奶做拜年动作。

四、教学建议

1. $\frac{3}{4}$拍的曲子对于小班幼儿来说是一个难点，可以在日常的活动中，让幼儿不断训练$\frac{3}{4}$拍的节拍。

2. 课程结束后，可以让幼儿把关于新年的事物画下来或者教师带领幼儿制作新年卡片，把新年卡片送给父母的同时，把《新年好》这首歌曲唱给父母听，感谢父母对幼儿的养育之恩。

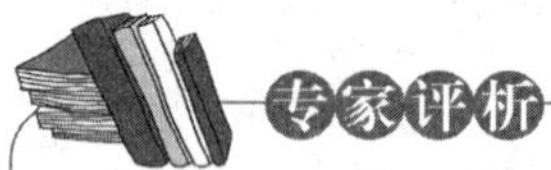

活动内容贴近幼儿生活、符合幼儿的实际。整个活动中教师很注重与幼儿之间的互动，幼儿积极性和参与度都很高，通过教师在动物拜年情景中对于歌曲节奏的反复示范，运用肢体动作对三拍子的节奏有了一定的认识。教师对于幼儿的兴趣点的捕捉也很到位，活动过程游戏性很强，通过游戏幼儿很容易理解并记忆歌词，并且在听说玩中使得幼儿的各种感官都得到了锻炼，整个课堂气氛轻松愉快，幼儿也顺利地完整跟唱歌曲，达到了预期的教学目标。

6. 妈妈我要亲亲你

1=C $\frac{4}{4}$

彭　野词曲
严菲儿设计

3 3 2 3 3 2 | 1 1 6 5 0 | 6 6 6 5 6 1 | 3 3 2 1 2 0 |
妈 妈 呀 我 要 亲 亲 你， 亲 亲 你 的 额 头， 摸 摸 你 的 眼，

3 3 3 5 6 5 | 3 3 2 1 6 0 | 5 6 1 6 2 3 | 3 3 2 1 1 0 ‖
亲 亲 你 的 鼻 子， 摸 摸 你 的 耳， 亲 亲 你 的 嘴 巴， 摸 摸 你 的 脸。

一、活动目标

1. 学习看图片记忆歌词内容，感受歌曲的旋律美。

2. 体会与妈妈之间的感情。

二、活动准备

物质准备：歌曲《妈妈我要亲亲你》，妈妈、手和嘴巴的图片，小爱心贴纸，小动物图片。

经验准备：幼儿学习过歌曲《世上只有妈妈好》，知道要爱妈妈。

三、活动过程

1. 导入：幼儿伴随《郊游》律动入场。

教师："小朋友们，你们看这是谁呀？"（出示动物图片：鸡妈妈和鸡宝宝、鸭妈妈和鸭宝宝、羊妈妈和羊宝宝）"它们在干什么呀？小朋友，我们也都有妈妈，你们爱你们的妈妈吗？我们学过哪些关于妈妈的歌呀？小朋友们可以一起唱给老师听吗？那今天老师呀带你们再学习一首可以唱给妈妈的歌。"

2. 感受歌曲。

（1）欣赏歌曲，初步感受歌曲旋律。

教师："刚才小朋友们都说很爱妈妈，那小朋友们是怎么让妈妈感受到你们的爱的呢？"（幼儿回答）

教师："我们再一起来听一听爱妈妈还可以做些什么？"

教师播放歌曲。

（2）再次欣赏，理解歌曲内容。

教师："我们用什么来亲亲妈妈呢？"（教师出示嘴巴标志）"那用小嘴巴亲亲妈妈的哪里呢？我们用什么来摸摸妈妈呢？"（出示小手标志）

教师根据幼儿的回答出示对应的图片，引导幼儿记忆歌词。

再播放一遍歌曲，帮助幼儿熟悉歌曲。

教师："刚才你听到我们亲了妈妈的哪里？又摸了妈妈的哪里？哪位小朋友可以上来给妈妈贴一贴呀？"

教师帮助幼儿通过实际操作理解歌词内容并记忆。

3. 学唱歌曲。

（1）看图片念词。

教师："现在小朋友们跟着老师一起来亲亲、摸摸妈妈好吗？"

（2）看图片学唱歌曲。

教师："现在，我们一起把这首歌唱给妈妈听吧。"

（3）加上简单的动作完整演唱 2 遍。

教师："我们很爱自己的妈妈，唱歌的时候要用什么样的声音来唱呢？"

"我们一起用好听的声音来唱给妈妈听，把你很爱妈妈的感觉唱出来。"

教师："小朋友们唱得真好听，妈妈听了一定很高兴。现在你们呀跟着老师一起再来唱一遍，一边唱再一边摸摸自己的额头，指指自己的鼻子。"

教师引导幼儿跟着歌词做一些简单的动作。

4. 创编歌曲。

教师:“小朋友们,你们觉得我们还能亲亲妈妈的哪里呀?”(头发、眉毛、手指、脖子)

教师:“小朋友们说了那么多地方,那现在你们想不想跟着老师一起把这首歌改成你们自己的歌曲呀?”

教师根据幼儿的回答带领幼儿一起进行歌曲改唱。

5. 活动延伸。

教师:“小朋友们,今天我们又学了一首唱给妈妈的歌,回家之后我们用好听的声音把这首歌唱给妈妈听吧。”

四、教学建议

1. 活动过程中谈话偏多,作为歌唱活动可以适当减少活动中的谈话部分。

2. 在活动结束后可以在美工区进行“我的好妈妈”等类似主题的美术活动,配合达到更好的教学效果。

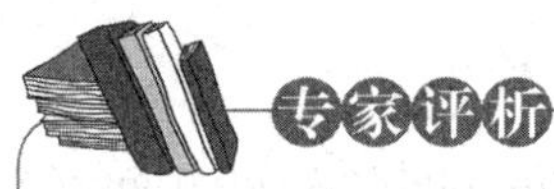

歌曲选择符合小班幼儿年龄特征,主题贴近幼儿生活,并具有实际的教育意义。整体活动从物质准备到活动中对于图片的运用都能很好地吸引幼儿的注意,帮助幼儿理解、记忆歌词内容的同时也激发幼儿主动参与到教师设计的活动环节中,在愉快的氛围中幼儿也进一步体验到歌唱活动的快乐,更好地体验歌曲中所表达的情感。

第三节　中班幼儿歌唱游戏的设计与指导

一、中班幼儿歌唱能力的特征

(一)歌唱水平

中班幼儿的歌唱水平会有一定提高。首先表现在他们积累的歌曲数量和歌唱经验都在不断增加,能掌握一些在旋律进行和节奏变化上都稍微复杂一些的歌曲。模仿歌曲时对嗓音的控制能力也增强了,能够准确地听辨老师的歌声并准确模仿,从而准确地演唱歌曲的旋律与节奏,歌曲的长度也有所增加。在唱他们所熟悉和理解的歌曲时,可以做到用速度、力度、音色的明显变化来表现歌曲中的不同形象和情绪,还可以为自己的歌曲创编动作、创编歌词、变换歌唱形式、编配伴奏等。

(二)音域音准

中班幼儿的音域在逐渐加宽,可以达到 $b—a^1$。中班幼儿的音准把握能力有了一定的进步,能控制小跳等类型的旋律变化。如有琴声伴奏,歌曲难度适宜,一般幼儿都能基本唱准音高。教师可以适当地进行一些转调的练声方式,让幼儿对音与音之间的关系有初步的理解,巩固幼儿对音准的把握。

(三)歌词和吐字

中班幼儿的语言发展有了一定进步,已经能够完整地再现较长的歌曲或较复杂的歌词。咬字吐字也更清晰，能够用不同的声音和吐字来演唱不同风格的歌曲。但在歌词的理解方面还有一定的困难，会出现错字、漏字和相似字的现象。

（四）和谐程度

集体歌唱时协调的能力大大增强，逐渐学会跟琴演唱，听出前奏、间奏，还能够将自己的声音和其他小朋友的声音协调一致起来，并且对小组唱、对唱、合唱、轮唱等各种演唱形式都产生一定的兴趣。

二、中班幼儿歌唱游戏的设计

（一）歌曲的选择

在歌曲选择方面，由于中班幼儿在音域和歌词的掌握方面有了进一步的拓展，尤其在呼吸方面，幼儿对于嗓音的控制能力大大增强，所以教师对于歌曲可以有更丰富的选择。歌曲题材可以更为广泛，尽量选择围绕中班幼儿生活内容的歌曲，适合朗诵和记忆的歌词，以及适合肢体表演的歌唱材料。

（二）活动目标

中班幼儿能用正确的姿势、自然的声音歌唱。吐字清晰，具备音准、曲调、节奏的基本能力。能跟着伴奏有节奏地歌唱。在有伴奏的情况下，能独立、完整地演唱歌曲，初步学会接唱和对唱。在集体的歌唱活动中能够注意控制自己的音色，使自己的歌声与集体的声音相协调。演唱中更自信，乐于在集体中独唱与合唱，能与人分享歌唱的快乐。

（三）活动准备

1. 教师自身准备：歌曲材料的具体运用方式，歌曲范唱与伴奏的准备，以及游戏如何穿插在歌唱中的细节安排。

2. 环境准备：包括环境的创设、幼儿桌椅的摆放、游戏氛围和游戏道具的安置等。

3. 情感准备：教师在游戏前安排幼儿体验与歌曲有关的情节进行铺垫，自然导入歌曲所表达的风格和情感。

（四）活动过程

在演唱中让幼儿根据歌唱游戏中的内容、角色等选择使用道具，或者选择不同的表演方式，可以进行简单的化妆。在节奏掌握方面，让幼儿自由地用恰当的节奏来展开身体运动。教师用暗示的方式来提示那些节奏感有困难的儿童，引导幼儿正确感受歌曲。另外，在歌唱游戏中，为了帮助儿童掌握歌曲的旋律，教师可以在教儿童歌曲的同时，利用一定的直观道具，如图片，或者手上的动作把儿童的视觉、动觉上的高低与听觉上的高低统一起来，从而形成正确的旋律感。

（五）教学建议

在中班幼儿学习歌唱的过程中，音准也是相对最困难的教学目标，唱歌走音的现象仍有发生。为了尽早让幼儿形成声音高低的正确概念，以促进幼儿音乐感受力和表现力的发展，作为教师有必要在幼儿的歌唱游戏中有意识地增加旋律感的早期训练和培养。

三、中班幼儿歌唱游戏的课例

1. 小　雪　花

1=C $\frac{3}{4}$

汇　佳词曲
陈　珂设计

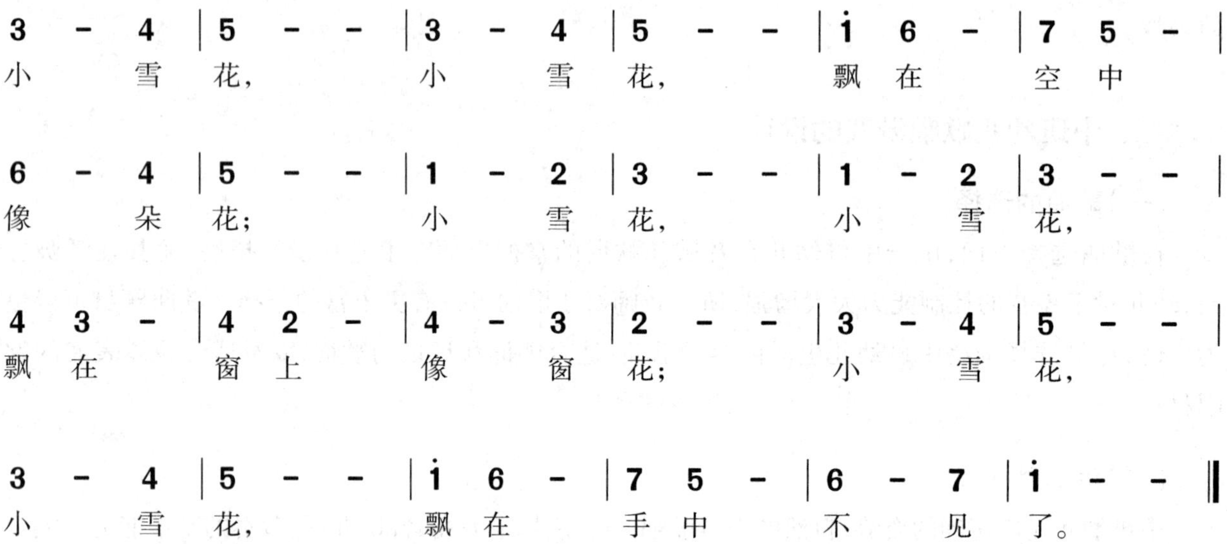

3 - 4	5 - -	3 - 4	5 - -	i̇ 6 -	7 5 -
小　雪	花，	小　雪	花，	飘　在	空　中

6 - 4	5 - -	1 - 2	3 - -	1 - 2	3 - -
像　朵	花；	小　雪	花，	小　雪	花，

4 3 -	4 2 -	4 - 3	2 - -	3 - 4	5 - -
飘　在	窗　上	像　窗	花；	小　雪	花，

3 - 4	5 - -	i̇ 6 -	7 5 -	6 - 7	i̇ - - ‖
小　雪	花，	飘　在	手　中	不　见	了。

一、活动目标

1. 学习用自然、优美的声音演唱歌曲。

2. 感受歌曲抒情、柔和的特点。

3. 有感情地参与演唱和表演，体验并表现雪花飘落的美。

二、活动准备

物质准备：小雪花的图片、模拟雪花的道具（如纸片、碎泡沫等）。

经验准备：幼儿见过雪花飘落的样子。

三、活动过程

1. 猜谜导入。

教师："今天，老师给小朋友们带来一个谜语，看看小朋友们能不能猜出它是什么？"

说是花它不香，但有花瓣，它的家真是大，浩瀚无垠，

冬天来它也来，满天飞舞，天气热它消失，无影又无踪。

2. 活动展开。

教师："原来是小雪花，你们知道什么时候会下雪？"（出示图片）

教师："下雪以后，小朋友最喜欢的事情是什么？"

幼儿："打雪仗、堆雪人……"

教师："小朋友们都喜欢雪，那你们知道雪花是从哪里飘下来的吗？"

教师："冬天，小雪花们都会开始集体旅行，我们来听听它们都去了哪些地方？"

播放一遍歌曲，让幼儿仔细聆听和熟悉歌曲中的歌词。

教师:“小雪花,飘在空中不见了?你们知道小雪花去哪里了吗?”

幼儿纷纷回答,教师介绍雪花的知识。

教师:“老师给小朋友唱一遍这首歌曲,请你们告诉老师你认为这首歌中最好听的歌词是什么?”

幼儿回答,教师整理幼儿说的歌词,边用手拍打节奏,边歌唱。

教师:“小雪花是怎么从天空中飘下来的?你能用动作表演吗?”

(1)无音乐动作。

(2)加上音乐动作。

教师播放歌曲,让幼儿根据歌曲的旋律有节奏地表现雪花从空中飘下的情景。用道具适当地渲染下雪的情景。

3. 欣赏歌曲,借助图谱感受和理解歌词,并学习演唱歌曲。

(1)听一听:呈现歌词,引导幼儿倾听和欣赏。

教师:“咦,快听,小雪花轻轻飞到你的耳边了,它在跟你说什么呢?”

教师:“你听到了什么?”

(2)唱一唱:请幼儿学唱,并初步尝试分角色演唱。

A 完整演唱。

教师:“你们喜欢小雪花吗?今天我们学唱的歌曲名称就叫《小雪花》,我们一起完整地唱一唱吧。”

教师:“小雪花飘下来时是怎样的?”(第二遍,启发幼儿像小雪花飘落一样用稍慢、柔和的声音有感情地演唱歌曲)

B 分角色演唱。

教师当小雪花,幼儿唱问的部分,然后交换。

4. 游戏——小雪花。

小朋友们站成一排,教师当小雪花,飘到哪位幼儿身边,哪位幼儿就演唱歌曲,演唱歌曲后,请该幼儿表演小雪花再飘到其他幼儿身边。

四、教学建议

课后可以做一个延伸活动,来增加幼儿对雪花的了解,教师给幼儿展示各种形态的雪花,并请幼儿用笔把它们画下来,或者用剪纸的方式制作雪花。

专家评析

由于教师较为准确地把握了中班幼儿的年龄特点和发展水平,使得该活动设计的目标明确,从实施效果上看,目标落实得也非常好。因幼儿具有对雪花认识的生活经验,再加上教师的有效提问,不仅有助于幼儿认真聆听歌曲和理解歌词,还调动了幼儿的边听边思考的能力。本次歌唱活动始终贯穿了情景化教学,教师通过谜语引入,在引导幼儿听音乐的过程中层层深入,让幼儿感知歌曲的旋律和节奏,大胆地表演小雪花的样子,使得孩子们在感受音乐、表现音乐的过程中能够体验到快乐。

2. 我有一双小小手

陆 爱 珍词
张　 翼曲
王　 燕设计

1=D $\frac{2}{4}$

1 1 3 3 | 5 5 5 | 6 6 5 3 | 2 2 2 | 3 2 1 |
我 有 一 双 小 小 手， 一 只 左 来 一 只 右， 小 小 手
有 了 一 双 小 小 手， 能 洗 脸 来 能 漱 口， 会 穿 衣

3 4 5 | 5 6 5 3 | 2 3 2 | 1 - ‖
小 小 手， 一 共 十 个 手 指 头。
会 梳 头， 自 己 事 情 自 己 做。

一、活动目标

1. 在看看猜猜的过程中学唱歌曲并愿意表演。

2. 体验小手的变化和能干。

二、活动准备

物质准备：音乐《我有一双小小手》、视频《手影戏》、图片（刷牙、洗脸、穿衣、梳头）。

经验准备：幼儿对手的用途有初步了解。

三、活动过程

1. 导入。

提问："我们都有一双小小手，它能做些什么？"（画画、拍球、做手工、穿衣服……）"你们小手的本领都很大。不过老师能用自己的小手说话，今天我就要用我的手来说话，请小朋友猜猜我说的是什么意思。"

2. 熟悉旋律，感受歌词。

（1）感受第一段歌词。

（教师完整表演第一段歌词）"猜猜我的小手在说什么？"（幼儿泛讲）

（教师分句表演动作）"这句是什么意思？"（幼儿猜测后教师讲述歌词）

原来我的小手在说："我有一双小小手，一只左来一只右，小小手，小小手，一共十个手指头。"（幼儿跟随教师边做动作边念歌词）

"现在我要把我小手说的话唱出来。"教师随音乐伴奏演唱第一段。唱第二遍时请幼儿尝试跟着老师边做动作边唱。

（2）体验第二段歌词。

教师表演第二段歌词，"我的手在干嘛？"（幼儿猜测）

教师根据幼儿所猜内容出示图片（刷牙、洗脸、穿衣、梳头）。

"我先做了什么，接下来做什么，最后又做什么了？请仔细听。"（教师清唱歌曲第二段）幼儿根据歌词内容摆放图片的顺序。

"我们把小手能做的事情连起来说一说。"幼儿跟着教师随歌曲节奏念第二段歌词。

幼儿和教师跟随音乐唱第二段。

3. 完整演唱歌曲。

跟随音乐边做动作边演唱歌曲。(两段连起来)

4. 经验提升。

"小手除了上述这些事,还能干什么,请看一段视频,看看视频里的人在用手做什么。"(观看手影戏)"原来小手还能做手影玩,我们下次也来玩玩看。"

四、教学建议

结合幼儿的生活经验,让幼儿想象用小手可以做什么,在游戏中学习演唱歌曲。

专家评析

尊重幼儿自主游戏的活动权,积极追求幼儿与教师和谐的互动关系是游戏活动的重要目标。在歌唱游戏《我有一双小小手》中,教师通过"猜猜我的小手在说什么?""我的小手在干嘛?"的提问,为幼儿创设了学习兴趣的情境,使他们在学唱歌曲的同时也能了解自己的手,有意识地运用自己的手。观看视频《手影戏》,可以将幼儿把对手的认识、理解引向更高层次。

3. 小小雨点

童　　谣
金月苓曲
陈　珂设计

1=$^\flat$E $\frac{2}{4}$

中速　活泼地

(2 2 7 5 | 2 7 5 | 1 1 3 3 | 1 -) | 5 5 3 1 | 5 5 3 1 |

1. 小 小 雨 点, 小 小 雨 点,
2. 小 小 雨 点, 小 小 雨 点,
3. 小 小 雨 点, 小 小 雨 点,

2 2 2 3 | 4 - | 2 2 7 5 | 2 7 5 | 1 1 3 3 | 1 - ‖

沙 沙 沙 沙 沙, 落 在 花 园 里, 花 儿 乐 得 张 嘴 巴。
沙 沙 沙 沙 沙, 落 在 鱼 池 里, 鱼 儿 乐 得 摇 尾 巴。
沙 沙 沙 沙 沙, 落 在 田 野 里, 苗 儿 乐 得 向 上 爬。

一、活动目标

1. 能熟悉歌词并歌唱《小小雨点》。
2. 学会简单的歌词创编。
3. 感受小雨点帮助他人、服务他人的品质。

二、活动准备

物质准备：音乐《小小雨点》、花、鱼、苗儿、花园、鱼塘、田野的图片。

三、活动过程

1. 导入。

教师："我想问问小朋友们，今天的天气怎么样？ 昨天是不是下了一场很大的雨呀？那我们今天来听一首跟雨有关的歌吧，名字叫作《小小雨点》。我们来听听看歌曲中的小雨点都到哪儿去旅行了。"

2. 熟悉歌曲，尝试演唱。

教师："小雨点都去了哪里？在那个地方碰到了谁？它们见到小雨点都是怎样的反应？"

分段播放音乐，幼儿纷纷回答。

教师整理幼儿的回答，并按歌词来复述，并且根据幼儿的回答，出示花儿、鱼儿、苗儿、花园、鱼塘、田野的图片，引导幼儿记忆歌词。

教师："落在花园里，花儿乐得张嘴巴。"

"落在鱼塘里，鱼儿乐得摇尾巴。"

"落在田野里，苗儿乐得向上爬。"

再听一遍歌曲，让他们感受音乐的节奏。

教师："我再问小朋友们一个问题，'小小雨点小小雨点，沙沙沙沙沙，落在花园里，花儿乐得张嘴巴。'歌中唱了几遍？两遍都唱的一样吗？"

再听一遍歌曲，熟悉歌曲。

3. 学唱歌曲。

（1）幼儿分段演唱歌曲，根据图片的提示，用"呜"轻声哼唱整首歌曲的旋律。

（2）教师引导幼儿齐唱歌曲，并运用多种形式让幼儿跟着歌曲歌唱：坐着唱→站着唱→看图唱。

4. 创编新歌词。

在熟悉歌曲和歌词的基础上进行创编。

教师："小朋友们都非常熟悉这首歌了，那我想请小朋友们想一想，小雨点除了落在花园、池塘、田野里，它还会落在哪？还有谁会欢迎小雨点的到来？"

请幼儿举手回答，进行创编。

（幼儿回答："落在窗户上，窗户乐得开了花；落在树林里，树叶乐得沙沙沙。"……）

5. 游戏表演。

教师："我们听到歌曲里面是不是有四个角色呀，小雨点、小花、小鱼、苗儿呀，那你们想想小雨点是什么样的(用什么舞姿来表演小雨点)？小花、小鱼、苗儿又是什么样的？"

请幼儿上来做游戏表演，教师来做小雨点儿，小雨点落在哪里，哪里的小朋友就要开始唱。

四、教学建议

1. 教师要注意把握教学活动中的重点和难点，例如：在创编歌词的时候，要充分调动幼儿的想象力，引导幼儿积极地思考。由于歌曲分三段，教师应一段一段地教，循序渐进。

2. 游戏时，教师可以先做示范，教师来做小雨点儿，小雨点落在哪里，哪里的小朋友就要开始唱。

3. 活动结束后，课下还可以让幼儿把歌曲中的情景画下来。

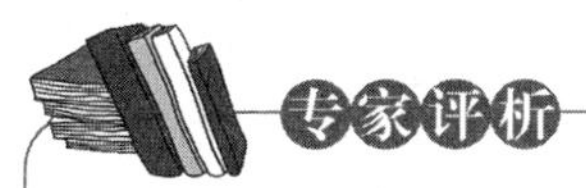

游戏活动的教学目标明确，活动的设计具有童趣，适合中班幼儿年龄发展的特点。整个教学活动是以幼儿为主体，教师为主导，调动了幼儿参与的积极性，教学气氛活跃，幼儿在快乐的学习中达到了教学目标；歌曲的创编环节培养了幼儿积极思考的能力，拓展了幼儿的经验和视野；游戏活动以歌曲与舞蹈学习相结合的形式完成，避免了教学形式的单一性。

4. 买　　菜

1=F $\frac{2}{4}$

湖北民歌
林　望改编
陈　珂设计

1 5 5 | 1 5 | 3 2 3 5 | 1 - | 5 1 | 5 1 | 3 3 3 1 | 2 - |
今 天的 天 气 真呀真正 好， 我 和 奶 奶 去呀去买 菜，

|: 1 1 1 3 | 5 5 :|: 1 1 1 3 | 5 5 :|: X X X X | X X X :|
鸡蛋圆滴 滴 呀， 母鸡咯咯 叫 呀， 萝卜黄瓜 西红柿，
青菜绿油 油 呀， 鱼儿蹦蹦 跳 呀， 蚕豆毛豆 小豌豆，

|: 1 5 5 | 1 5 5 | 3 2 3 5 | 1 - :| X - ||
哎 呀 呀， 哎 呀 呀， 拿 也 拿 不 了。 嗨！

|: 1 5 5 | 1 5 5 | 1 1 5 5 | 1 - :| X 0 ||

一、活动目标

1. 唱清歌词，唱准曲调，体验歌曲的情绪情感。

2. 用看图片的方法帮助幼儿理解和记忆歌词。

3. 体验生活中买菜的经验。

二、活动准备

物质准备：歌曲《买菜》。

经验准备：幼儿认识常见的蔬菜。

三、活动过程

1. 创设情景，引出主题。

教师："小朋友们，你们平时都喜欢吃什么菜呀？"（幼儿回答）

教师："有哪些小朋友跟爸爸妈妈、爷爷奶奶去过菜场买过菜？"（幼儿回答）

教师："今天老师也要带小朋友们去菜场买菜。菜场里的菜可真多，我们来听听都有哪些菜？"（播放一遍歌曲）

2. 活动展开。

教师:“小朋友们,刚才在歌词里面你们都听到了哪些菜名啊?”

小朋友争先说出答案。教师随着菜名出示相应图片。

教师:“我们再听一遍歌曲,看小朋友们能不能按照歌词的顺序说出菜名。”

教师按照图片的顺序引导幼儿按照节奏报菜名。并引导幼儿一起练习节奏 X X X X | X X X |,教师用手示范一边打节奏一边说唱。

教师:“我们听见了有那么多菜,小朋友们可要记好了,我们别忘记买了。”

引导幼儿完整地念完歌词,再请大家听着音乐默默地念歌词。

教师:“小朋友们看看,我们买了这么多的菜!它们都有什么特点啊?”

引导幼儿回答“鸡蛋长得什么样?青菜是什么颜色啊?小鱼生活在哪里?母鸡怎么叫啊?”

教师:“看到这么多的菜,我心里真高兴,我们一起来唱一遍。”

教师指示黑板上菜的相应图片,给幼儿以提示歌词的作用,让幼儿跟着教师一起练习歌唱。

教师:“我们今天的这首歌曲和平时唱的歌曲有什么不一样啊?”

幼儿回答:“有唱的、有说的。”

教师:“那老师现在唱,小朋友们说好不好。”

教师和幼儿互换说唱部分。

教师:“我们今天买了这么多新鲜的菜,娃娃家里的娃娃也饿了,我们快点把菜送回家,给娃娃做饭吃吧。”

3. 游戏:宝宝的菜去哪了。

游戏规则:

(1)教师让幼儿闭上眼睛,然后在鸡蛋、青菜、母鸡、鱼儿四张图片中抽掉一张或两张,请幼儿看看什么不见了,教师唱图片上的,请小朋友把不见了的那句唱出来。

(2)分组合作:男孩子、女孩子轮流说唱或对接歌词。

四、教学建议

1. 歌词是难点,教师可以让幼儿多记忆一下歌词的内容,并且出示一些菜的实物,让幼儿能够亲眼看到、亲身感受到这些蔬菜。

2. 课程结束后,可以让幼儿跟家人去菜场买菜,体会歌曲内涵。

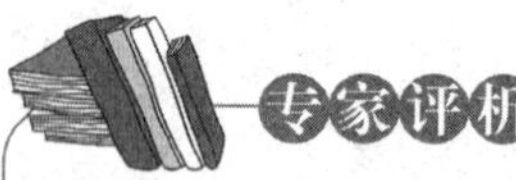

该活动主题源于幼儿的生活,是幼儿在观察、了解蔬菜之后进行的。教师出示了很多蔬菜的图片,丰富了幼儿的知识,同时又没有脱离歌曲本身,更加便于幼儿理解歌词大意;最后的游戏环节非常精彩,可以采用任意一种游戏形式。这种轻松的学习方式不仅培养了幼儿的记忆力,同时让幼儿巩固了新学的歌曲。整个活动中,幼儿积极参与,激发了幼儿的探究欲望,给活动的进一步延伸打下了基础。

5. 拍 皮 球

王利锦词曲
严菲儿设计

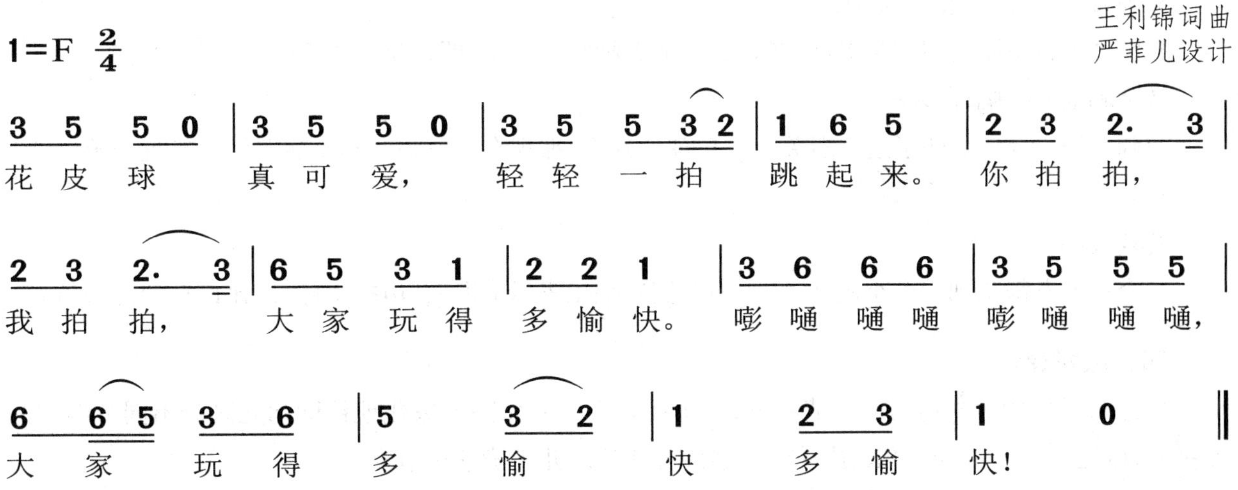

1=F $\frac{2}{4}$

3 5 5 0 | 3 5 5 0 | 3 5 5 3 2 | 1 6 5 | 2 3 2· 3 |
花 皮 球 真 可 爱， 轻 轻 一 拍 跳 起 来。 你 拍 拍，

2 3 2· 3 | 6 5 3 1 | 2 2 1 | 3 6 6 6 | 3 5 5 5 |
我 拍 拍， 大 家 玩 得 多 愉 快。 嘭 嗵 嗵 嗵 嘭 嗵 嗵 嗵，

6 6 5 3 6 | 5 3 2 | 1 2 3 | 1 0 ‖
大 家 玩 得 多 愉 快 多 愉 快！

一、活动目标

1. 能够用正确的声音有感情地演唱歌曲。

2. 充分运用肢体进行节奏训练，培养幼儿节奏感。

3. 体验活动带来的快乐，培养幼儿对音乐的热爱。

二、活动准备

物质准备：音乐《拍皮球》、常见球类图片、小皮球、熊猫头饰。

经验准备：幼儿会拍皮球。

三、活动过程

1. 故事导入，引出主题。

教师："小朋友们，今天老师请来了一位小客人，你们想知道他是谁吗？"

教师："你们看，他抱着小皮球来了。"

教师播放歌曲，另一位教师带着熊猫头饰拍着小皮球走到幼儿面前。

教师："今天大熊猫要带小朋友们去玩皮球，小朋友们你们都会拍皮球吗？那我们来听听歌曲里面是怎么唱的拍皮球吧。"

2. 活动过程。

教师："小朋友们，刚才在歌里面我们都听到了什么呀？"

幼儿说出答案后教师提炼出关于歌词的一些主要信息。

教师："我们再听一遍歌曲，让老师看看哪个小朋友能说出一句完整的歌词来。"

教师带节奏念歌词，并带领幼儿一起练习节奏 X X X | X X X X | X X X | X X X XX | X – |。

教师："我们都听到了歌曲里唱的小皮球了，那现在我们再来好好地听一听皮球发出的声音是什么样的。"

引导幼儿完整地念完歌词，再播放歌曲伴奏带领幼儿轻声跟唱。

教师："小朋友们看看，小皮球和其他的球相比，有什么不一样呀？它有什么特点啊？"

教师出示各种球类的图片，引导幼儿回答。

教师："我们已经说过皮球和其他球的差别了，那现在咱们一起来完整地学唱这首儿歌吧。"

教师带领幼儿一起练习歌唱。

教师："现在小朋友们都会唱这首歌曲了，那老师唱一句，小朋友接着唱下一句，好不好？"

教师和幼儿接唱环节。

教师："我们今天了解了这么多关于小皮球的知识，那现在大熊猫要和小朋友们一起玩个游戏。"

3. 游戏。

游戏规则：

每个小朋友都拿到一个小皮球，请小朋友们边唱拍皮球的歌曲，边拍皮球，比比谁拍的时间最长。

四、教学建议

1. 整首歌曲中有$\frac{2}{4}$拍的多种节奏型，教师在教学时要做到形象化地帮助幼儿区分不同节奏型的差别，可以通过念节奏、击拍法、律动法等多种方式让幼儿正确掌握节奏。

2. 课程结束后，教师可开展相关的健康领域活动，带领幼儿去户外进行拍皮球的活动，做到五大领域的结合与渗透。

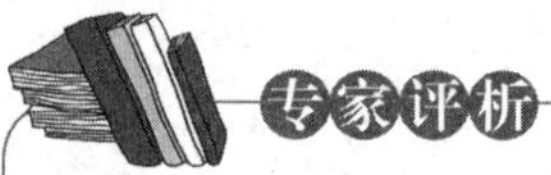

该活动主题源于幼儿的生活，是幼儿在认识了皮球之后一个经验的延伸，教师准备了多种球类的图片，丰富了幼儿的相关知识，同时又与歌曲本身有所联系，便于幼儿对于歌曲的理解。在课后游戏中教师还加入了身体的运动，体现了教育的综合性。教学过程中教师采用师生对唱、结合动作唱等多种形式带领幼儿练习，增加了歌唱活动的趣味性，让幼儿在愉快的氛围中学习，培养了幼儿欣赏音乐、感受音乐、表现音乐的热情。

6. 小 蚂 蚁

1=C $\frac{2}{4}$

欢快活泼地

何春燕词
葛依琳曲
严菲儿设计

(5 5 5 5 | 6 6 5 | 6. 5 3 5 | 2 3 1) | 5 3 1 |
1. 小 蚂 蚁，
2. 小 蚂 蚁，

2 1 2 | 5 3 1 3 | 2 1 2 | 5 5 5 | 6 6 5 |
一 二 一， 出 门 寻 食 走 得 急。 摆 摆 手， 碰 碰 须，
一 二 一， 抬 着 米 粒 真 欢 喜。 你 使 劲， 我 出 力，

6. 5 3 5 | 2 3 1 :|| 结束句 6. 5 3 5 | 2 3 | 1 - | 1 0 ||
那 边 有 颗 玉 米 粒。 团 结 友 爱 了 不 起。
团 结 友 爱 了 不 起。

一、活动目标

1. 能够通过图片记忆歌词，用愉快、活泼的声音演唱歌曲。

2. 愿意主动想象并表现歌词中的动作。

3. 从歌曲中体验团结的力量，愉快地参与歌唱活动。

二、活动准备

物质准备：歌曲《小蚂蚁》、若干纸箱、多媒体课件。

三、活动过程

1. 问题导入。

教师："马上就进入冬天了，森林里的小蚂蚁都开始忙碌了起来，小朋友们，你们知道它们在忙什么呀？"

教师："它们在忙着准备过冬的食物呢，你们看，这些小蚂蚁在干什么呀？"

教师出示图片，让幼儿根据图片进行描述。

教师："老师今天给小朋友带了一首好听的歌曲，歌曲里唱的就是这些小蚂蚁的故事，小朋友们要仔细地听听小蚂蚁究竟在干什么。"

2. 欣赏歌曲。

教师播放歌曲。

教师："我们都听完这首歌曲了，那你们发现这首歌曲里面唱的和你们在图片上看到的一样吗？"

教师："那老师现在再放一遍这首歌曲，老师想看看哪位小朋友待会可以看着图片告诉老师歌曲里是怎么唱的小蚂蚁。"

教师播放两遍歌曲。

幼儿回答后，教师带领幼儿一起读歌词。一边读歌词，一边拍手打节拍。

3. 学唱歌曲。

（1）教师播放歌曲，幼儿跟着歌曲哼唱。

（2）教师出示图片，演示小蚂蚁搬食物的过程，让幼儿根据提示，唱出歌曲。

（3）教师让幼儿自己创编蚂蚁一起玩耍的动作和搬食物的动作，然后一边做动作一边唱歌。

4. 游戏。

教师："小朋友们刚刚学习了小蚂蚁怎么团结协作一起搬食物，现在小朋友们愿不愿意扮演小蚂蚁一起来老师这里搬食物呀？"

在音乐伴奏下，幼儿扮演小蚂蚁，3—4 人一组到教师身边把纸箱搬到指定位置（小蚂蚁的家）。

四、教学建议

1. 由于中班幼儿歌唱时咬字还是存在一些不清楚的现象，教师在带领幼儿演唱歌曲前，应该带领幼儿进行咬字的强化练习。例如：咬准"使劲""寻食""欢喜"等读音。

2. 课程结束后，教师可以带领幼儿到户外去观察小蚂蚁，并用歌曲表达对大自然、对动物的喜爱。

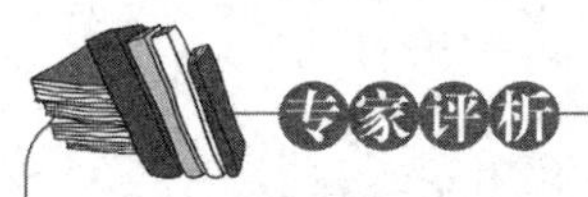

教师能够抓住幼儿的兴趣点，贴近幼儿的日常生活，根据生活中动物过冬前准备食物这件事组织了本次音乐游戏。整体活动的目标明确，具有层次。教师在活动一开始，以问题导入，让幼儿通过看多媒体课件展示的一组图片，猜一猜小蚂蚁在忙什么，吸引了幼儿的注意力。整个活动过程，幼儿能够感受小蚂蚁搬运食物的每个步骤，进而了解团结的力量是强大的。教师在最后的游戏环节还让幼儿自己体验了一下当小蚂蚁去搬食物，给幼儿表现的空间，满足幼儿表演欲望，有助于激发幼儿的自主创造，同时也能给幼儿切身的体会，获得更好的教育效果。教师匠心独运的活动设计，使得整个课堂的气氛很活跃，幼儿能在愉悦的氛围中进行歌唱活动，有助于激发幼儿对音乐活动的热爱。

第四节　大班幼儿歌唱游戏的设计与指导

一、大班幼儿歌唱能力的特征

大班幼儿的声音条件已经发展到了相对比较成熟的阶段，对于幼儿园游戏和歌曲内容的理解也能够达到基本的客观认识。所以大班的歌唱游戏从题材上、形式上都可以更加多样化，由于幼儿的情感和表达都很丰富，所以教师在大班幼儿歌唱游戏的设计和指导中更加要注重幼儿的审美培养，时刻要记住游戏是孩子最好的老师这一特点。

（一）歌唱水平

大班的幼儿已经具备较好的歌唱能力，大多数幼儿能够比较自如地把握常见的幼儿歌曲的节奏，如对歌曲中由二分、四分、八分音符构成的一般节奏掌握较好，甚至也能较好地掌握带附点的节奏和切分节奏。他们对歌曲的内容形象、情感体验与理解能力都有了一定增强，能更加积极主动地在歌唱中用声音变化来表达感情，还能积极争取使自己的歌唱表现更独特和完美。一些幼儿还能够对熟悉的歌曲的节拍、节奏做出变化，甚至能够独立地即兴哼唱出相对完整的新曲调。

（二）音域音准

随着年龄的增长，大班幼儿可以唱到 $a—c^2$。但一般情况下，如果歌曲音域跨度较大，往往高音持续时间较短，不能在高音区连续演唱。大班幼儿对音准的把握能力有了很大的提高，对级进和小跳一般不会感到有困难，他们不但能唱准七声音节的歌曲旋律，还能掌握切分节奏与休止符，有些变化音也能准确无误地表现出来。幼儿初步建立了调式感，能够感觉到歌曲的主音，歌曲在主音上结束会给幼儿以满足感。

（三）歌词和吐字

大班幼儿一般已经可以比较完整、准确地再现熟悉的歌曲的歌词，唱错字、发错音的情况会大大减少。幼儿歌唱的声音、表情更加丰富了，能够清晰地演唱出铿锵有力的歌曲，也可以唱出优美舒缓的歌曲。

（四）和谐程度

大班幼儿在保持唱歌声音整齐方面一般没有困难，对和声的听觉敏感度已经有很大的提高。但是他们往往善于表现自己，不容易配合整体的声音，有时会出现冒音的情况，在合唱中需要老师正确地引导。

二、大班幼儿歌唱游戏的设计

（一）歌曲的选择

大班幼儿对于歌曲的曲风、音域、节奏和歌词所表达的情感的掌握都已经有很明显的进步了，所以在歌曲的选择上，可以有更多的突破。在这个阶段，幼儿的歌唱技能和水平都有了较显著的提高，并且随着语言和气息的发展，他们能够记住更长、更复杂的歌词，音量也有了明显的提高，所以在歌曲的选择方面可以更加宽泛。各种中外的儿童歌曲，甚至少量健康的成人歌曲，都可以作为教学内容。

（二）活动目标

大班幼儿的基本目标是能用正确的姿势、自然美好的声音歌唱，并能正确地表现歌曲的节奏、旋律和歌词。在没有伴奏的情况下也能够独立、完整地演唱，并初步学会领唱、齐唱、轮唱和简单的两声部合唱。能用不同的速度、力度和音色变化来表现歌曲的形象、内容等。在掌握歌曲同时，能够熟悉和掌握歌词，并且能够创编新的歌词。能大胆地参与独唱、合唱与表演唱，并且能主动协助老师设计各种演唱方式。

（三）活动准备

1. 教师自身准备：除了作品的分析和歌曲基本技能的准备之外，大班歌唱游戏可以更多地发挥幼儿的音乐创造力和想象力，注重歌曲创编的准备工作。

2. 环境准备：包括教师的站位、班级黑板或环境的布置、幼儿桌椅的摆放等，注重互动场景的准备。

3. 情感准备：从孩子生活经验入手，引出歌曲的意境和游戏所表达的情感。

（四）活动过程

活动过程应以幼儿的兴趣点为中心，进一步组织有效的、有吸引力的、互动性强的游戏课程，培养幼儿勇于探索、乐于发现并带着问题参与游戏的习惯。大班幼儿情感发展已经有了很大进步，所以要培养他们通过不同的方式表达自我的能力，并且鼓励幼儿积极参与同伴的合作表演，通过合作等过程参与到更多的歌唱游戏中。可以对音乐作品进行分析，并且启发幼儿自己分析、比较，让他们用自己的音色、动作等来表现对歌曲的认识，自己做小导演、小指挥，主动积极地成为歌唱游戏的主导者。

（五）教学建议

以游戏为主的歌唱方式不应该局限于教师的一味讲授和示范，应尽量抓住大班幼儿创造力和想象力丰富的特点，让幼儿自己在游戏中学习音乐，在游戏中探索音乐，并让幼儿有能力对歌唱游戏作出合适的评价。

三、大班幼儿歌唱游戏的课例

1. 小　茶　壶

英　美　儿　歌
颂　　　今填词
陈　珂　李秀婷设计

1=C $\frac{4}{4}$

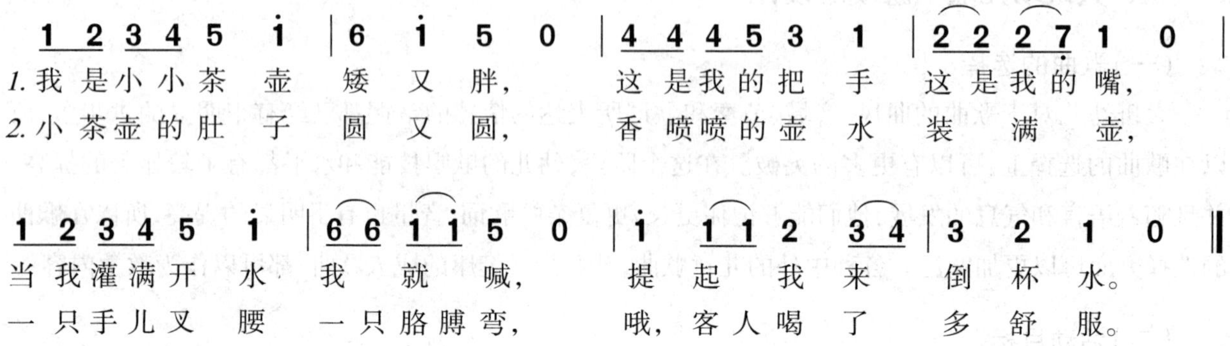

1 2 3 4 5 i | 6 i 5 0 | 4 4 4 5 3 1 | 2 2 2 7 1 0 |

1. 我 是小 小茶 壶 矮 又 胖， 这 是我 的把 手 这 是 我 的 嘴，
2. 小 茶壶 的肚 子 圆 又 圆， 香 喷喷 的壶 水 装 满 壶，

1 2 3 4 5 i | 6 6 i i 5 0 | i i i 2 3 4 | 3 2 1 0 ‖

当 我灌 满开 水 我 就 喊， 提 起 我 来 倒 杯 水。
一 只手 儿叉 腰 一 只 胳 膊 弯， 哦， 客 人 喝 了 多 舒 服。

一、活动目标

1. 幼儿根据故事的情节和角色，初步了解歌词内容。

2. 学会半拍和一拍的节奏变化，并跟着学唱。

3. 感受与同伴合作表演的乐趣。

二、活动准备

物质准备：实物小茶壶一个、各种茶壶图片、歌曲《小茶壶》。

三、活动过程

1. 教师："小朋友们，今天老师要让你们猜个谜语，你们听听看它是什么？"

一只没脚鸡，
蹲着不会啼，
吃水不吃米，
客来敬个礼。（谜底：茶壶）

教师："小朋友们真厉害，这么快就猜出了是茶壶。"

2. 教师："茶壶是什么样子的？"请幼儿进行描述。

教师将幼儿的回答进行复述和整理，并根据幼儿的表述出示不同的茶壶的图片。

3. 教师："小朋友们都说得很好，请用小耳朵认真听听，儿歌中的茶壶是什么样子的？"

教师播放一遍歌曲，让幼儿介绍一下儿歌中的小茶壶是什么样子的。

教师拿出准备好的实物小茶壶，并根据歌词对幼儿进行提问。

教师："小茶壶的身材是什么样的？"

教师："它的身上还有什么不同的呢？"

教师："小茶壶都有什么本领？"

4. 幼儿熟悉歌词以后，听音乐，教师用语言将歌词按节奏进行朗诵。教师随音乐引导幼儿做出小茶壶的各种形态，练习语言节奏。

（1）幼儿完整地跟着音乐随教师念语言节奏。

（2）引导幼儿跟着歌曲完整学唱，教师带领幼儿边唱边进行表演。

（3）引导随音乐与教师一起表演并演唱歌曲。（可引导幼儿创编茶杯的表演动作，以便和教师共同表演茶壶往茶杯里冲茶这个环节，并充分体验肢体创作的快乐）

（4）教师："水倒在杯子里会发出什么声音？"

幼儿回答，并用声音模仿。

（5）教师："我想请两个小朋友一组，一个小朋友扮演茶壶，一个小朋友扮演茶杯，我们来看看哪一组小朋友冲出来的茶水最香、最纯、最浓。"

一部分幼儿表演茶壶，另一部分幼儿表演茶杯，进一步体验结伴表演的快乐。

5. 游戏：

（1）男生分为一组，女生分为一组，进行"茶壶秀"比赛。

让幼儿自己排队型、根据歌词模仿茶壶，边跳边唱。比比男生组和女生组谁唱得最好，谁演得最像。

（2）幼儿根据教师提供的各种茶壶的图片进行创编，自由分组。

一组幼儿模仿图片做出动作和歌唱，另一组幼儿猜测他们模仿的是哪张图片。

四、教学建议

1. 在课程的结尾，给幼儿播放中国的各种茶艺表演，让幼儿了解中国茶道文化精髓。

2. 在课程结束后，可以做有关茶壶的收集活动，让幼儿回家后，通过歌曲《小茶壶》尝试模仿并表演给父母看。

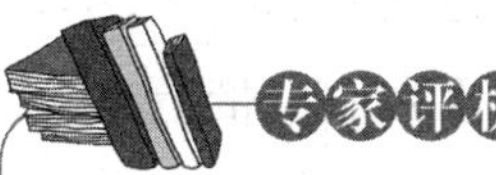

活动的教学目标和过程设计合理。教学活动以猜谜语的形式引入，教师恰当的提问和引导语极大地引发了幼儿的学习兴趣，使得幼儿的参与度很高；游戏活动的教具准备也很充分，教师带来了"茶壶"，通过实物观察，幼儿对茶壶有了更为直观、深刻的印象；教师在活动中鼓励幼儿用自己喜欢的方式表现音乐，发展了幼儿的想象力、创造力、表现力；课程结尾播放的茶艺表演，可以让幼儿很好地感受中国传统文化。

2. 大 雨 小 雨

1=D $\frac{4}{4}$

金　潮词曲
占　静　魏兰馨设计

5 3 4 2 3 - | 5 3 4 2 3 - | 5 3 4 2 5 3 4 2 | 5 3 4 2 1 1 1 |

1. 大雨哗啦啦，小雨淅沥沥，哗啦啦 淅沥沥 大雨小雨快快下，

2. 我们笑哈哈，我们笑嘻嘻，笑哈哈 笑嘻嘻 哈哈嘻嘻嘻嘻哈，

6 6 5 5 5 4 | 3 3 3 4 5 - | 6 6 5 5 5 4 | 3 3 3 4 2 - |
大 雨 哗啦啦， 小雨淅沥沥， 大 雨 哗啦啦， 小雨淅沥沥，
我 们 笑哈哈， 我们笑嘻嘻， 我 们 笑哈哈， 我们笑嘻嘻，

(间奏)
5 5 5 3 5 5 5 3 | 4 4 4 2 4 4 4 2 | 5 3 4 2 1 1 1 | (5 3 4 2 1 1 1) ‖
哗啦啦 哗啦啦 淅沥沥 淅沥沥 大雨小雨快快下。
笑哈哈 笑哈哈 笑嘻嘻 笑嘻嘻 哈哈嘻嘻嘻嘻哈。

一、活动目标

1. 学会完整演唱歌曲。

2. 感受二拍子的节拍特点以及雨点的节奏特点。

3. 培养热爱大自然，保护环境的美好情感。

二、活动准备

物质准备：小雨和大雨的图片、音乐磁带、录音机、《大雨和小雨》的动画视频。

经验准备：幼儿观察过下雨天。

三、活动过程

1. 创设情景，引出主题（以故事导入）。

教师：“小鸡和小鸭是一对好朋友，这一天，它们约好了一起出去玩。可是，天色越来越暗了，小鸡问小鸭：‘你看这天气，可能要下雨呢，我们还出去玩吗？’小鸭想想说：‘要是下小雨我们就带上伞去，要是下大雨我们就别出去了，在家里看动画片吧。’小鸡同意了。”

教师：“小朋友们，你们有没有观察过雨是什么形状、什么颜色的呀？”（幼儿回答）

教师：“那你们知道大雨和小雨有什么区别吗？”幼儿回答，教师出示大雨和小雨的图片。

教师：“今天老师和小朋友们一起来听一首歌，听听大雨和小雨有什么区别？”

播放一遍歌曲。

2. 活动展开。

（1）提炼歌词，练习打节奏。

教师：“小朋友们，刚才在歌词里面我们都听到了什么呀？”

小朋友争先说出答案。教师随即提炼出歌词内容。

教师：“我们再听一遍歌曲，这一遍，请小朋友们边听，边用小手打节拍。”

教师引导幼儿一起练习节奏 X X X X | X X X X |，教师用手示范，一边打节奏一边唱。

教师：“小朋友们在音乐里听到下大雨会发出什么声音呢？那下小雨的时候又会发出什么不一样的声音呢？”

（2）念歌词，初步学习演唱。

引导幼儿完整地念完歌词，并尝试跟着旋律演唱。

教师：“小朋友们想一想，如果用动作来区分大雨和小雨，要怎么区分呢？”

引导幼儿用动作表演下大雨和下小雨的区别。同时鼓励幼儿想象大雨和小雨声音上的不同，并用嗓音表达出来。

教师出示并讲解下大雨和下小雨的图片。

教师指示相应图片，给幼儿提示歌词，让幼儿跟着教师一起练习歌唱。

（3）熟悉歌曲，合作对唱。

教师："那现在老师来唱大雨的部分，小朋友们唱小雨的部分，好不好？"

教师和幼儿合作对唱部分，并且让幼儿尝试用自己想象的雨点声音替代歌词，如哗啦啦啦，淅沥沥沥，轰隆隆隆。

教师："我们今天认识了大雨和小雨，接下来，咱们来玩个有意思的小游戏吧。"

3. 游戏：大雨和小雨。

游戏规则：

（1）教师让幼儿分为两组，一组拿塑料袋，一组拿 A4 彩纸，唱到拟声词时，幼儿分别搓揉塑料袋和 A4 彩纸，开始对唱，之后可以两组互换。

（2）还可将幼儿分为两人一组，进行合作对唱。

四、教学建议

教师让幼儿反复认知歌词内容，并且出示图片，让幼儿能够有直观的感受，有助于记忆歌词。雨点声音的想象和创编部分可以拓展孩子们的思维，后续课程也可以用各种打击乐器来模拟下雨的场景，区分声音的大与小。

专家评析

游戏活动的层次设计非常好。先让幼儿听音乐打节奏，再根据节奏念歌词并尝试演唱，之后在教师的引导下感受大雨、小雨声音的不同并在此基础上与教师展开对唱，教师对于活动环节的科学设计一步步引导幼儿高质量地完成了教学目标。另外，活动的结尾部分，教师让幼儿分为两组，一组拿塑料袋，一组拿 A4 纸，唱到象声词时分别揉搓手中物品，这一设计收到了出乎意料的良好效果。

3. 柳树姑娘

罗晓航词
夏晓红曲
占静 魏兰馨设计

1=♭E 3/4

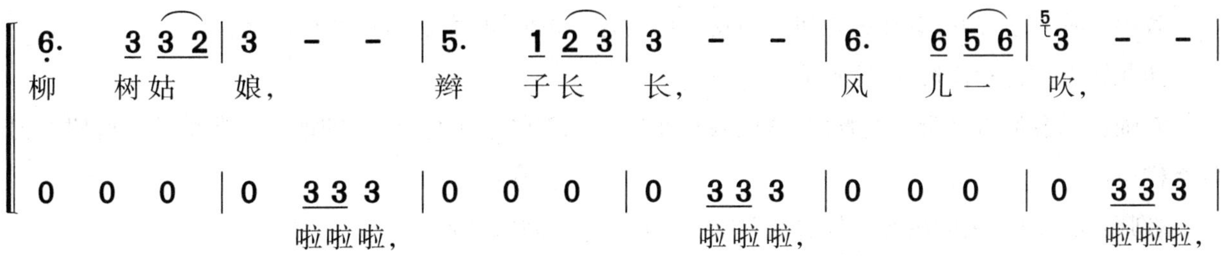

| 6. 3 32 | 3 - - | 5. 1 23 | 3 - - | 6. 6 56 | 3 - - |
柳 树姑 娘， 辫 子长 长， 风 儿一 吹，

| 0 0 0 | 0 33 3 | 0 0 0 | 0 33 3 | 0 0 0 | 0 33 3 |
啦啦啦， 啦啦啦， 啦啦啦，

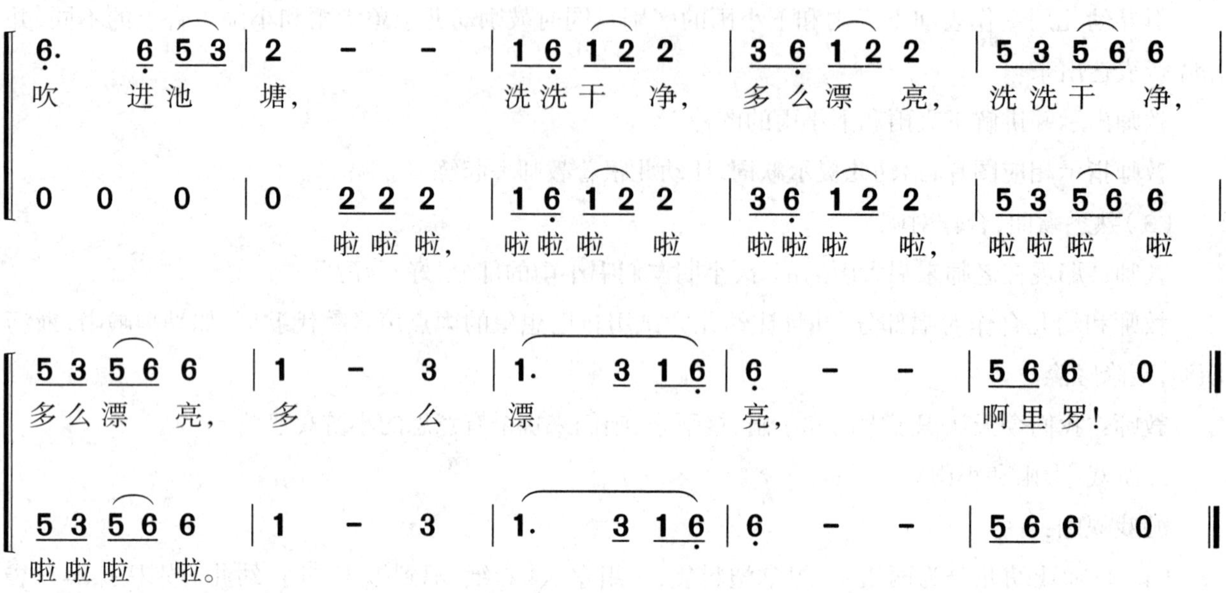

6. 6 5 3 | 2 - - | 1 6 1 2 2 | 3 6 1 2 2 | 5 3 5 6 6 |
吹 进池 塘， 洗洗干 净， 多么漂 亮， 洗洗干 净，

0 0 0 | 0 2 2 2 | 1 6 1 2 2 | 3 6 1 2 2 | 5 3 5 6 6 |
啦啦啦， 啦啦啦 啦 啦啦啦 啦， 啦啦啦 啦

5 3 5 6 6 | 1 - 3 | 1. 3 1 6 | 6 - - | 5 6 6 0 ‖
多么漂 亮， 多 么 漂 亮， 啊里罗！

5 3 5 6 6 | 1 - 3 | 1. 3 1 6 | 6 - - | 5 6 6 0 ‖
啦啦啦 啦。

一、活动目标

1. 有表情地演唱歌曲，并感受歌曲中三拍子的强弱特点。

2. 学会简单的两声部合唱，感受轮唱的和谐效果。

3. 体会春天的意境和美感。

二、活动准备

物质准备：沙锤、小铃等打击乐器，音乐《柳树姑娘》，柳树的视频课件。

三、活动过程

1. 创设情景，引出主题。

教师："小朋友们，春天到了，你们看今天外面天气这么好，老师决定今天把我们的课堂搬到外面去，快准备好你们的小火车，我们要出发啦！"

教师："小朋友们，现在老师请你们观察一下周围都有什么。"（幼儿回答）

教师："你观察到的事物中，哪些东西让你一看见它，就知道春姑娘来了？你能用好听的话来说说吗？"（幼儿回答）

2. 活动展开。

教师："刚才有的小朋友说他看到了大柳树，对了，大柳树可喜欢春天了。它好像听见了春天的脚步声，早早地就披上了绿色的外衣，欢迎春姑娘的到来。今天这棵大柳树为了表达它的欢迎之情，还特意准备了一首歌，让我们一起来听听它唱了什么吧！"

播放歌曲。

教师："听完这首歌，老师想先问小朋友一个问题？你们说，大柳树长什么样啊？"

幼儿回答："树枝长长的，还垂下来——"

教师："那我们再来听一遍歌曲，这回我请小朋友们都竖起小耳朵，仔细地听歌曲里的大柳树长得什么样子。"

教师："歌曲里，大柳树有个好听的名字，叫什么？"（柳树姑娘）

教师："那长长的辫子是哪里来的？"引导幼儿说出柳枝。

教师："柳树姑娘长长的辫子可真漂亮，风一吹过来，她就飘啊飘，结果，一下子飘到哪里去了？"（池塘）

教师："小朋友们想不想和大柳树学学这首歌曲？先跟老师来念一遍歌词。"

按节奏念歌词，注意附点节奏的辅导。

教师："小乐器也迫不及待地想迎接柳树姑娘了，我们请出小乐器为我们伴奏好吗？"

用沙锤和小铃分别在强拍和弱拍演奏，体验三拍子的节拍特点。

教师："听听看，风也在说话。"让幼儿注意听第二声部，分组尝试合唱，就像柳树和风的对话。

3. 游戏：柳树姑娘。

游戏规则：

拉一个大圆圈，请一位小朋友当柳树姑娘站到圆圈中，其他小朋友分声部演唱，唱到第二声部的时候，柳树姑娘可以用身体的任意部位打出节奏。也可以依次轮流打节奏，尽量用不同的方式拍打节奏。

四、教学建议

轮唱部分是游戏的难点，歌唱中大附点也不容易掌握，游戏中注意让孩子学会协调声音，并控制好节奏。

专家评析

该活动主题适于大班幼儿，教师通过让幼儿观察、了解柳树的基本形象特征以帮助他们快速掌握歌词。歌曲中的附点这一音乐知识点不容易掌握，而最后的游戏环节却能够很好地把附点这一知识点贯穿进来，让孩子在游戏中，自然地把握好附点的唱法。

4. 报　春

德国民谣
郭　瑶改编
朱婷婷设计

1=C $\frac{3}{4}$

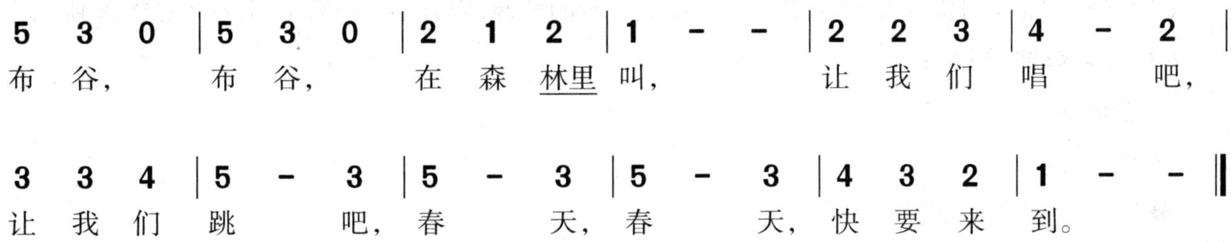

5 3 0 | 5 3 0 | 2 1 2 | 1 - - | 2 2 3 | 4 - 2 |
布 谷， 布 谷， 在 森 林里 叫， 让 我 们 唱 吧，

3 3 4 | 5 - 3 | 5 - 3 | 5 - 3 | 4 3 2 | 1 - - ‖
让 我 们 跳 吧， 春 天， 春 天， 快 要 来 到。

一、活动目标

1. 在熟悉卡农游戏的基础上，进一步挑战速度的提升。

2. 在卡农游戏中获得愉快的情绪体验。

二、活动准备

物质准备:呼啦圈若干、歌曲《报春》。

经验准备:幼儿对春天有一定了解。

三、活动过程

1. 问候。

练声曲:《问好歌》(幼儿听钢琴声,起立)

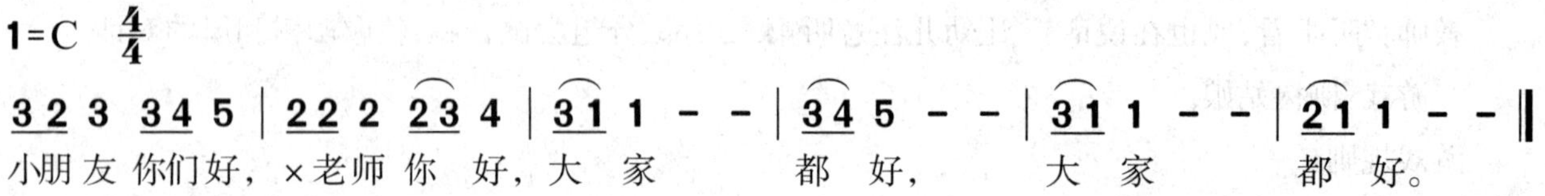

1=C $\frac{4}{4}$

3 2 3 3 4 5 | 2 2 2 2 3 4 | 3 1 1 - - | 3 4 5 - - | 3 1 1 - - | 2 1 1 - - ‖

小朋友 你们好, ×老师 你 好, 大 家 都 好, 大 家 都 好。

(师生问好)

(男女生问好)

教师:“刚才,你们用那么好听的声音向老师问好,我的心情一下子变得特别好,我也希望所有的朋友都能够跟我一样开开心心的,接下来,请男生女生互相问好,让我来听听,哪组的声音最好听,嘴巴也是圆圆的。”

2. 复习歌曲《报春》。

(1)教师:“现在已经是春天了,外面的天气真好,但是,有的小动物还不知道,这可怎么办呢?”(幼儿发表见解)

预设幼儿:(1)画幅画儿送给小动物们,告诉它们春天来了。

教师:“这的确是一个好办法,可是有些动物在冬眠,它们看不到画怎么办呢?请你们再想想有什么别的办法,能让冬眠的小动物也能够快快地知道春天来了?”

(2)写封信给小动物们,告诉它们春天来到了。

教师:“写信也是个好办法,你的信上会怎么写呢?”

(3)可以唱歌给小动物听。

教师:“那你们觉得唱什么歌曲比较合适呢?”

幼儿:《报春》。

教师:“对啊,《报春》,把春天的消息带给所有的小动物,这个主意真是不错。”

(2)教师:“那我们快点去告诉它们吧,用我们动听的声音,告诉小动物朋友们,春天已经来到了。”

(3)复习歌曲《报春》。

① 全体幼儿齐唱。

② 摘句练唱。

● “布谷,布谷。”(跳音,有弹性的)

教师:“你们唱得真好,嘴巴圆圆的,动物们都知道了春天来了的消息。‘布谷,布谷’,谁在唱歌啊?”

幼儿:“布谷鸟。”

教师:“请你们仔细听听老师的布谷鸟是怎么唱歌的,和你们唱的有什么地方不一样?”(教师示范,重点突出跳音)

教师："谁来告诉我，我的布谷鸟唱歌的声音和你们的布谷鸟哪里不一样？"

幼儿："声音是跳起来的。"

教师："布谷鸟给大家报告春天的消息，它可高兴啦，所以唱歌的声音也是很高兴的、跳跃的，请你们也来试一试，把布谷鸟快乐的心情唱出来。"（练习"布谷，布谷"）

● "春天，春天……"（渐轻处理）

教师："布谷鸟飞到了山谷里，告诉小动物春天来了，山谷里都是有回声的，山谷里的回声一定比布谷鸟的叫声轻一些，那么谁来告诉我，'春天，春天'我们应该怎么唱呢？"

幼儿："第二个'春天'比第一个'春天'轻一点。"

教师："让我们一起试一试，第二个春天要稍微轻一些。"

③ 请幼儿担任小指挥，有感情地演唱歌曲。

教师："老师发现，你们的声音就像一个合唱队，那么好听，现在我们合唱队就要准备把这首好听的歌曲演唱、排练一遍，但是，你们有没有发现，合唱队里还少一个重要的人呀？"

幼儿："小指挥。"

教师："谁愿意来试一试？"

教师提醒小指挥，开始的时候要给弹奏钢琴的老师一个手势表示开始。

3. 音乐节奏游戏。

（1）教师："布谷鸟和森林里的小动物都已经知道春天来到了，相信你们也一定都发现了吧，谁愿意把自己看到的、听到的、感受到的春天大声说出来？"

（2）跟着音乐节奏，说说美丽的春天。

（3）教师小结："你们描述的春天实在是太美丽了，老师也非常喜欢，我也忍不住想把我对春天的感受说出来——春天天气真好，小朋友们蹦蹦跳。"

4. 卡农曲式游戏。

（1）教师："我们用'春天天气真好，小朋友们蹦蹦跳'来玩卡农游戏怎么样？我们先一起一边拍手一边连说三遍。"

X X	X X	X	X	X X	X X	X X	X
"春 天	天 气	真	好，	小 朋	友 们	蹦 蹦	跳。"

（2）分成两组进行游戏。（事先准备好呼啦圈放置在地上）

教师："我们以前玩过卡农游戏，都知道规则，请你注意听好，哪组先开始，心里默默数，到了三遍马上蹲下。"

（3）挑战四组同时游戏。

教师："你们真是太棒了，我们一起来挑战4组合作，怎么样？先请大家一边拍手一边连说4遍，'春天天气真好，小朋友们蹦蹦跳。'因为这次要分成4组挑战，所以每组都要念4遍，念完4遍以后，才能蹲下来。"

（4）听着教师的鼓声，加快速度，进行游戏。

教师："老师发现，这个游戏对你们来说太简单了，我现在要加大难度（拿出大鼓）你们要仔细听老师的鼓声，跟着鼓的速度来念'春天天气真好，小朋友们蹦蹦跳'，还是刚才的4组，每组念4遍。"

5. 结束。

教师:“春天真是个好季节,天气好,我们心情也好,大家玩得真高兴。”

四、教学建议

1. 本次活动的主要环节是卡农曲式的游戏。这种音乐游戏是轮唱的前期阶段,在本次活动前先要让幼儿对卡农曲式有简单的接触。

2. 本次活动以春天的景色和特点为切入点,活动前要让幼儿充分感受春天的景色,能够用语言对春天进行简单的描述。

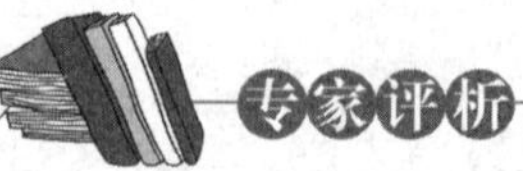

整个游戏教学活动不单单停留在歌曲的学唱,它定位于幼儿认知经验与艺术表现的整合。在“春天”的主题背景下,孩子们体验更多的是自主参与的氛围,感受情绪上的愉悦。“卡农曲式”游戏的设计,涉及到幼儿与同伴之间的合作,在让幼儿体会到自己是集体的一员、游戏的成功需要大家的努力的同时,无疑也培养了孩子们的集体荣誉感。

5. 风儿找妈妈

1=C $\frac{2}{4}$

佚　名词曲
严菲儿设计

6 6 | 5 6 6 | 3. 5 3 2 | 3 - | 6 6 6. i | 5 3 3 |
1. 太 阳 回 家 了, 月 亮 回 家 了, 风 儿 风 儿 还 在 刮,
2. 太 阳 回 家 了, 月 亮 回 家 了, 风 儿 风 儿 还 在 刮,

2. 3 1 6 | 6 - | 6 2 0 3 5 | 2 1 2 | 3 6 0 6 i | 5 3 3 | 2. 3 1 2 |
它 在 找 妈 妈。 问 过 小 树, 问 过 小 花, 妈 妈 妈 妈
它 在 找 妈 妈。 告 诉 小 树, 告 诉 小 花, 捎 给 妈 妈

3 6 6 | 2. 3 1 6 | 6 - :‖ 结束句 2. 3 1 2 | 3 6 6 | 5. 3 | i 7 6 | 6 - ‖
你 在 哪, 别 把 我 丢 下。 捎 给 妈 妈 一 句 话, 风 儿 好 想 她。
一 句 话, 风 儿 好 想 她。

一、活动目标

1. 准确且有感情地演唱歌曲。

2. 能够对歌词进行改编,并能用新歌词进行演唱。

3. 在歌唱活动中体验歌曲中思念妈妈的情感。

二、活动准备

物质准备：歌曲《风儿找妈妈》及伴奏、约瑟夫·海顿《G大调钢琴鸣奏曲（Hob.XVI.8）》、多媒体课件。

经验准备：幼儿知道左边、右边。

三、活动过程

1. 导入：情景导入。

教师："小朋友们，谁能告诉我你们看到了什么呀？"

教师播放多媒体课件中的动画。

教师："对呀，风儿找不到它的妈妈了，它到处在问有没有人见过它的妈妈，小朋友们，你们见到风儿的妈妈了吗？"

教师："老师这里有两段音乐，请小朋友来听听看，你们快来看看风儿在哪段音乐里找妈妈呀？"

教师播放两段音乐，一段音乐为《风儿找妈妈》，另一段音乐为《G大调钢琴鸣奏曲》（欢快风格）。

2. 学唱歌曲。

（1）跟随伴奏朗诵歌词。

教师："风儿找不到妈妈急得都快哭了，小朋友们我们能不能帮帮它呢。"

教师带领幼儿有节奏地朗诵歌词。

（2）熟悉歌词。

教师："小朋友们都听得特别认真，那现在老师唱一遍这首歌，你们听听看风儿找妈妈的时候都问了谁呀？它想对妈妈说什么？"

教师清唱歌曲，通过提问帮助幼儿加深对歌词的记忆。

教师："那小朋友现在跟着老师一起来唱一唱这首歌吧。"

幼儿跟唱，教师注意休止符以及结尾减慢节奏的指导。

（3）带感情演唱。

教师："如果小朋友你们找不到妈妈了会是什么心情呢？那风儿和你们也是一样的心情，我们能不能把对妈妈的思念表现在歌里面呀。"

教师引导幼儿体验歌曲中风儿对妈妈的思念。

3. 创编歌曲。

教师："小朋友们，你们觉得谁有可能见过风儿的妈妈？风儿最后能找到妈妈吗？"

教师根据幼儿的回答带领幼儿一起进行歌曲改唱。

4. 游戏：风妈妈在这里。

规则：教师说出口令"风妈妈在小朋友的脚下"（幼儿跳起来）；"风妈妈在小朋友的头顶上"（幼儿蹲下）；"风妈妈在小朋友的左边"（小朋友往右走）；"风妈妈在老师的左边"（小朋友往老师的右边走）……

四、教学建议

1. 大班幼儿各方面的能力以及表现欲都十分强烈，教师在教学过程中要适时的"放手"，给幼儿更多的自主空间。

2. 课程结束后，教师可以带领幼儿到户外去“寻找”风妈妈，让幼儿感受风儿在哪里找妈妈。

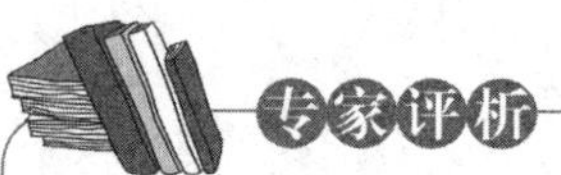

本次活动教师以动画的形式进行导入，引导幼儿进行自主思考，整体活动过程中情感渗透到位。最后的游戏环节在活动主题的基础上还融入了健康以及科学领域的知识，帮助幼儿复习了左右的概念以及左右的相对性，对左和右的概念有了更具体、全面的了解。教师通过逐步引导，在幼儿掌握演唱后提出进一步的要求，用“共情”方式让幼儿体验歌曲中表达的感情，使幼儿可以有感情地演唱歌曲。创编环节教师以提问的形式鼓励幼儿进行创造和想象，并带领幼儿演唱填入新歌词的歌曲，让幼儿体验了成就感。

6. 红　蜻　蜓

日本童谣
三木露风词
山田耕作曲
罗传开译
严菲儿设计

1=$^{\flat}$E $\frac{3}{4}$

慢板

5 1 1. 2 | 3 5 i 6 5 | 6 1 1 2 | 3 – 0 |

1. 晚霞中的红蜻蜓呀，请你告诉我，
2. 提起小篮来到山上，桑树绿如荫，
3. 晚霞中的红蜻蜓呀，你在哪里哟？

渐慢

3 6 5. 6 | i 6 5 6 5 3 | 5 3 1 3 2 1 | 1 – 0 :‖

童年时代遇到你那是哪一天？
采到桑果放进小篮难道是梦影？
停歇在那竹竿尖上是那红蜻蜓。

一、活动目标

1. 能用优美的声音演唱歌曲，体会歌曲中的附点音符。
2. 感受歌曲旋律的意境，愿意用动作表现蜻蜓飞舞的情景。
3. 激发幼儿对大自然的热爱之情。

二、活动准备

物质准备：歌曲《红蜻蜓》，多媒体课件。

经验准备：幼儿已经学习过三拍子的歌曲，并且对蜻蜓有初步认识。

三、活动过程

1. 导入:情境导入,激发兴趣。

教师:"小朋友们,你们有没有和爸爸妈妈一起去公园玩过呀?"

教师:"那你们在公园里都见过什么小动物?"

教师:"老师昨天在公园里散步的时候看到了很多红蜻蜓,看着这些红蜻蜓老师想起了一首歌……"

2. 熟悉歌词。

(1)初步感受歌曲。

教师:"现在请小朋友们轻轻闭上眼睛,一起去感受一下这首好听的歌曲。"

教师:"这首歌曲给你们什么样的感觉呀?"

教师:"小朋友都说得特别棒。老师觉得这段音乐很轻柔、很优美。那现在老师再放一遍这首歌曲,这次小朋友们可要听仔细哦,看看你在歌曲中都听到了什么?"

(2)根据课件记忆歌词。

教师:"现在我请小朋友来说说你都听到了些什么?"

教师引导幼儿用动作来表现歌词内容,并且请几位幼儿上来展示。

教师:"那现在老师请小朋友看看我都听到了什么,你们来看看老师和你们听到的一样不一样。"

教师打开多媒体课件,带领幼儿配节奏朗诵歌词,着重注意附点音符的部分,帮助幼儿理解记忆歌词。

3. 学唱歌曲。

教师:"小朋友们都知道这首歌说了什么吗,那现在我们一起来唱一唱这首歌曲吧。"

教师带领幼儿集体合唱两遍后让幼儿全体演唱一遍。

教师:"现在呀老师想请小朋友们变成三组小蜻蜓,每组小蜻蜓唱歌曲的一段,比比哪组小蜻蜓的声音最好听。"

幼儿进行分组歌唱,教师为幼儿进行伴奏。

4. 游戏:捉蜻蜓。

游戏规则:教师将幼儿分为两组,一组幼儿当蜻蜓跟随音乐飞舞,另一组幼儿扮演捉蜻蜓的人,跟着音乐的节奏捉蜻蜓。随后两组交换。

5. 活动延伸。

美工区为幼儿提供折纸蜻蜓的材料并开展相关折纸活动。

四、教学建议

1. 歌词分为三段,幼儿在初步接触歌曲时有一定的难度,需要教师提前准备形象的多媒体课件帮助幼儿理解和记忆歌词内容。

2. 在进行游戏时,教师可以鼓励幼儿创造与众不同的飞舞的动作,并注意维持整体的秩序,保证幼儿安全地进行游戏。

专家评析

该活动所选择的歌曲难度与大班幼儿发展要求相符合，是幼儿在通过教师指导后循序渐进能够掌握的。在整体教学活动中教师注重语言引导，鼓励和启发幼儿展开联想。在配节奏朗诵歌词时对本次活动的难点进行着重讲解，带领幼儿反复练习，最终达到幼儿可以独立演唱整首歌曲的目标，并通过分组歌唱以及游戏的形式让幼儿进行巩固，这样他们可以在生动活泼的氛围中通过反复的感受、体验、表现歌曲内容，提高了幼儿的音乐素养，达到身心全面和谐发展的目的。

第三章　幼儿律动游戏

第一节　幼儿律动游戏概述

律动游戏是音乐游戏活动的一种表现形式，它通过清晰可见的动态形象传情达意，引导幼儿随韵律进行自我表现，用肢体动作再现出音乐的情绪和意境，并使幼儿在潜移默化的过程中，培养音乐文化艺术的"潜质"。在律动游戏中，幼儿将掌握用身体走进音乐的方法，积累音乐审美体验，开阔音乐的视野。

一、幼儿律动游戏的定义

律动这两个字是希腊语变化发展而来的，原是美好、均衡、调整、富于节奏的意思。它是指在音乐伴奏下，根据音乐的性质、节拍、速度、力度等时间间隔，有规律地、反复地进行某一动作或某一组动作的活动。也可以说，律动教学活动就是根据音乐情绪的起伏做有规律的韵律动作，以身体各部位的动态来感受音乐、理解音乐、表现音乐。

幼儿律动游戏一般是指在音乐或节奏乐器的伴奏指导下，幼儿运用形体的动作感受和再现音乐的高低、强弱、长短、快慢、音色、性质的变化，或运用形体动作模仿某种形象、事物，抒发某种情趣的富有游戏性的活动过程。它是幼儿表达情感的一种最直接、最自然的方式。当幼儿随着音乐做简单自由的律动时，那是一种自我表现，也是幼儿在与人沟通和交往中进行情感表达的方式。

二、幼儿律动的分类

目前的幼儿园音乐教学中所进行的律动，大致可以分为三种：节奏性律动、模仿性律动和综合性律动。

（一）节奏性律动

节奏性律动是指随着音乐做节奏练习的律动。可以通过走、跑、跳、拍手、点（摇）头、拍腿、跺脚等单一动作的训练使幼儿的动作协调并富于节奏感。

（二）模仿性律动

模仿性律动是指让幼儿随音乐模仿从日常生活实践中提炼出来的节奏较强的动作。比如：

（1）日常生活中动作的模仿：起床、叠被子、刷牙、洗脸、照镜子、梳头等；

（2）自然现象的模仿：小树长大、花儿开放、刮风、下雨、雪花飘等；

（3）各种劳动形象的模仿动作：擦桌椅、扫地、洗手绢等；

（4）各种动物形象的模仿：青蛙跳、小马跑、小鸟飞、鸭走、鱼游等；

（5）各种人物形象的模仿：解放军的持枪、瞄准，交通警察的指挥等。

通过这些动作的模仿练习，让幼儿掌握舞蹈的基本语汇。

（三）综合性律动

综合性律动是指让幼儿随音乐学练简单的舞蹈动作。综合性律动已具备舞蹈的表演因素，要求动作准确，身体各部分配合协调，集体动作整齐划一，增强舞蹈感、表现力等。通过训练，培养幼儿的节奏感、旋律感、美感、情感，让幼儿掌握部分舞蹈素材，为今后的舞蹈学习打下良好的基础。

三、幼儿律动游戏的特征

（一）音乐与动作紧密结合

舞动身体是幼儿一种本能的反应，它来源于孩子对节奏、旋律的心神意会。而幼儿律动正是把音乐与动作完美地结合起来，使它们成为一个不可分割的整体。在律动游戏中，幼儿会跟随音乐舞动肢体，不知不觉中完成对基本的音乐要素的了解和掌握。如：用身体表现音乐速度的快慢、力度的强弱、音调的高低、段落的划分等。把动作与音乐紧密结合，不仅能帮助幼儿更好地掌握音乐的节拍、韵律，还能让他们通过游戏获得探索身体动作的乐趣，体验音乐意境的美。

（二）与生活经验连接

幼儿感兴趣的律动游戏大都来自幼儿生活中的经验，将幼儿熟悉的人物、动物、事物等形象提炼出舞蹈动作，也就是“生活化”的肢体语言，幼儿会觉得很有趣，很有尝试的欲望。律动游戏应从反映幼儿生活经验的动作素材入手，并在游戏中将生活动作舞蹈化，这种寓教于乐的音乐活动会极大提高幼儿探索动作的学习兴趣。

（三）以想象与即兴为主

由于幼儿的形象思维占主导地位，行为表现为好奇、好动、好模仿。在律动游戏中，幼儿往往容易添进自己的直觉和想象，喜欢夸张地表现事物，因此故事性的表演游戏适宜成为律动游戏的主要内容。在游戏中，幼儿不仅运用模仿和想象产生肢体动作，也常常会随着音乐情绪的变化即兴地进行肢体表达。

四、幼儿律动游戏的功能

律动游戏是让幼儿在音乐的感染下，学会用符合旋律的动作抒发自己的情感、体验音乐。通过律动练习，不仅可以培养幼儿对音乐的感受力，还可以促进其身体敏捷性、协调性的发展，更对幼儿的智力、社会性、艺术性等方面的发展起着不容忽视的作用。具体表现如下：

（一）促进幼儿身体机能的发展

幼儿律动活动是通过一系列舞蹈动作达到儿童身体协调性训练的重要步骤。在律动游戏中，正确、适度的活动会加速幼儿的血液循环，增加营养供给，促进骨骼生长，规范的动作也会让幼儿肌肉能力得到不断加强。如快速的大动作会使幼儿的爆发力得到锻炼，而一些简单的涉及柔韧性的动作，会使肢体有更广度的延伸和变化。除此之外，律动游戏还会对幼儿的心肺功能、关节和韧带的生长，以及平衡感、控制力、身体的协调性和灵活性等方面的发展起到促进作用。

（二）促进幼儿智能的发展

律动是一项需要丰富的想象力和创造力的活动。要想发展幼儿的想象力和创造力，就应当使幼儿同时获得视觉、听觉、触觉、动作及其他刺激，律动就是同时融合了各种刺激的一种活动。也正是这些活动刺激了孩子的运动神经，使他们体会到各种身体动作所带来的感觉，这对幼儿智能的发展来说具有重要意义。

律动中的形象是一种广泛的、对音乐意境产生的生动想象。也正是这种律动形象，唤起了幼儿对相关事物的视觉印象、听觉印象以及由此产生的联想等，从而发展了他们的创造力。因此说，音乐游戏活动中的律动游戏，不仅培养了幼儿动作的敏锐反应力、身心自我控制和把握的能力，还培养了他们的专注力、观察力、思维力和想象力。通过这些动作，还为幼儿的抽象思维发展提供了条件。

（三）促进幼儿情感的发展

情感发展在一个人的成长过程中占有重要而特殊的地位，它关系到智能、性格、道德等各方面的发展。幼儿早期是情感发展的奠基期，是情感教育的黄金期，充分发挥律动游戏的情感感染功能和强化功能，与孩子们相应的积极情感产生共鸣尤显重要。

律动游戏中所反映的内心情感，对于丰富和发展幼儿情感是非常有利的。如活动中所表达的欢乐、愉悦、活泼等情绪会对幼儿产生深远的影响，健康、积极的情绪体验也将促使幼儿形成乐观进取的性格。这种“以美诱人、以情诱人”的音乐活动，不仅使幼儿情绪稳定、情感丰富，也让孩子拥有了自信、勇敢和快乐。

（四）促进幼儿艺术素养的发展

律动游戏活动以音乐为工具，以审美感知为出发点，以情感为动力，在不断挖掘幼儿创造潜力的同时，使幼儿心灵在美的节奏中和谐发展。幼儿在潜移默化中受到了音乐及相关艺术的熏陶，陶冶了性情，提高了发现生活之美和艺术之美的能力。游戏化的律动表演带给孩子的不仅是动作能力的提高，更多的是引导他们运用动作去探索自我、探索艺术、探索音乐文化。

第二节　小班幼儿律动游戏的设计与指导

一、小班幼儿律动能力的特征

（一）以模仿为主

爱模仿是小班幼儿的重要特点，也成为这个时期幼儿学习的重要手段，他们正是在模仿中成长的。模仿不仅可以成为他们的学习动机，也可以成为他们学习他人经验的过程。由于幼儿的骨骼和肌肉纤维都没有发育完成，平衡能力和控制能力都比较差，甚至连随着音乐的节拍进行整齐的拍手或者踏步都不容易，所以，律动游戏中的动作要尽量简单、生动直观，易于幼儿的模仿和学习。

（二）以单纯动作为主

小班幼儿擅长大而整体的动作、单纯的动作和不频繁移动的动作。这和小班幼儿动作生理特点有关，他们可以完成一些基本的舞步，如小碎步、小跑步、横移步、进退步等，能自由地运用手、臂和躯干来做各种单纯的动作，如勾、绷脚，吸、伸腿，弯直与柔韧，从而认识人体的相关部位，力求节奏与动作的协调平稳。

（三）持续时间短

处于小班年龄阶段的幼儿特别好动，注意力易分散，而在相对强度较高的律动游戏中，孩子们的注意力集中时间更将缩短，因此，在进行律动游戏时，时间不宜过长，适中的游戏时间，可以让孩子一直快乐地起舞。研究表明，小班幼儿律动游戏时间安排在 10—15 分钟为宜。

二、小班幼儿律动游戏的设计

（一）音乐的选择

由于小班幼儿年龄较小，我们对音乐的选择要求要符合该年龄段的特点。歌曲的节奏要鲜明，强弱要清晰，这样的音乐便于提示幼儿掌握节奏、韵律。乐曲的速度以适合幼儿动作展开为目的，一般为中速。因为小班幼儿的骨骼和肌肉发育都不是很成熟，速度较慢的歌曲幼儿很难长时间保持在一种状态，速度较快的歌曲幼儿动作跟不上节奏，从而导致幼儿丧失对律动游戏的兴趣。律动音乐的内容要与幼儿的生活经验相关，这样便于他们认知和了解游戏要表达的情境和情绪，幼儿就会自觉地投入到律动中。

（二）活动目标

小班律动游戏指导应遵循发现幼儿创造力和想象力，因此在活动目标上，大多以情感为主，肢体动作为辅，发展幼儿在律动游戏中积极参与的态度，感受律动游戏中带给他们的快乐。

（三）活动准备

1. 教师自身准备：包括音乐、表演能力或者音频、视频资料的掌握。

2. 环境准备：包括教师的站位、环境的布置、游戏所用的道具等。

3. 情感准备：教师要在游戏前进行有关律动的情感引导，如介绍歌曲或音乐要表达的内容等，从而让幼儿融入律动游戏中。

（四）活动过程

根据小班幼儿的年龄特征，教师的律动教学更应以游戏导入为主，让小班幼儿在玩中探索动作的发展。教学过程中要围绕主题进行动作协调性训练、即兴的随乐表演、舞蹈动作的模仿或者情景剧的表演等，比如通过游戏增强小朋友对身体部位的认识和动作的反应能力，教师发出口令“小朋友，头碰头”“肩碰肩”“膝盖碰膝盖”等，让幼儿按照口令做出相应的动作，在游戏中既学会了律动，也感觉乐趣无穷，让幼儿带着愉快的心情完成律动课程。

（五）教学建议

教学中尊重、理解、激励每个幼儿的动作创造力，根据幼儿的动作能力差异培养其对律动的兴趣。以发展的眼光恰如其分地评价每个幼儿的律动才能。

三、小班幼儿律动游戏的课例

1. 咿呀咿呀哟

1=G $\frac{4}{4}$

美国民谣
朱婷婷设计

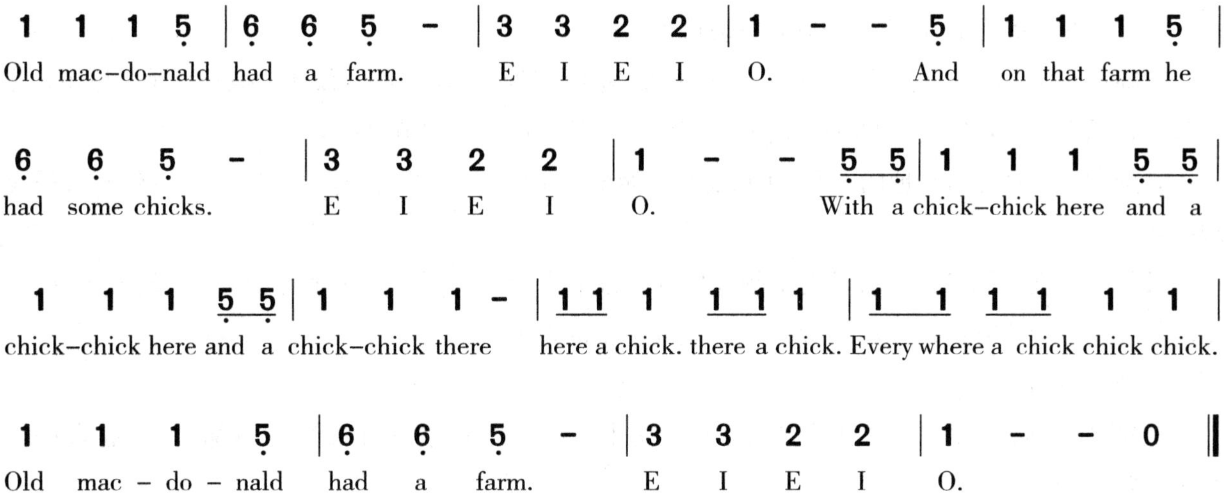

1 1 1 5 | 6 6 5 - | 3 3 2 2 | 1 - - 5 | 1 1 1 5 |
Old mac-do-nald had a farm. E I E I O. And on that farm he

6 6 5 - | 3 3 2 2 | 1 - - 5 5 | 1 1 1 5 5 |
had some chicks. E I E I O. With a chick-chick here and a

1 1 1 5 5 | 1 1 1 - | 1 1 1 1 1 1 | 1 1 1 1 1 1 |
chick-chick here and a chick-chick there here a chick. there a chick. Every where a chick chick chick.

1 1 1 5 | 6 6 5 - | 3 3 2 2 | 1 - - 0 ‖
Old mac - do - nald had a farm. E I E I O.

一、活动目标

1. 初步感受乐曲欢快、活泼的特点，辨识反复出现的乐句“咿呀咿呀哟”。

2. 尝试运用肢体动作表现乐曲。

二、活动准备

物质准备：纱巾若干条（同幼儿人数）、黑板及水笔一支、歌曲《咿呀咿呀哟》。

经验准备：幼儿有过观察妈妈做家务的经验。

三、活动过程

1. 初步感受歌曲《咿呀咿呀哟》。

（1）听音乐，感受歌曲的欢快并寻找其中反复出现的乐句。

教师：“现在让我们一起来听一段音乐，听听有什么感觉。”教师播放音乐《咿呀咿呀哟》，鼓励幼儿表达对乐曲的感受。

教师：“这首音乐真好听，连我手上的笔都忍不住要跳起舞来了。”教师随着音乐用笔在黑板上描画波浪线。

教师：“你们有没有发现，这段好听的音乐里有一句话是一样的，是什么呀？”

预设幼儿：“咿呀咿呀哟。”

（2）根据图谱寻找固定乐句出现的规律。

教师：“这个‘咿呀咿呀哟’有点调皮，有时会出来和我们打招呼，有时我们等它好久都不出来。”

在乐句“咿呀咿呀哟”出现的时候，用明显的摆动动作画出锯齿线，突出乐曲和音乐节奏。

教师：“原来‘咿呀咿呀哟’会和我们捉迷藏，它不是每一句乐句都出来的。我们再来听一听、找一找，当听到‘咿呀咿呀哟’的时候我们就一起摆摆手吧。”

2. 根据音乐中出现乐句“咿呀咿呀哟”的规律进行律动表演。

（1）教师示意幼儿每人取一条纱巾，随音乐自由做动作，在听到“咿呀咿呀哟”的时候舞动纱巾。

（2）用动作表现乐曲，体验乐曲的欢快。

教师：“平时妈妈工作很辛苦，还要做家务，今天让我们一起来帮妈妈劳动吧，劳动的时候可以做些什么事呢？”

预设幼儿：“擦椅子、擦桌子、扫地、擦玻璃窗……”

教师：“我们一起先来擦擦桌子吧。注意要在‘咿呀咿呀哟’出现的时候才能擦哦。”（教师和幼儿一起听音乐在固定乐句出现的时候作擦桌子状，引导幼儿按音乐的节奏擦桌子）

教师：“一起来练习扫地的本领，注意要在‘咿呀咿呀哟’出现的时候才能扫哦。”（师幼听音乐表现扫地的情景）

教师：“现在我们已经把劳动的本领练好啦！接下来让我们听着音乐来劳动吧。”（幼儿听音乐，用动作表现劳动的情景，老师可以即兴编唱幼儿劳动的情形）

3. 结束活动。

教师：“劳动结束啦，大家出了许多汗，一起来洗个澡吧！拿好你的洗澡海绵球，一起来搓搓搓……”

幼儿将手中的纱巾团成团变成小浴球，和教师一同随音乐表现洗澡情景，在“咿呀咿呀哟”乐句处有节奏地搓洗身体的各个部位。

四、教学建议

在律动表演的环节，要注意根据“咿呀咿呀哟”的节奏来表现擦桌子、扫地、洗澡等动作，而不是随意表现。

专家评析

在此律动游戏中，教师为了让幼儿更好地掌握“咿呀咿呀哟”这句乐句的规律，采用了各种形式与手段来区分与其他乐句的不同。首先，引导幼儿听音乐，在听到这句的时候画出图谱，并让幼儿根据图谱找出固定乐句出现的规律；其次，带领幼儿根据音乐中出现“咿呀咿呀哟”的规律进行律动表演，帮助幼儿进一步掌握动作特点，从而促进幼儿律动动作与节奏的统一。

2. 小 蜜 蜂

1=C $\frac{2}{4}$

外国童谣
占　静设计

5 3 3 | 4 2 2 | 1 2 3 4 | 5 5 5 | 5 3 3 | 4 2 2 | 1 3 5 5 | 3 - |
小蜜蜂　嗡嗡嗡，　大家一起　来做工。　来匆匆，　去匆匆，　做工兴味　浓。

2 2 2 2 | 2 3 4 | 3 3 3 3 | 3 4 5 | 5 3 3 | 4 2 2 | 1 3 5 5 | 1 - ‖
天暖花开　不做工，　将来哪里　能过冬？　快做工，　快做工，　别学懒惰　虫。

一、活动目标

1. 激发幼儿学习舞蹈的兴趣，学习并认识基本舞步——小碎步。

2. 感受小蜜蜂勤劳的精神。

3. 配合歌唱，掌握好节奏。

二、活动准备

物质准备：小蜜蜂手偶、音乐《小蜜蜂》。

三、活动过程

1. 创设情境，引出主题。

教师："小朋友们，今天老师带来一个谜语，看看哪个小朋友能猜出来？"

"小小虫儿真可爱，飞到东来飞到西。飞来飞去采花粉，酿出蜜来人人夸。"

幼儿回答。

教师："小朋友们都说对了，它就是勤劳的小蜜蜂。"

教师："今天老师就带了这个特别的朋友来和大家认识呢。在看到它之前，小朋友都说说，它长什么样子啊？"

教师归纳幼儿所说的蜜蜂特点，并出示手偶小蜜蜂。

教师："今天小蜜蜂要带小朋友们一起念一首儿歌。"

教师带幼儿先念一遍儿歌，熟悉一下歌词。

2. 活动展开。

教师："小朋友们，小蜜蜂可爱不可爱呀？你们喜不喜欢小蜜蜂呀？"

幼儿回答。

教师："那有没有能干的小朋友知道小蜜蜂有什么本领？"

教师提示幼儿回答：会飞，会采蜜等。

教师："小蜜蜂是怎么飞的呢？现在，老师请小朋友们和老师一起来学习学习小蜜蜂是怎么飞的。还有，小朋友要仔细地观察哪个动作是表示小蜜蜂在采蜜。"

具体动作：

准备动作：所有幼儿自由站立。

[1]~[8]：双手作飞翔状，小脚尖点地，后跟离地，形成飞的样子。飞起来的时候轻轻的，小脚轻轻点地踏步。

[9]~[16]：双手保持飞翔状不变，小碎步左右来回两遍。

[17]~[24]：做蜜蜂动作，即屈膝微蹲、弯腰、头向下低、手臂向后伸直、轻轻摇晃小脑袋。

[25]~[32]：双手叉腰，原地跑跳步重复。

教师："我们的小朋友真能干，老师看到你们采到了很多的蜜，我们采的蜜可真香、真甜啊！我们的好朋友大狗熊最爱吃蜂蜜了，要不，我们再多采一些，送给大狗熊吧。"

教师带领幼儿跟随音乐完整演示。

教师:“小蜜蜂是最勤劳的昆虫,每天辛勤采蜜从不偷懒,我们这群小蜜蜂采蜜的本领也很强,那我们去花园采蜜吧!出发咯!”

播放音乐两遍。

四、教学建议

1. 根据小班幼儿肢体动作发展的程度,以及小班幼儿节拍感不强的情况同时加以角色扮演,能够使幼儿更好地掌握音乐的节奏感。

2. 幼儿在体验蜜蜂在花丛中飞来飞去勤劳采蜜的快乐情景中,学习舞步——小碎步,当一只快乐采蜜的小蜜蜂。能跟随音乐节拍做动作,并获得一种对小蜜蜂勤劳表示认同的情感体验。

以猜谜语及出示手偶的形式导出律动活动,可以很好地引发幼儿的好奇心及探究的欲望,使幼儿快速进入学习状态。另外,教师先启发幼儿想象小蜜蜂飞舞、采蜜的动作,再带领幼儿学习舞蹈动作,既能激发幼儿学习的兴趣,也可加深幼儿对动作的记忆,以保证高质量地完成律动活动;“多采些蜜送给大狗熊吧”这一指导语对于小班幼儿来说,有着极大的吸引力,起到了延长幼儿注意力时间的良好效用。

3. 小 蝌 蚪

1=G $\frac{2}{4}$

望 安词
夏志岐曲
占 静设计

5 1 1 | 7 1 2 | 2 3 4 | 3 2 1 | 5 1 1 | 7 1 2 | 2 3 4 4 |
小蝌蚪, 细尾巴, 身子黑, 脑袋大。 水里生, 水里长, 长着长着

3 2 1 | 5 5 | 5 3 1 | 2 2 | 2 7 5 | 5 1 1 | 7 1 2 |
就变啦, 多了 四条腿, 少了 细尾巴, 脱下了 黑衣裳,

2 2 3 4 | 5 - | X. 0 | 6. 5 | 2 5 | 4 3 2 | 1 - ‖
换上绿裤 褂。 嗬! 变成 一只 小青 蛙。

一、活动目标

1. 熟悉歌曲,学会跟着节奏打节拍。

2. 模仿并创编小蝌蚪的动作,感受舞蹈带来的乐趣。

二、活动准备

物质准备:音乐《小蝌蚪》、画有小蝌蚪的头饰。用大的绿色的纸画出水中植物的样子,并可以放一些绿色的泡沫板做荷叶。

经验准备:幼儿观察过小蝌蚪游动。

三、活动过程

1. 创设情境,引出主题。

教师:"小朋友们,你们有没有观察过小蝌蚪是什么样子的呀?"

幼儿回答,教师引导幼儿说出小蝌蚪的特点。

教师:"那小朋友们知道小蝌蚪是怎么游泳的吗?"

教师:"老师想邀请你们来表演小蝌蚪游泳,哪个小朋友愿意来试一试呀?"

幼儿自主表演。

教师:"小蝌蚪可爱吗? 小蝌蚪有几条腿呀? 有几条尾巴呀? 它们都长什么样呀?"

幼儿自主回答。

2. 活动展开。

教师:"接下来,老师请小朋友们来听一首儿歌,听听儿歌里边是怎么唱小蝌蚪的。"

播放音乐。

教师:"小朋友们听到歌曲里面是怎么唱的了吗? 小蝌蚪长大以后会变成什么呀?"

教师:"小朋友们说对了,小蝌蚪长大以后会变成青蛙,这可真是神奇呀。"

教师:"小朋友们知道青蛙在哪里生活吗? 它是益虫还是害虫呢?"(分享相关知识)

教师:"在小蝌蚪变成小青蛙之前,咱们一起来学习一下小蝌蚪是怎么游泳的吧。"

具体动作:

准备动作:幼儿随意自由站立。

[1]~[8]:幼儿双脚并拢,原地拍手,一拍一动,同时,左右倾头各四次,也为一拍一动。

[9]~[16]:幼儿双手合十,指尖朝前,作游泳状,同时脚下可四处走动,两拍一动。

[17]~[20]:幼儿双手旁按手,后踢步一次。

[21]~[24]:幼儿双手叉腰,后踢步一次。

[25]~[32]:幼儿双手置于胸前,手背朝前,后踢步一次。

[33]~[42]:幼儿伏地,双手双脚叉开,模仿小青蛙。

教师:"小朋友们都特别棒,学得特别认真,现在老师请两位小朋友来扮演小蝌蚪哥哥和小蝌蚪弟弟,一起来表演一下小蝌蚪游泳,哪位小朋友要来试一试呀?"

幼儿自主表演。

教师:"刚刚表演的小朋友都特别棒,那其他小朋友肯定也表演得很好,我们现在一起戴上小蝌蚪的帽子来表演吧。"

幼儿集体伴随着音乐的旋律和节奏模仿小蝌蚪。

四、教学建议

1. 在展开律动之前让幼儿观察和回忆蝌蚪游动的姿态，然后进行模仿。

2. 在游戏过程中注意巩固幼儿的音乐节奏感，进行有节奏的律动。

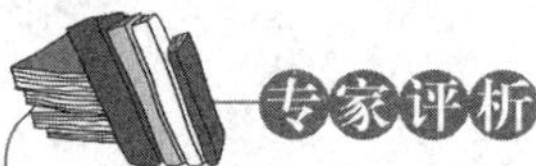

律动的学习，强调的是让幼儿身临其境地走近和触摸音乐形象，从而获得直接、全面、立体、生动的音乐感受。当幼儿听着《小蝌蚪》的儿歌，看着教师精心绘制的图画以及戴着小蝌蚪的头饰时，无疑就置身于律动游戏的立体环境中。它不仅能有效唤醒幼儿全方位的感官的注意力，达到耳到、身到、心到，建立起关键的链接，还能激发幼儿的音乐意象链接，提高感受、表现音乐之美的能力。

4. 小手拍拍

1=D 4/4

颂　今词曲
占　静设计

3 6 5 3 6 6 | 3 6 5 3 6 6 | 5 6 5 3 2 - | 5 6 5 3 2 - |
1–5. 小 手 拍 拍， 小 手 拍 拍， 手指伸出来， 手指伸出来。

2 3 5 6 5 3 | 2 3 5 6 5 3 | 5 6 3 2 1 - | 5 6 3 2 1 - ‖
1. 眼 睛 在哪里？ 眼 睛 在这里， 用手指出来， 用手指出来。
2. 嘴 巴 在哪里？ 嘴 巴 在这里， 用手指出来， 用手指出来。
3. 耳 朵 在哪里？ 耳 朵 在这里， 用手指出来， 用手指出来。
4. 眉 毛 在哪里？ 眉 毛 在这里， 用手指出来， 用手指出来。
5. 鼻 子 在哪里？ 鼻 子 在这里， 用手指出来， 用手指出来。

一、活动目标

1. 了解和熟悉《小手拍拍》这首歌曲。

2. 学习歌曲的节奏，并且跟着节奏打节拍。

3. 运用动作熟悉身体每个部位。

二、活动准备

物质准备：三角铁、手铃、音乐《小手拍拍》。

三、活动过程

1. 创设情境，引出主题。

教师：“小朋友们，今天老师先要带你们做一个手指谣：大拇哥、二拇弟、中三娘、四小弟、小妞妞，爬呀爬呀爬上山，耳朵听听，眼睛看看，鼻子闻闻，嘴巴尝尝，咯吱一下。”

教师：“小朋友们，咱们的小手是不是特别神奇呀？它能做很多事情，那小朋友们来说一说我们的小手都有什么本领呀？”

幼儿自主回答。

2. 活动展开。

教师:“刚刚小朋友们说了咱们的小手有这么多本领,那我们要来夸夸咱们的小手,首先我们先听一首小儿歌,听听儿歌里边是怎么夸小手的。”

播放音乐。

具体动作:

准备动作:两名或两名以上幼儿面对面站立或围成圆圈。(此处以两名幼儿做活动为例)

[1]~[8]:两名幼儿双手合十,在胸前左右两边拍手,左右各两次。

[9]~[16]:双手前平位伸出,左右晃动各两次,同时头左右摆动各两次。

[17]~[24]:四指并拢,大拇指与四指作点压状,做四次,同时左右倾头各两次。

[25]~[32]:用食指指到歌词唱的部分,同时头左右倾头各两次。

教师:“刚才小朋友们和老师一起夸奖了我们的小手,大家都表现得非常棒,现在老师请两个小朋友到前面来表演给大家看,看看这两个小朋友,把自己的小手夸得好不好。”

幼儿单独表演。

教师:“刚才两个小朋友表演得非常好,老师现在要把咱们班的小朋友分成两组,这两组小朋友来比赛,看看谁把自己的小手夸得最好。”

幼儿集体表演,强调合作配合。

教师:“小朋友们今天学会夸自己的小手了,那老师请小朋友们回家和爸爸、妈妈一起来夸夸有本领的小手,好不好?”

3. 拓展游戏。

教师:“刚才我们发现小手有那么大的用处,下面我们玩一个游戏。老师随意说出身体的一个部位,而小朋友要用自己的小手迅速地指到这个位置上,老师看看哪个小朋友动作又快又准确。”

四、教学建议

1. 根据小班幼儿的身心发展特点,教师在动作编排上应注意简单、易学。这样才能够有效地达到音乐活动的目的。

2. 游戏的环节设计可以很好地调动幼儿的积极性,使得律动活动生动、有趣、不枯燥。

专家评析

这首音乐节奏鲜明,歌词朗朗上口,富有情趣,是指导小班幼儿参与律动游戏活动的一个好选择。活动伊始,教师首先通过歌谣让幼儿认识手指,再通过歌曲帮助幼儿认识自己的五官。通过跟随歌词做动作,不仅锻炼了幼儿的节奏感,增强了身体的协调性,也让幼儿对身体的各部位有了更深刻的认知。游戏活动的拓展部分让师幼互动充分表现,引起了幼儿极大的学习兴趣。

5. 找 朋 友

1=C $\frac{2}{4}$

李 琳设计

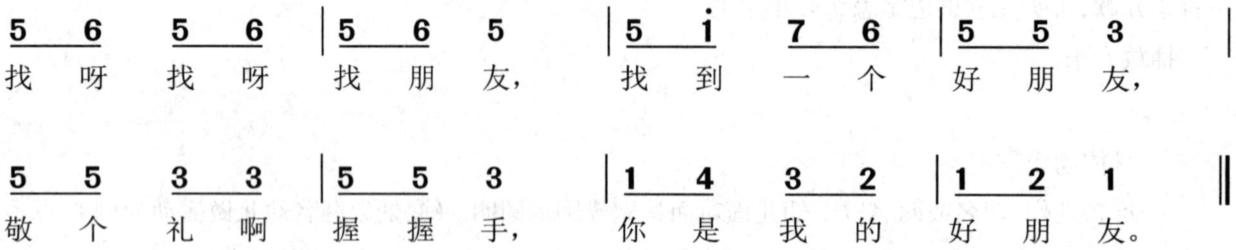

5 6 5 6 | 5 6 5 | 5 i 7 6 | 5 5 3 |
找 呀 找 呀 找 朋 友, 找 到 一 个 好 朋 友,

5 5 3 3 | 5 5 3 | 1 4 3 2 | 1 2 1 ‖
敬 个 礼 啊 握 握 手, 你 是 我 的 好 朋 友。

一、活动目标

1. 幼儿熟悉并理解歌曲,对打招呼有初步的认知。
2. 学习动作,并与身边的小朋友共同完成。
3. 感受与同伴合作的乐趣。

二、活动准备

物质准备:音乐《找朋友》。

三、活动过程

1. 问题导入,引出主题。

教师:"小朋友们,你们每天来幼儿园高兴吗?你们喜欢来幼儿园吗?"

教师:"为什么呢?是不是因为小朋友们在幼儿园可以学本领,还能玩游戏呀?"

教师:"说到玩游戏,小朋友们肯定愿意和自己的好朋友们一起玩,那你们都有自己的好朋友吗?"

教师:"那小朋友们每次见到自己的好朋友会打招呼吗?"

教师:"小朋友们可以告诉老师,你们是怎么和自己的好朋友打招呼的?"

2. 活动展开。

教师:"老师现在邀请小朋友们一起来听一首儿歌,我们来听听看儿歌里边都唱了什么。"

(播放音乐,教师拍手打节拍,向幼儿进行示范。)

教师:"小朋友们说一说,儿歌里边的小朋友在和好朋友打招呼的时候都做什么动作了?"

教师:"现在,老师请小朋友们和老师一起给这首儿歌编上小动作,我们一起表演好不好呀?"

> 具体动作:
>
> 准备动作:幼儿自由站立。
>
> [1]~[4]:幼儿拍手,一拍一动,自由走到另一个小朋友面前。
>
> [5]~[8]:两名幼儿面对面,手拉手,脚下为跑跳步,同样为一拍一动。
>
> [9]~[10]:两名幼儿一手背后,一手呈敬礼状。
>
> [11]~[12]:两名幼儿一手背后,一手放于胸前,低头,微弯腰。
>
> [13]~[14]:两名幼儿面对面拍手,一拍一动。
>
> [15]~[16]:两名幼儿四手合在一起握手,上下挥动两次。
>
> [17]~[20]:幼儿面对面,互相拥抱对方。

教师:“现在老师要和小朋友们一起来找好朋友啦,老师看看哪个小朋友在找好朋友的时候最礼貌。”(播放音乐,教师引导幼儿边唱边跳)

3. 结束活动。

教师:“老师发现小朋友们都是懂礼貌的好孩子,我们不仅要在幼儿园里懂礼貌,回到家里或者是在外面,都要讲文明,懂礼貌,对不对? 小朋友们能做到吗?”

教师:“小朋友们都找到了自己的好朋友,那么好朋友之间应该怎样一起玩呢?”

引导幼儿说出:友好、团结、互相帮助等。

教师:“那我们就拉着好朋友的手,一起去外面做游戏吧。”

4. 延伸活动。

教师:“我们在美工区域里面,把自己好朋友的样子画下来,好不好?”

四、教学建议

1. 鼓励幼儿边唱边跳,勇敢地去找自己的好朋友,让幼儿产生情绪上的共鸣。

2. 由于有行进中的动作,教师应注意幼儿安全,及时引导秩序。

歌曲活泼轻快,具有丰富的情感性和社会性,符合小班幼儿的身心发展水平和认知特点,律动以边唱边跳的活动形式进行,一定程度上激发了幼儿的兴趣,提高了幼儿的参与性,且幼儿自我发挥空间较大,使得音乐活动的趣味性也增强了。歌曲贴近幼儿生活,生活与教学紧密联系,不仅锻炼了幼儿的社会性交往能力,也促进了幼儿对礼貌礼仪的基础性认知和学习。活动目标明确,在教师的指导下学会了鞠躬、握手、敬礼等简单的动作,并且学会了在歌唱的同时用肢体动作来演绎歌曲。

6. 小老鼠上灯台

1=C 2/4

李　琳设计

5 5 3 | 5 6 5 | 5 5 3 | 5 6 5 |

小 老 鼠　上 灯 台,　偷 油 吃,　下 不 来,

1̇ 1̇ 1̇ | 1̇ 6 1̇ 5 | 5 6 5 3 1̇ 5 | 1̇ 0 ‖

喵 喵 喵,　猫 来 了,　叽 里 咕 噜 滚 下 来。

一、活动目标

1. 感知音乐中的人物形象和故事情节,感受歌曲欢快的旋律。

2. 能根据音乐进行简单律动,自主创编动作。

3. 体会集体游戏的乐趣和猫捉老鼠的紧张感。

二、活动准备

物质准备:音乐《小老鼠上灯台》,猫的头饰。

三、活动过程

1. 听歌识别故事情节。

教师:"小朋友们,今天老师给大家带来了一首歌曲,你们想听吗?"

教师:"但是这首歌里藏着一个小秘密,小朋友们听一听,老师看看谁能发现这个小秘密。"(播放音乐)

教师:"小朋友们发现了什么小秘密?"

教师:"歌曲里面都有谁呀?发生了什么事情呢?"(小老鼠到哪里去了?它干了什么?后来谁来了?小老鼠是怎样从灯台上下来的)

2. 基本活动展开。

教师:"小朋友们,现在老师请小朋友在自己的小椅子上表演,你们认为小老鼠可以怎么爬上灯台?怎样偷油吃呢?小老鼠怎么滚下来的?"

教师:"小朋友们都表演得非常棒,现在老师和小朋友们一起在椅子上表演一下!"(播放音乐)

教师:"现在老师想邀请小朋友到前面的这个区域来表演,但是这次的表演我们要做的不一样,小朋友们可以模仿老鼠和猫,一起进行表演。"(教师引导幼儿做动作,尽量运用四肢进行表演)

教师:"老师发现小朋友们都很厉害,现在老师和小朋友们都是小老鼠,我们一起去偷油吃吧!"(播放音乐,教师带领小朋友集体表演)

3. 结束活动:游戏"猫捉老鼠"。

教师:"现在,老师带你们做一个游戏,请小朋友们来当小老鼠,你们一起去偷油吃,但是要小心老猫,老猫出来会叫三声"喵喵喵",之后,它就要来抓老鼠了,这时小朋友们就要跑回家,坐在自己的小板凳上,这样老猫就抓不到你们了。"(配班教师扮演老猫,幼儿扮演小老鼠,共同游戏)

4. 延伸活动。

在艺术领域中,可以让幼儿想象故事情节,画出小老鼠上灯台偷油吃的场景。

四、教学建议

1. 鼓励幼儿大胆想象,自主创编,发现两次表演动作的不同,及时对幼儿进行引导。

2. 游戏过程中教师应注意幼儿安全,防止幼儿在逃跑过程中受伤。

歌曲活泼轻快,具有很强的角色意识,符合小班幼儿的身心发展水平和认知特点,幼儿能扮演角色进行动作的创编,很大程度地调动了幼儿的积极性与主动性,猫捉老鼠游戏的设置也增强了幼儿的愉快情绪体验,并使得本次活动在轻松愉快的高涨情绪中结束。律动活动目标明确,活动过程中幼儿进行自主创编,充分发挥了幼儿的想象力与创造力,同时也激发了幼儿用肢体动作表现歌曲情节的兴趣,寓游戏于教学,具有很强的趣味性。

第三节　中班幼儿律动游戏的设计与指导

一、中班幼儿律动能力的特征

（一）动作形象生动

中班幼儿是整个幼儿期思维特点表现最为典型的时期，即思维的具体形象性最为突出。随着他们肢体语言表达能力的增强，律动游戏也呈现出了生动形象的特点。幼儿不仅能模仿各种与他们生活经验相符合的舞蹈动作，而且能够展开丰富的联想，根据游戏情节进行简单的即兴动作创编。

（二）自行确定游戏主题

中班幼儿处在游戏的高峰期，他们不仅爱玩而且会玩游戏。因此在律动游戏中，幼儿可以自己确定游戏主题，安排角色。而教师可以引导幼儿更好地用动作来表现律动的主题内容，把动作意识渗透在律动之中，从而提高动作的表现力，培养幼儿的艺术感受能力。

（三）动作表达多样化

中班的幼儿，在律动练习中可以做一些简单的舞姿变换练习，可以根据需要变换上肢和躯干的动作速度和幅度，也可以由单一舞步通过节奏变化做一些稍微复杂的连续移动动作，如"错步""交替步""秧歌十字步"等，并认识脚的位置：一位、二位、五位。还可以做一些双脚的小跳动作，在做跳的腾空动作过程中保持重心和平衡性。

（四）活动时间略有延长

中班幼儿的心理活动水平、神经系统等方面得到进一步发展，兴奋和抑制过程都有较大的改善。表现在孩子不像以前那么容易疲劳，集中精力从事游戏活动的时间也比小班有所延长。他们在律动游戏中的持久性、目的性和专注性也有了比较明显的提高。研究表明，中班幼儿律动游戏时间安排在15—20分钟为宜。

二、中班幼儿律动游戏的设计

（一）音乐与动作的选择

在音乐的选择方面，中班幼儿对基本节奏型比较熟悉，对有个性的音乐有很大兴趣。可以选择的曲目就很多，尤其是形象鲜明、容易联想和情感迁移的作品。音乐风格上不仅仅停留在简单的儿童音乐中，一些有地方音乐特色的作品也可以作为律动的材料。

动作的编排应以基本动作和模仿动作为主，可以对动作的规范性和技术难度做一些要求。要注意动作的形象性，编排动作时应该给幼儿留下遐想的空间，这样他们才能用自己的方式来表现，而不是一味地模仿，这是律动游戏的重点。

（二）活动目标

积累和学习一些按照音乐节奏进行的简单上下肢联合的动作，如蹦跳步、垫步、侧点步和手腕转动等，初步了解一些动作变化的规律。在活动过程中注意合作与协调，不与其他人相撞，调节自己的活动空间。学会有表情、有情感地参与律动游戏，享受在音乐中用肢体动作进行即兴创编的快乐。

（三）活动准备

1. 教师自身准备：所用的音乐作品选段、对音乐节拍特点的掌握、动作的编排。

2. 环境准备:教师的站位、环境的布置、游戏队形及所用道具等。

3. 情感准备:音乐或者故事的铺垫、了解幼儿相关情感体验的前经验。

(四)活动过程

以激发兴趣为主,幼儿对于事物或者活动的兴趣很多是由外部因素激发的,而且这种兴趣的特点是直接兴趣和短暂兴趣,如果教育得当,这种兴趣就会不断地强化,逐渐发展成间接兴趣和稳定兴趣。教师要根据教学内容和教学过程以“新”和“异”来诱发幼儿的直接兴趣。“动”是幼儿与生俱来的一种本能,律动游戏教学要提醒幼儿用心体验音乐,用动作感受音乐、表达音乐。在做动作之前的欣赏过程中,要让幼儿自己发现音乐的特点,包括节奏和内容,重视幼儿节奏感的训练,改善儿童的姿势,提高动作质量。

(五)教学建议

加强课前音乐分析的教学准备工作,动作的示范尽可能生动形象。对幼儿的指导以鼓励为主,由于幼儿的经历和经验都是有限的,所以选择的音乐和动作都要特别鲜明、生动。教师教学时间不宜太长,根据不同年龄班的特点设定时间,有些律动游戏的活动目标往往不是一次可以达到的,所以教师不要追求游戏的形式化,要注重律动活动的实质。

三、中班幼儿律动游戏的课例

1. 小鱼跳高

胡敦骅词
方　翔曲
王宇聪设计

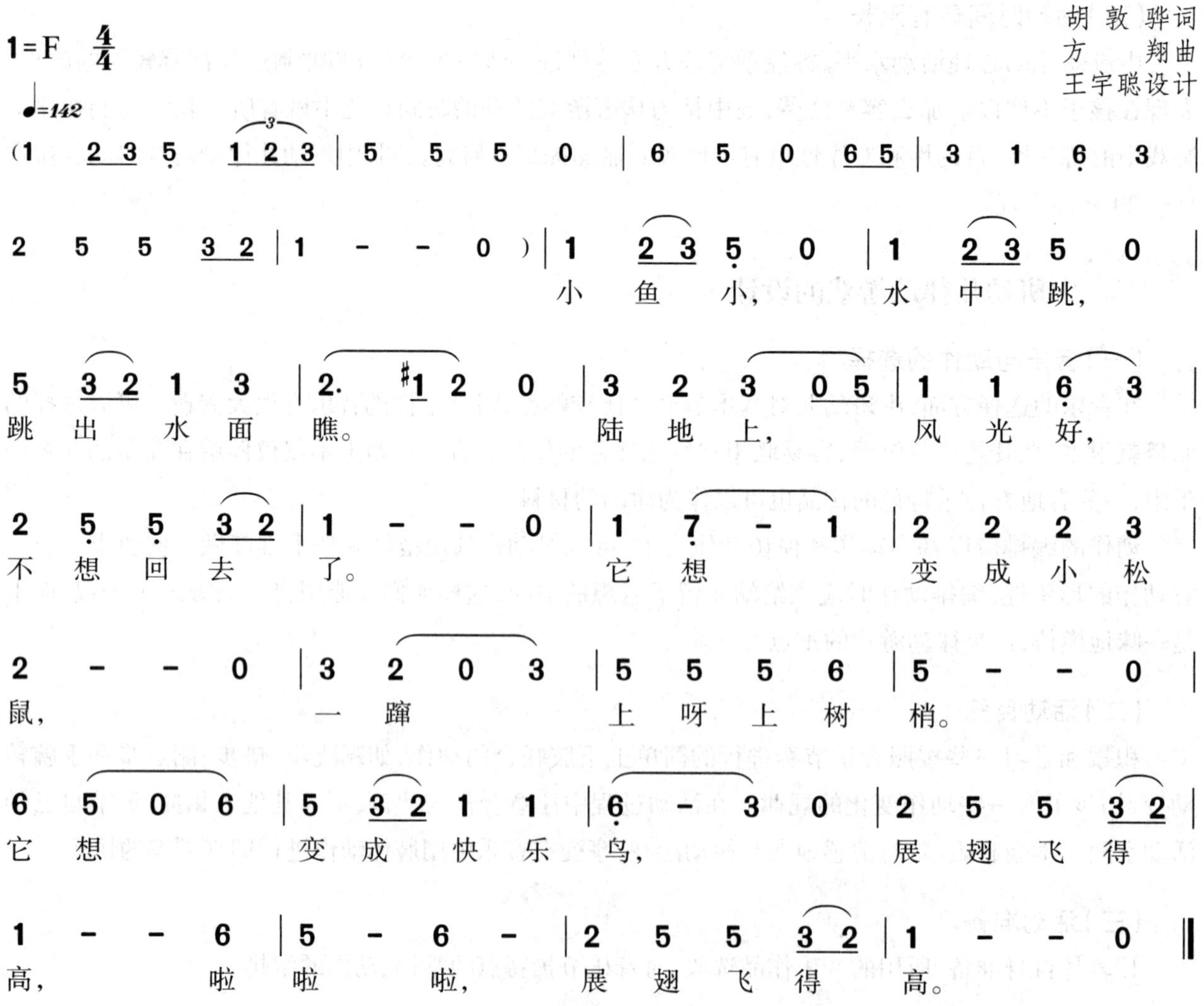

1=F 4/4
♩=142

(1 23 5 123 | 5 5 5 0 | 6 5 0 65 | 3 1 6 3 |
2 5 5 32 | 1 - - 0) | 1 23 5 0 | 1 23 5 0 |
小 鱼 小, 水 中 跳,
5 32 1 3 | 2. #12 0 | 3 2 3 05 | 1 1 6 3 |
跳 出 水 面 瞧。 陆 地 上, 风 光 好,
2 5 5 32 | 1 - - 0 | 1 7 - 1 | 2 2 2 3 |
不 想 回 去 了。 它 想 变 成 小 松
2 - - 0 | 3 2 0 3 | 5 5 5 6 | 5 - - 0 |
鼠, 一 蹿 上 呀 上 树 梢。
6 5 0 6 | 5 32 1 1 | 6 - 3 0 | 2 5 5 32 |
它 想 变 成 快 乐 鸟, 展 翅 飞 得
1 - - 6 | 5 - 6 - | 2 5 5 32 | 1 - - 0 ‖
高, 啦 啦 啦, 展 翅 飞 得 高。

一、活动目标

1. 感受音乐，了解作品《小鱼跳高》抒情优美的音乐特点。

2. 有表现力地模仿小鱼游的动作。

3. 体验动作创编的快乐。

二、活动准备

物质准备：鱼缸和鱼、音乐《小鱼跳高》。

经验准备：认识鱼，观察过鱼的外形及鱼游的动作。

三、活动过程

1. 情境创设，引出主题。

（1）教师播放音乐。

教师："听听这首音乐好听吗？歌曲中唱的是谁呀？"

教师："对了，是小鱼。小朋友们知道小鱼是怎么游的吗？"

（2）教师出示鱼缸，让幼儿边听音乐边观察鱼游的姿态（第2遍聆听音乐）。

（3）引导幼儿做出鱼游的基本动作。

教师："许多小朋友想做小鱼了，想想小鱼游的时候哪里动呀？"

教师："哦，原来是尾巴在动，那我们用手来模仿小鱼游的动作吧。"

教师引导幼儿用手臂做小波浪的动作模仿小鱼游。

2. 活动展开。

教师："小朋友们，你们看，小鱼多安静啊，游起来一点声音都没有，那么我们也站起来，像小鱼一样轻地走路，好不好？想象一下，小鱼还有哪些游的动作？"

（1）教师示范，引导幼儿踮起半脚掌走路。

教师："刚才你们观察到了吗，小鱼还有一项特殊的本领呢，你们知道是什么吗？"

（2）引导幼儿观察鱼吐泡泡，试着做鱼吐泡泡的动作。

教师："呦，老师发现一只特别美的小鱼，我们看看他是怎么游的。"

对于动作完成好的小朋友，教师可以让他进行示范性的表演。

（3）引导幼儿进行模仿，随后邀请幼儿进行创造性表演。

（4）在《鱼游》的音乐伴奏下，边做鱼游律动边出教室。

具体动作：

第一乐句：鱼游出场（双手在后斜下位做小波浪动作，表示小鱼摇尾巴）。

第二乐句：鱼吐泡泡（双手置于嘴前，作吐泡泡状）。

第三乐句：小鱼转圈（可以自转一周）。

第四乐句：小鱼游走了。

动作学熟后，可以引导幼儿发挥自身想象力创造动作。

四、教学建议

本活动动作的难点是在幼儿用小碎步轻轻走；做吐泡泡的动作时，双腿由“蹲”到“直”，同时双手在体后左右摆动的动作协调。教师可以联系幼儿的生活经验，引发幼儿的联想、想象，在情景中学习，动作才会自然、真实、有感情。

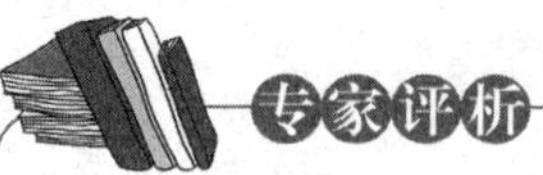

如何让幼儿主动投入到律动游戏情境是每一位教师需要认真思考的问题，而如果只是单纯地让幼儿模仿教师的动作则会使他们处于被动的学习状态，《小鱼跳高》这一律动游戏的设计则给了我们一个很好的启示。教师将幼儿从“学小鱼”变为“我是小鱼”，角色的转变激发了孩子们学习的兴趣，使得他们更能投入到活动中。另外，游戏之前的观察实物小鱼也极大地引发了幼儿的兴趣，为有效达成学习目标做了很好的铺垫。

2. 蓝　精　灵

瞿　琮词
郑秋枫曲
王宇聪设计

1=C 2/4

活泼跳跃

(3 4 :‖ 5 3 1 5 | 3. 23 | 4 2 7 4 | 2. 12 | 3 23 4 34 | 5 45 6 56 |

7 1#1 2 #2 3 4#4 | 5 0 5 | 1 3 5 3 | 1 3 5) 3 4 | 5 4 3 4 | 5 4 3 4 |
在那 山的那边 海的那边

5 5#4 5 3 | 1. 23 | 4 3 4 2 | 7. 23 | 4 3 4 6 | 5. 34 |
有 一群蓝精 灵， 它们 活泼又聪 明， 它们 调皮又灵 敏， 它们

5 4 3 4 | 5 4 3 4 | 5 5#4 5 3 | 2. 23 | 4 3 4 2 | 1 7 6 7 |
自由自在 生活在那 绿色的大森 林， 它们 善良勇敢 相互都关

1 - | 1 5 | 5 33 | 1 5 | 3 - | 3 5 | 4 22 |
心。 哦， 可 爱的 蓝 精 灵！ 哦， 可 爱的

7 4 | 2 - | 2. 34 | 5 4 3 4 | 5 4 3 4 | 5 5#4 5 1 |
蓝 精 灵！ 它们 齐心合力 开动脑筋 斗败了格格

3. 23 | 4 3 4 2 | 1 7 6 7 |[1. 1 - | 1 0 (34) :‖[2. 1 - | 1. 0 ‖
巫， 它们 唱歌跳舞 快乐多欢 喜！ 喜！

一、活动目标

1. 初步体验乐句的概念。

2. 发挥想象，尝试用肢体动作创编造型。

3. 进入角色，体验律动游戏的快乐。

二、活动准备

物质准备：音乐《可爱的蓝精灵》、森林主题中的各种相关图片和视频。

三、活动过程

1. 创设情境，引出主题。

教师："小朋友们，你们都知道蓝精灵的故事吗？谁能给老师和小朋友讲一讲？"

幼儿回答。

教师："没错，在一个茂密的、绿色的大森林里生活着101个蓝色的、三个苹果高的蓝精灵，可是巫师格格巫和阿兹猫总想捉住它们，用它们熬一道美味的汤。于是，它们之间就有了无数有趣、好玩的故事。"

教师："101个蓝精灵，每一个都有自己的名字。蓝爸爸是族中的首领，性格温和。还有智多星、牢骚王、蓝妹妹，以及总是惹麻烦的阿勇……还有好多性格各异的蓝精灵。今天，老师要把我们的教室变成精灵村，我们每一个小朋友都是村子里的蓝精灵，我们也都有属于自己的精灵名字。"

教师根据幼儿的名字，取一个精灵名字。例如，在幼儿的小名前加上一个"蓝"字。

2. 活动展开。

教师："可怕的格格巫和阿兹猫要来攻打我们的精灵村了。我的蓝精灵们，我们要勇敢地与恶势力斗争。蓝精灵们，大家赶紧开动小脑筋想一想，我们要用什么办法打败格格巫和阿兹猫呢？"

幼儿回答，教师引导幼儿将所说的打败格格巫与阿兹猫的方法简化为一个单纯的动作。

教师："格格巫和阿兹猫真狡猾，它们竟然藏起来了。我的蓝精灵们，你们要小心。等格格巫和阿兹猫出现的时候，我们就用自己想好的办法打败它们，我们的动作都是什么样的？"

教师引导幼儿做律动前，先对动作进行总结。

教师："那我们开始了！"

教师轻声说话，引导幼儿进入情境。

播放音乐。

具体动作：

前奏：正步位站立。

● 在那山的那边海的那边有一群蓝精灵。

[1]~[8]：1~6拍，小心翼翼地走路，两拍一动。7~8拍，摆出自己攻击敌人的造型。

● 它们活泼又聪明，它们调皮又灵敏。

[9]~[17]：9~10拍，小心翼翼地走路，两拍一动。11~12拍，摆出自己攻击敌人的造型。13~14拍，小心翼翼地走路，两拍一动。15~16拍，摆出自己攻击敌人的造型。

● 它们自由自在生活在那绿色的大森林。

[18]~[25]:18~23 拍,小心翼翼地走路,两拍一动。24~25 拍,摆出自己攻击敌人的造型。

● 它们善良勇敢相互都关心。

[26]~[33]:幼儿两人面对面正步位站立,双手相对击掌。一拍一动。

● 哦,可爱的蓝精灵!

[34]~[41]:34 拍,双手叉腰正步位站立,眼视前方,右倾头。35 拍,身体不同,头回正。36 拍,双手叉腰正步位站立,眼视前方,右倾头。37 拍,身体不同,头回正。(重复一遍)

● 哦,可爱的蓝精灵!

[42]~[49]:42 拍,双手叉腰正步位站立,眼视前方,右倾头。43 拍,身体不同,头回正。44 拍,双手叉腰正步位站立,眼视前方,右倾头。45 拍,身体不同,头回正。(重复一遍)

● 它们齐心合力开动脑筋,斗败了格格巫。

[50]~[57]:50~55 拍,小心翼翼地走路,两拍一动。56~57 拍,摆出自己攻击敌人的造型。

● 它们唱歌跳舞快乐多欢喜。

[58]~[65]:幼儿两人面对面正步位站立,双手相对击掌。一拍一动。

教师:“我的孩子们,你们拯救了精灵村,你们实在太勇敢了! 老师今天带来了蓝精灵的动画片,我们来看一看动画片中的蓝精灵们都是怎么教训格格巫和阿兹猫的。”

四、教学建议

1. 教师在引导幼儿导入情境时,首先自己需要全情投入到角色中,这样才能完全调动起幼儿的情绪,同时借助图片和视频加强游戏情景的渲染。

2. 在进行律动游戏时,每个乐句的最后两拍是本次律动游戏的重点。教师可以利用语言(如:格格巫来——了——)或者一些乐器声响帮助幼儿准确地把握节奏。

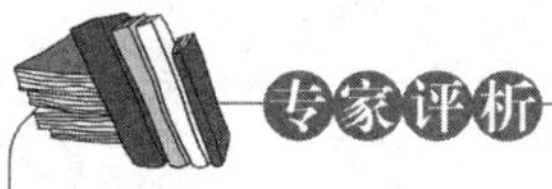

专家评析

精彩的游戏活动设计一定要有好的导入环节,运用《蓝精灵》的故事作为导入,幼儿当然非常喜欢。特别值得称赞的是,教师还为每一位幼儿起了带“蓝”字的名字,这使得幼儿立刻投入到律动游戏情境。律动游戏中的幼儿一直处于活跃的状态,而教师在结尾部分又为幼儿播放了《蓝精灵》的动画片,使幼儿能够快速回归到安静,“动静结合”处理到位也是这个律动游戏设计的亮点。

3. 泡泡不见了

1=D $\frac{2}{4}$

诸　晶　娟词
帆　　　帆曲
张　雯　占　静设计

中速　天真地

3 1 | 5 5 3 | (5656 5 i | 5 5 3) | 2 3 | 7 2 1 |
吹 呀 吹 泡 泡， 有 大 又 有 小，

(23232 5 | 7 2 1) | 3 1 | 5 5 3 | 4 2 | 6 6 5 |
飞 呀 飞 上 天， 飞 呀 飞 上 天，

4 4 0 | 3 3 0 | 0 0 | 2. 1 7 2 | 1 - ‖
泡 泡， 泡 泡， 咦？ 泡 泡 不 见 了！

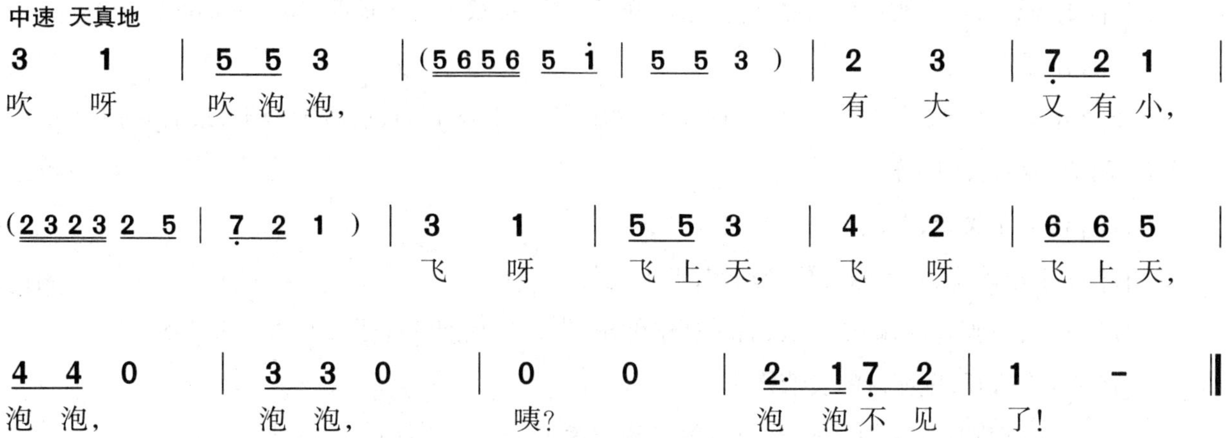

一、活动目标

1. 初步学唱歌曲《泡泡不见了》，能跟着节奏简单创编吹泡泡的舞蹈动作。

2. 在唱唱跳跳中感受吹泡泡的乐趣。

二、活动准备

物质准备：音乐《泡泡不见了》、泡泡水。

经验准备：幼儿有一定吹泡泡的经验。

三、活动过程

1. 吹泡泡，引起幼儿兴趣。

教师："今天，老师请来了你们非常熟悉的一位朋友，看看是谁？"（拿出准备好的吸管吹泡泡）

教师："你们吹过泡泡吗？" 教师根据幼儿的回答进行总结。

2. 听音乐，幼儿创编舞蹈动作。

教师："想不想玩吹泡泡的游戏啊？我们先一起来听听吹泡泡的歌曲，歌曲的名字叫作《泡泡不见了》。"（教师与幼儿一起拍手、点头熟悉旋律）

教师："请小朋友们想想看，泡泡是什么样的，是不是一样大的？"（不是，有大又有小）

教师："泡泡都到哪里去了呀？"（飞上了天）

（再吹一次泡泡）教师："再来看一下，泡泡最后怎么样了？"（爆掉了，没有了，不见了）

教师总结幼儿说到的泡泡的特征，小朋友跟着老师一起总结。

教师："小朋友们，那你们是怎么吹泡泡的？请你们用动作表示出来。"（蘸点泡泡水，然后吹）

教师："泡泡飞上天怎么做啊？"（幼儿创编动作）

教师："泡泡不见了，是不是很神奇啊？"（边说边做惊讶地摊开双手的动作）

根据幼儿的创编，教师完整示范动作。

教师幼儿一起边唱边做动作。

具体动作：

[1]~[2]：低头，双手按手位（做蘸泡泡水的样子），抬头，双手置于嘴前（做吹泡泡的样子）。

[3]~[4]：重复一遍。

[5]~[6]：后踢腿两下，最后一拍双手撑开，两腿半蹲，头向右转；后踢腿两下，最后一拍双手撑开，两腿半蹲，头向左转。

[7]~[8]：双手叉腰，左倾头、右倾头各两次。

[9]~[12]：小碎步，双手做飞翔的动作，上下交替。

[13]~[14]：双脚并拢，蹦跳一次，右手握拳伸出（做出抓泡泡的样子），左边再来一次。

[15]：双手摊开，做惊讶的表情样子。

[16]~[17]：双脚交替跺脚，微蹲，双手置于胸前摇手，摇头。（表示泡泡不见了）

3. 活动结束，师幼进行拓展游戏。

教师："泡泡到底去哪里了？我想，泡泡一定是个小淘气包，跑到外面和小鸟做游戏去了，小朋友们一起去找找它们好不好？"

教师带领幼儿去室外游戏。

四、教学建议

1. 让中班幼儿联系生活中吹泡泡的经验，观察泡泡的特征，便于幼儿掌握吹泡泡的特点，从而进行创编。

2. 幼儿非常喜欢吹泡泡的活动，可将课程延伸到其他游戏中，如亲子游戏、体育游戏等，有很强的操作性。

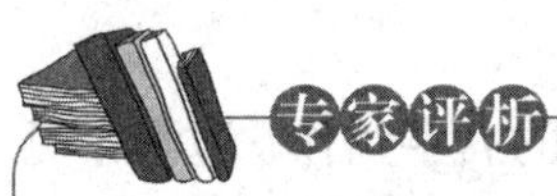

教师以实物"吹泡泡"作为歌唱游戏活动的导入，贴近幼儿生活，能够快速将幼儿带入到学习情境中。实物、律动动作与歌词内容吻合度高，便于幼儿的记忆和掌握。总之，以幼儿自主的表达及真切的体验为背景设计的教学活动，能够很好地调动起幼儿的积极性，最终效果也能够有较好的显现。

4. 学做解放军

1=F $\frac{2}{4}$

杨　墨词曲
王宇聪设计

中速 神气地

3. 3 3 0 | 3. 2 1 0 | 3. 2 1 3 | 5 - | 3 5 3 | 6 5 | 2. 2 2 3 | 2 0 |
1. 敲 起锣， 打 起鼓， 吹 起小 喇 叭， 排好 了 队 伍 学 做解 放 军。
2. 向 左转， 向 右转， 齐 步向 前 走， 整齐 的 队 伍 就 像解 放 军。

1 1 1 5 1 | 3 - | 3 3 3 1 3 | 5 - | 3 5 3 | 6 6 5 | 2 2 2 2 3 | 1 - ‖
哒哒哒哒哒 嘀， 嘀嘀嘀哒嘀 哒， 人 民 呀 解 放 军 多 呀 么 多 光 荣。
哒哒哒哒哒 嘀， 嘀嘀嘀哒嘀 哒， 人 民 呀 解 放 军 真 呀 么 真 英 雄。

一、活动目标

1. 探索解放军神气的动作。

2. 学习解放军叔叔为人民服务的精神，用动作表现出解放军神气、飒爽的特点。

3. 感受歌曲进行曲风格和活泼欢快的旋律，激发幼儿热爱解放军的情感。

二、活动准备

物质准备：歌曲《学做解放军》、解放军的服装道具、儿歌《准跟叔叔一个样》。

三、活动过程

1. 创设情境，引出主题。

教师："老师今天带来一首儿歌送给小朋友，我们先来听一听儿歌都说了什么。"

准跟叔叔一个样

叔叔守边疆，寄来一张像，站在月光下，紧握手中枪。

我也学叔叔，手握小木枪，高声问妹妹："看我像不像？"

妹妹摇摇头，连声说不像。"个子没有叔叔高，枪也没有叔叔的亮。"

我对妹妹说："你说我不像，等我长大了，准跟叔叔一个样！"

教师："你们听到儿歌里面说的那个叔叔，那是什么了不起的角色啊？为什么哥哥那么想长大了要跟叔叔一个样啊？"

幼儿回答。

教师："那你们想不想也跟叔叔一个样呢？"

幼儿回答。

教师："今天我们就来学做一名解放军！"

2. 活动展开。

教师："大家去过天安门吗？你们还记得天安门旁站岗的解放军叔叔，他们都是怎么站的吗？谁能给大家示范一下？"

幼儿示范。

教师："他们换岗时是怎么走路的呢？"

幼儿示范。

教师："解放军叔叔是怎么敬礼的？大家都来学一学，老师看看谁敬的礼最神气。"

帮助幼儿提炼律动中的重点动作。

具体动作：

前奏：正步位站立，双手五指并拢紧贴裤缝，下巴微微扬起，神气十足。

[1]~[8]：1~4 拍，双脚踏步，一拍一动，双手做成小鼓棒状置于腹前，交替打鼓，一拍一动。左脚起，踩左脚，右手"鼓棒"敲一下。5~8 拍，左手叉腰，头向右上方微微扬起，右手握拳置于嘴前，像在吹号子。（队伍可以流动）

[9]~[17]：左手叉腰，右手敬礼，原地踏步，一拍一动。（队伍可以流动）

[18]~[33]：18 拍，左手握拳曲臂于胸前，右手后摆臂，右脚前点地。重心在左脚。19 拍，右脚收回。以此类推，左右交替进行，有解放军走正步的感觉。32 拍，左手握拳曲臂于胸前，右手后摆臂，右脚前点地。33 拍，正步位站立，右手敬礼，左手自然垂下，手提裤缝。

教师："我们班的小朋友真神气。现在我想请小朋友们像真正的解放军那样排着队，我们一起再来跳一遍。"

歌曲第二段，引导幼儿将脚步的动作流动起来，手部动作不变。[18]~[33] 拍重复上述动作。

教师："解放军们，我们一起走出去，让大家都看看我们神气的样子！"

可以让幼儿穿上解放军的服装和装备。

四、教学建议

1. 此律动对幼儿手脚的协调配合有一定的要求，教师可在前面的课程中先为幼儿打下一定的基础，循序渐进进行教学。幼儿难以掌握的动作可以尝试分解手部与脚部的动作，再手脚结合，从而完成整体动作。

2. 律动有一定力度要求，教师应指导幼儿使用恰当的力度进行律动，不可有气无力，这样达不到律动所展现的情感，也不可用力过猛，以免受伤。

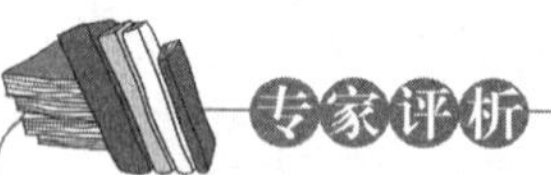

"解放军"是教师们百编不厌的题材，因为能成为一名解放军是每一个幼儿最向往的事情。教师做这个律动游戏设计总是可以很好地激发出幼儿的积极性。整个律动在动作的设计上干净利索，特别是 [18]~[33] 拍动作的设计是本律动的一大亮点，"脚尖点地正步走"的动作是对解放军走正步时的动作改编，这个主题动作既不缺少舞蹈的美感，也表现了解放军特有的精神之气。

5. We wish you a Merry Christmas

英国圣诞歌曲
杨　波译配
李　琳设计

1=C $\frac{3}{4}$

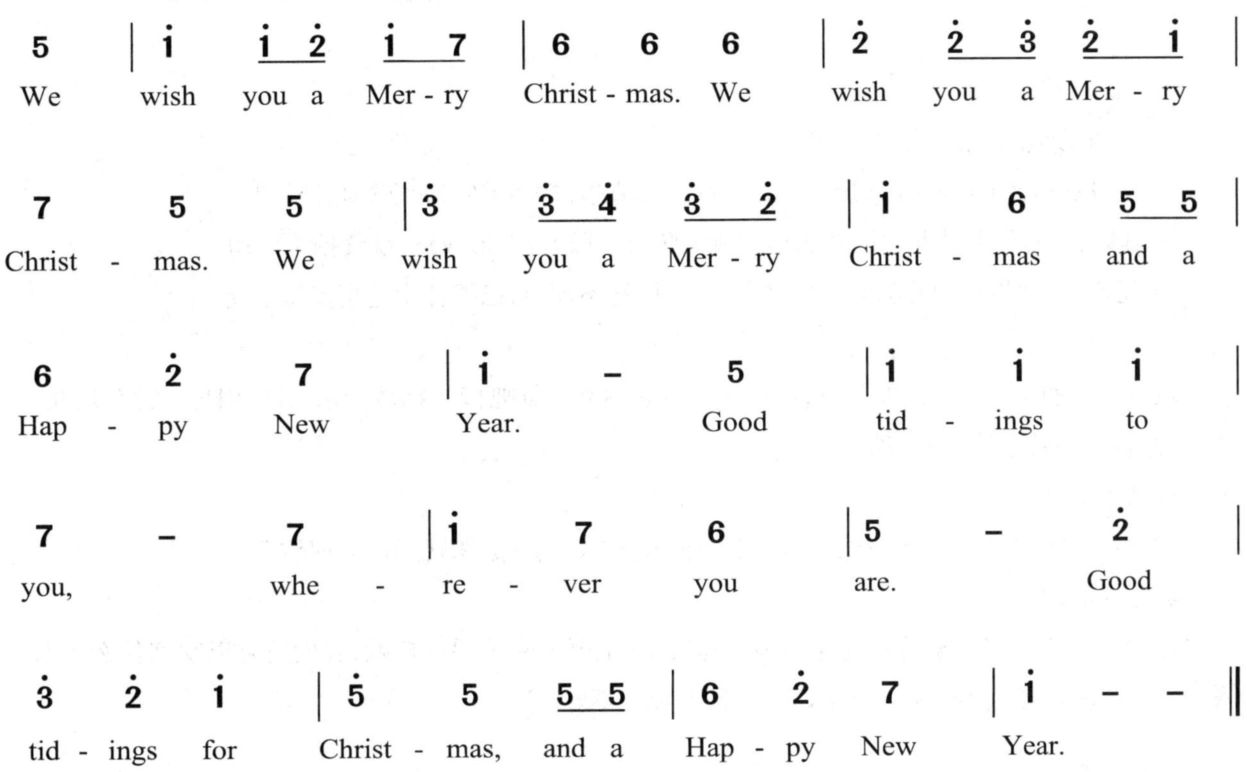

5 | 1̇ 1̇2̇ 1̇7 | 6 6 6 | 2̇ 2̇3̇ 2̇1̇ |
We wish you a Mer - ry Christ - mas. We wish you a Mer - ry

7 5 5 | 3̇ 3̇4̇ 3̇2̇ | 1̇ 6 55 |
Christ - mas. We wish you a Mer - ry Christ - mas and a

6 2̇ 7 | 1̇ – 5 | 1̇ 1̇ 1̇ |
Hap - py New Year. Good tid - ings to

7 – 7 | 1̇ 7 6 | 5 – 2̇ |
you, whe - re - ver you are. Good

3̇ 2̇ 1̇ | 5̇ 5 55 | 6 2̇ 7 | 1̇ – – ‖
tid - ings for Christ - mas, and a Hap - py New Year.

一、活动目标

1. 让幼儿感受圣诞节氛围，对圣诞节的由来有初步的认知。
2. 学习歌唱儿歌，能感受乐段的变化，跟着音乐做动作。
3. 感受集体律动活动的乐趣。

二、活动准备

物质准备：音乐《We wish you a Merry Christmas》，圣诞老人布偶。

经验准备：幼儿熟悉$\frac{3}{4}$拍的音乐节奏。

三、活动过程

1. 问题导入，引出主题。

教师："小朋友们，今天有一位很重要的客人来到了我们幼儿园，小朋友们猜一猜他是谁？"（出示圣诞老人图片）

教师："小朋友们，他是谁呀？你们见过他吗？"

教师："有没有小朋友了解他，可以和其他小朋友分享一下。"

教师："圣诞老爷爷告诉老师，今天他给小朋友们带来了一首歌，你们想听一听吗？"

2. 活动展开。

教师:“小朋友们仔细听,你们能听出这首歌是由几个乐段组成的吗?”(播放音乐,教师打节拍示范,适当提示幼儿)

教师:“现在,我们分别唱一下每个乐段给圣诞老爷爷听,好不好呀?”

教师:“圣诞老爷爷说小朋友们都唱得非常棒,他还想和我们一起跳舞,小朋友们愿意吗?”

具体动作:

准备动作:幼儿自由站立。

A 段:所有幼儿拉手围成圆圈,随着音乐拍节拍,教师带领幼儿顺时针转圈。

B 段:教师带领幼儿由圆圈队形变成纵队,且开始走 S 形线路,继续拍手律动。

尾声:教师提示幼儿歌曲接近尾声,幼儿原地不动,自己摆任意造型保持不动。

教师:“小朋友们都跳得非常棒,现在我们一起跳邀请舞吧!”(播放音乐,教师引导一部分幼儿先跳,后面再邀请其他幼儿参与跳舞)

3. 结束活动。

教师:“小朋友们今天开心吗?回家可以邀请爸爸妈妈一起来跳,好不好呀?”

4. 延伸活动。

教师:“小朋友们回家后和爸爸妈妈一起讨论,圣诞节除了唱这首歌,我们还可以吃到什么东西,看到什么?做些什么事情呢?下节课分享给老师好不好?”

四、教学建议

1. 教师要在活动开始前,做一些节日气氛的铺垫,教唱的时候可以适当运用游戏帮助幼儿记忆歌词。

2. 活动过程中,教师要注意幼儿安全,做好及时的指导与引导。

这首儿歌具有强烈的节日气氛,教师能抓住幼儿的兴趣,歌曲也贴近幼儿生活。幼儿不仅能在节日气氛中感受到歌曲的欢快和祝福,也能体会到集体跳舞的乐趣,舞蹈动作也符合中班幼儿的年龄发展特点,尤其在队形变换时更增强了幼儿对集体舞蹈的合作意识。活动一开始通过提问问题进行导入,激发了幼儿的兴趣,吸引了幼儿的注意力,圣诞老爷爷的出现和情境设置更加提高了幼儿的参与度,使幼儿在全程的歌唱和律动上都保持着浓厚的兴趣。教师的指导规范,在师生互动的基础上,活动后期邀请舞伴设定也促进了生生互动,使幼儿在快乐中学习,激发了他们对音乐活动的喜爱。

6. 虫 儿 飞

陈 光 荣曲
林 夕词
李 琳设计

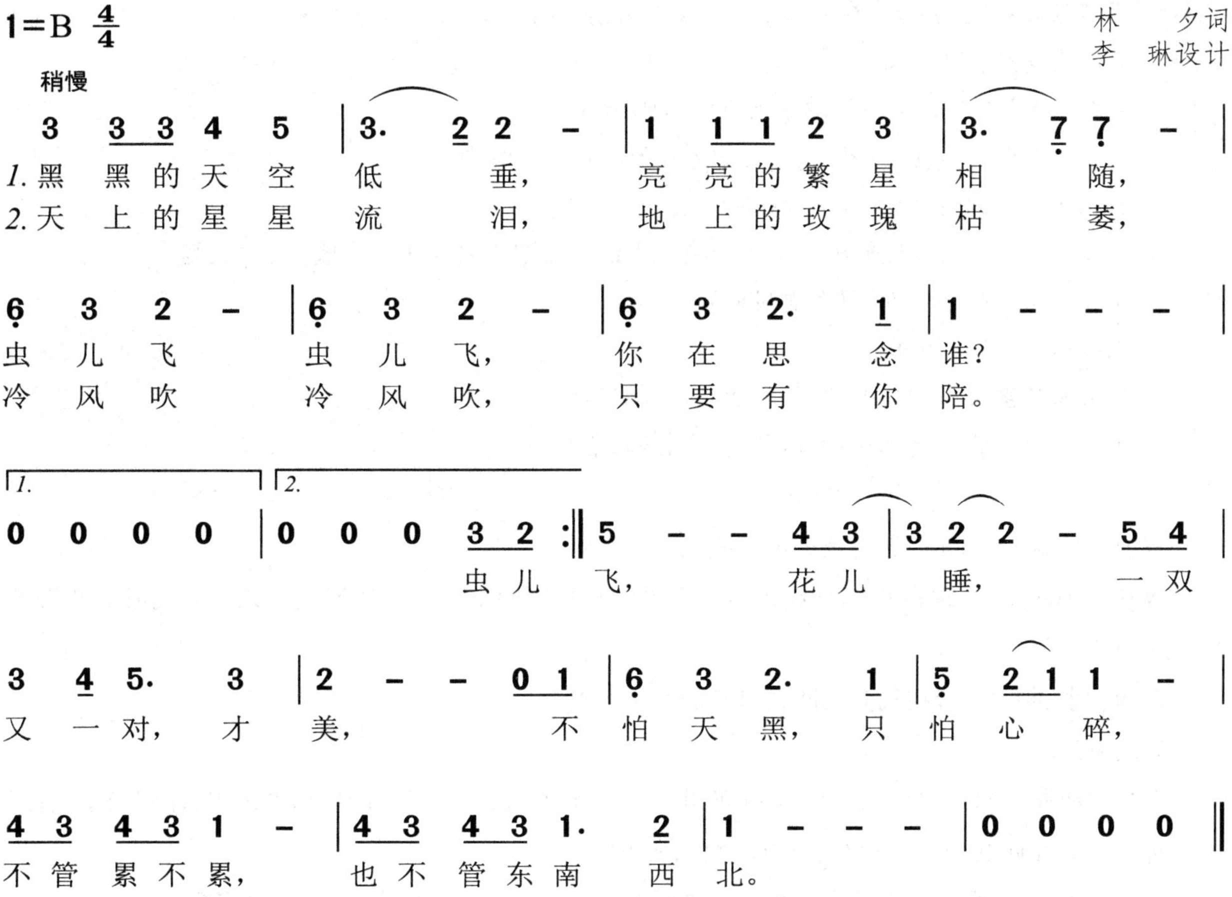

1=B $\frac{4}{4}$

稍慢

3 3 3 4 5 | 3. 2 2 – | 1 1 1 2 3 | 3. 7 7 – |
1. 黑 黑 的 天 空 低 垂， 亮 亮 的 繁 星 相 随，
2. 天 上 的 星 星 流 泪， 地 上 的 玫 瑰 枯 萎，

6 3 2 – | 6 3 2 – | 6 3 2. 1 | 1 – – – |
虫 儿 飞 虫 儿 飞， 你 在 思 念 谁？
冷 风 吹 冷 风 吹， 只 要 有 你 陪。

1. 0 0 0 0 | 2. 0 0 0 3 2 :‖ 5 – – 4 3 | 3 2 2 – 5 4 |
虫 儿 飞， 花 儿 睡， 一 双

3 4 5. 3 | 2 – – 0 1 | 6 3 2. 1 | 5 2 1 1 – |
又 一 对， 才 美， 不 怕 天 黑， 只 怕 心 碎，

4 3 4 3 1 – | 4 3 4 3 1. 2 | 1 – – – | 0 0 0 0 ‖
不 管 累 不 累， 也 不 管 东 南 西 北。

一、活动目标

1. 幼儿对歌曲《虫儿飞》产生兴趣，感受歌曲柔美的旋律。
2. 尝试能根据音乐进行简单律动。
3. 感受集体歌表演活动的乐趣。

二、活动准备

物质准备：钢琴伴奏、歌曲《虫儿飞》。

经验准备：幼儿初步学习过乐曲《虫儿飞》、玩过“虫妈妈捉小虫”的游戏。

三、活动过程

1. 问题导入，引出主题。

教师：“小朋友们，今天老师带你们去大森林里，好不好呀？”

教师：“小朋友们现在闭上眼睛（伴奏开始），你们告诉老师，你们在大森林里面都看到了什么呀？”

教师：“小朋友们看到了什么？老师看到了好多好多的萤火虫。”

教师：“小朋友们，现在竖起你们的小耳朵，听一听老师是怎么唱的好吗？”

教师：“现在请小朋友们跟老师一起唱好吗？”

2. 活动展开。

教师：“现在小朋友们和老师一起给这首歌编上好看的动作吧。”（幼儿模仿老师动作进行跟学）

教师：“我们一起来学萤火虫跳舞吧！”（播放音乐）

具体动作：

黑黑的天空(双手轻柔在上方摆动)低垂(双手向下摆动),

亮亮的繁星相随。(双手作“星星闪烁”状)

虫儿飞，虫儿飞,(上下摆动手臂同时双脚小碎步)

你在思念谁。(做想一想的动作,食指放于头两边绕圈圈)

虫儿飞,花儿睡,(双手合十放在脸颊处、轻轻摆动)

一双又一对才美,(先伸出左手再伸出右手最后放双手放在头顶形成一个“大爱心”)

不怕天黑,(摆动双手,双手捂眼睛)

只怕心碎,(作流泪状)

不管累不累,(挥动双手,作擦汗状)

也不管(挥动双手)东南西北(先往左看再往右看)。

教师:“小朋友们,你们觉得萤火虫还能怎么飞呀?”

教师:“小朋友们,现在我们跟着老师一起去大森林探险吧。”(教师带领幼儿绕圈飞或幼儿按照自己的想法飞)

教师:“小朋友们,现在我们飞回到自己的座位上吧。”

3. 结束活动 。

教师:“小朋友们,现在我们玩一个小游戏——‘虫妈妈捉小虫’。老师当虫妈妈,你们当小虫,好不好呀?”(音乐响起,幼儿在教室里自由地飞来飞去)

教师:“现在,虫妈妈要来捉小虫啦。”(教师飞出去捉虫宝宝回到座位上,注意安全)

教师:“小朋友们,你们玩得开心吗?那我们下次继续玩,好吗?”

4. 延伸活动。

教师:“小朋友们回家后可以和爸爸妈妈一起想一想,除了萤火虫还有什么会飞的小动物?明天带着你们的答案和老师一起去认识会飞的小动物吧。(科学活动:认识会飞的小动物)

四、教学建议

1. 教师要在活动开始前做好铺垫工作,引导幼儿做完整的动作。

2. 活动过程中由于有行进中的动作,教师要注意幼儿安全,做好及时的指导与引导。

这首儿歌具有很强的情境性,体现在歌词具有丰富的意境,能帮助幼儿想象并做出韵律动作,具有丰富的情感性和社会性,符合中班幼儿的身心发展水平和年龄特点。活动中以捕捉小虫子的游戏收尾使幼儿获得了更大的快乐。律动动作中有静有动,动静交替,更大程度提高了幼儿的参与水平和积极主动性。教师教学思路清晰,教学过程层次清楚,先静后动,先模仿后创编,增强了音乐游戏的综合性。建议教师应尽量用自身情感去影响幼儿,使幼儿能够用语言、歌声和动作来表达自己的感受,培养幼儿感知音乐、表现音乐、创造音乐的热情。

第四节　大班幼儿律动游戏的设计与指导

一、大班幼儿律动能力的特征

（一）动作的抽象性增强

随着身体的成长和神经系统的成熟，大班幼儿的思维水平比小中班的幼儿有所提高，虽然他们的思维还是以具体形象的思维为主，但是却出现了抽象逻辑思维的萌芽。在这个过程中，律动游戏为幼儿抽象思维的发展提供了机会和条件。例如：在律动活动中，教师可以教授一些具有某种风格特色的舞蹈动作。大班幼儿对简单抽象的舞蹈动作可以熟练掌握。

（二）动作与音乐的协调性增强

此年龄阶段的幼儿经过前一阶段的练习，动作已经完全能和音乐一致，大部分幼儿能够感觉到音乐的基本节拍，做动作时能很快抓住音乐的节奏，随着拍子的快慢和渐快渐慢而随之改变动作的速度。同时对音乐情绪的把握也比较准确，尤其表现在音乐即兴活动中。另外，大班幼儿用动作创造性地表现音乐的积极性也很高，他们能根据音乐的旋律创造出“律动的动作”，并能用独特的节奏创造出独特的、性格化的动作。

（三）活动时间相对较长

大班幼儿大脑皮层细胞发育迅速，他们的注意力集中程度和稳定性都有所增强，身体发育较快，细小动作的灵活性也有了很大的提高，弹跳力得到较好的发展。他们对感兴趣的游戏活动比中班幼儿能保持更长时间的注意。研究表明，大班幼儿律动游戏时间安排在20—30分钟为宜，活动的强度可以适当加大。

二、大班幼儿律动游戏的设计

大班律动游戏的特点是幼儿能自主参与到音乐的肢体表达中，通过自己的理解和老师的指导进行表现和创编等。所以，教师不仅要注重音乐的选择，更要注重动作创编的可行性等。由于大班幼儿的思维能力已经发展得很好，所以不要单一地进行模仿性和基本动作的编排表演，可以发挥幼儿更多的想象，表达出他们自己想要表达的动作，这个阶段教师可以作为很好的观察者和引导者。

（一）音乐与动作的选择

大班律动游戏的音乐范围可以从轻快柔和的经典音乐、儿童音乐、中国风的音乐基础上，增加一些特定风格的中国音乐（如藏族音乐，新疆音乐等），同时可选用一些具有异域风情的外国音乐或者部分情绪健康的成人音乐作品。大班幼儿对新异的音乐形式有浓厚的兴趣，可以进行律动的音乐体裁和题材都更广泛。

大班的律动、动作编排可以加强开、绷、直、吸、拧、抬动作与手、腕、肩、膝、眼的配合，可以将单一动作进行组合，在步伐组合和表演性的小舞蹈中提高幼儿的记忆与反应能力，注重追求姿态和动作美。在动作的选择上，要尽量以生动形象为主，大班幼儿在肢体变化方面要强于小、中班幼儿，所以在基本动作的基础上可以加上一些生动表情或更有个性的动作。

（二）活动目标

大班幼儿不仅可以独立完成舞蹈动作的模仿和简单的创编，而且可以在教师的引导下进行音乐剧表演、歌表演和集体舞表演。大班幼儿对动作的记忆力明显提高，可以对幼儿动作协调性和舞姿的优美性提出更高的要求。在律动游戏中，可以增加规则性游戏或者角色扮演的游戏，激发幼儿创编动作的欲望，并让幼儿从小建立用动作来表达感情的意识和素养。

（三）活动准备

1. 教师自身准备：基本的音乐素材、动作编排、对音乐节奏和游戏规则的分析和准备。

2. 环境准备：教师的站位、环境的布置、律动游戏要用到的道具等。

3. 情感准备：教师可以简明地分析、介绍音乐的风格和所要表达的情感。

（四）活动过程

律动游戏的动作应按照年龄的特点设计的，在活动过程中要注重舞蹈的表演性，教师的示范要到位，从整体动作到小的精细动作都要一一教授。教师应从幼儿理解的角度出发，发现每个动作的特点，抓住重点，这样可以让幼儿学习得更直观一些。注重模仿之外的动作创编过程，运用游戏的方式帮助孩子回忆和尝试各种动作。因为大班幼儿律动游戏中会安排很多表演类的游戏，所以道具的设计也是不可缺少的，比如加入打击乐器以及脸谱、头饰、服装等，这对游戏的完成有很大的推动作用。

（五）教学建议

教师要善于运用多种形式进行律动游戏的设计，着重培养孩子的舞蹈兴趣，引导他们感受音乐的美好与神奇。教学中可以运用观察、回忆、复习基本动作，辅以音乐欣赏、舞谱，以及故事渲染等方式增强游戏的趣味性。

三、大班幼儿律动游戏的课例

1. 咪咪小花猫

周　　晞词
袁 丽 尊曲
王宇聪设计

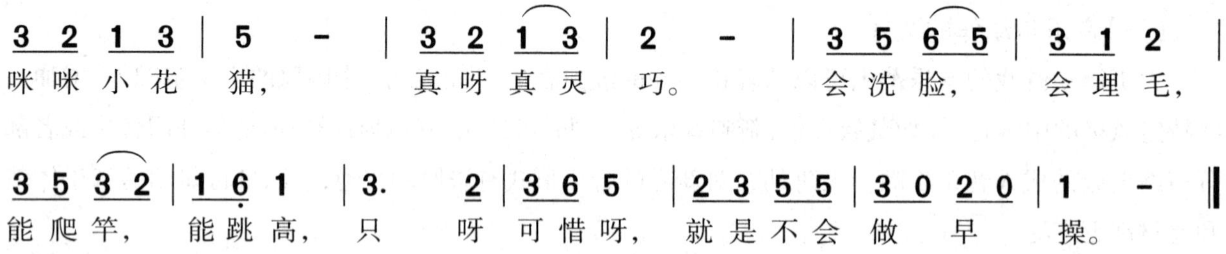

1=F $\frac{2}{4}$

3 2 1 3 | 5 - | 3 2 1 3 | 2 - | 3 5 6 5 | 3 1 2 |
咪 咪 小 花 猫， 真 呀 真 灵 巧。 会 洗 脸， 会 理 毛，

3 5 3 2 | 1 6 1 | 3. 2 | 3 6 5 | 2 3 5 5 | 3 0 2 0 | 1 - ‖
能 爬 竿， 能 跳 高， 只 呀 可 惜 呀， 就 是 不 会 做 早 操。

一、活动目标

1. 感知二分音符、四分音符，以及两者之间的时值关系。

2. 根据传递物品的快慢，准确把握节奏。

3. 感受音乐所带来的愉悦的情绪体验，体会合作的乐趣。

二、活动准备

物质准备：歌曲《咪咪小花猫》、小猫的头饰、积木或沙包若干、敲击的棒子和鼓。（使用其他可敲击的物品代替亦可）

三、活动过程

1. 创设情境，引出主题。

教师头戴小猫的头饰，带领全班幼儿口中念道"喵喵喵，喵喵喵"，脚下踩着二分音符的拍子，作小猫状进场。

教师："大家好，我是小猫莉莉！今天天气真好，我正好想搬到一个大一点的地方去住，现在的这个家太小了，既然有这么好的天气，我应该行动了！可是，我有这么多的东西，一个人实在是拿不了，这可怎么办呢？"

幼儿回答，请幼儿头脑风暴想出各种办法，最终教师引导幼儿排成一排"传递搬家"。

教师："我想请大家站成一排，我把东西交给第一个小朋友，请他传下去好吗？老师想到一个问题，我们搬东西的时候，一定会吵到树林里别的小动物，这可怎么办？"

幼儿回答："悄悄走。"

教师："对！这个办法好！那就请大家排队的时候，两个两个之间空出一点位置，我在这里敲着小鼓，当我敲下去的时候，手里拿着东西的小朋友就往前轻轻地走两步，把东西交给下一个小朋友，手里没东西的小朋友就站在原地不要动，这样就不会吵到森林里别的小动物了，你们说这样好吗？"

2. 活动展开。

教师把东西交给第一个幼儿，开始按照二分音符的节奏，敲击小鼓，在第一个物品传到一半的时候，交第二个物品给第一个幼儿，以此类推。

教师："真是辛苦大家了！我的东西已经搬完一半了，还有一半，大家再努力一下就要成功了！"

教师："怎么时间过得那么快！天就要黑了！可是，我还有东西没搬完呢！怎么办呀？"

幼儿回答："搬快一点。"

教师："对！我们搬快一点！那我就要加快小鼓的节奏啦！刚才大家走的是'二分音符'的走法，现在，我们要走的是'四分音符'的走法，大家一定要跟上速度哦！但是要记住，一定要按照小鼓的节奏悄悄地走哦！不然，就会吵到森林里的小动物啦！"

教师继续交东西给第一个幼儿，开始按照四分音符的节奏，敲击小鼓。

教师："谢谢大家啦！我的东西都搬完了！"

教师："小猴！小狗！你们怎么都来了呀！难道你们也要搬家？大家愿不愿意帮助小猴和小狗搬家呀？"

幼儿回答。

教师："可是，我们只有一个队伍，没办法帮两个小动物一起搬呐！"

幼儿回答："分开来搬！"

教师："这个方法好！那就请大家分成两组，分别帮小猴和小狗搬家。"

游戏结束。

教师："今天真是太谢谢大家了！不光帮小猫我搬了家，还帮小猴和小狗搬了家！大家真是能干的小帮手！下次要是森林里还有其他的小动物也要搬家，我一定再来找大家帮忙，大家说好不好呀？"

四、教学建议

1. 活动时由于涉及到幼儿之间的配合,在活动之前教师应清楚、完整地跟幼儿讲述活动的过程和规则,也可亲自示范让幼儿明白,以免造成活动时的混乱。

2. 在进行律动时,幼儿很容易对游戏有胜负观念,因此忽略教师的节奏,教师应随时提醒幼儿注意听节奏,根据节奏帮助小猫搬家,配班老师也要随时注意幼儿是否按照节奏进行律动,并及时提醒。

3. 在游戏过程中,忽略掉歌词,只需要歌曲旋律即可。

专家评析

本活动中,教师的情境创设十分出彩。教师将幼儿引入了一个《小猫搬家》的故事中,并将故事贯穿于整个活动中,让幼儿在游戏中感知节奏。在节奏变换这一环节,教师采用故事的形式将二分音符的学习自然过渡到四分音符的学习,情节设计恰到好处,令幼儿自然而然地感受到二分音符与四分音符之间的快慢关系。

2. 小 白 船

1=F $\frac{3}{4}$

朝鲜族童谣
王宇聪设计

5 - 6 6 | 5 - 3 | 5 3 2 1 | 5 - - | 6 - 1 |
蓝 蓝的 天 空, 银 河 里 有 只

2 - 5 | 3 - - | 3 - - | 5 - 5 6 | 5 - 3 |
小 白 船, 船 上 有 棵

5 3 2 1 | 5 - - | 6 - 1 | 5 - 2 | 1 - - |
桂 花 树, 白 兔 在 游 玩。

1 - - | 3 - 3 | 3 - 2 | 3 - 6 | 5 - - | 3 - 2 |
桨 儿 桨 儿 看 不 见, 船 上

3 - 6 | 5 - - | 5 - - | i - - | 5 - - | 3 - 5 |
也 没 帆。 飘 呀 飘

6 - - | 5 3 2 1 | 5 - 2 | 1 - - | 1 - - ‖
呀 飘 向 西 天。

一、活动目标

1. 了解三拍子的音乐特点，以及三拍子音乐与四拍子音乐的区别。

2. 能够较好地将身体与四肢配合，表现歌曲的柔美。

3. 感受三拍子音乐的安静与柔美，在律动游戏中体验强弱拍在动作上的区别。

二、活动准备

物质准备：彩带等道具、音乐《小白船》。

经验准备：幼儿有过使用彩带的经验。

三、活动过程

1. 创设情境，引出主题。

（1）故事导入。

有一次，大风吹呀吹，吹了三天三夜。一朵小小的蒲公英被大风吹到了一个很远很远的地方。风停了，蒲公英睁开眼睛一看，啊！这是什么地方？陌生的树，陌生的山，陌生的小河，高山像一个个陌生的巨人看着她。

一只蟋蟀伸出两根长须说："啊，别哭，别哭，听我唱歌，你会笑的。"

"不，我不要听，我要回家，我要妈妈。"蒲公英说。

螳螂说："啊，看我跳舞，你会高兴的。"

蒲公英说："不，我不要看，我要回家，我要妈妈。"

"我把你送回家去吧。"一只老蜗牛让蒲公英骑在他的硬壳上。

"不，我不要骑，我要快快回家，我要快快见妈妈。你走得太慢了。"蒲公英撩起她的裙子擦了擦眼泪。

啊，月亮爬上了山顶，真像一只弯弯的小船。小船上有个仙女和一只小白兔。月光下，仙女看见了躺在田野里的蒲公英，说："可怜的孩子，你怎么了？好像生病了。"快嘴的蟋蟀抢着说："她不过是迷了路，她要回家。"

仙女和气地问："别怕，孩子，坐上我的船，我送你回家。你的家在哪儿？"

蒲公英笑了。能坐上一条月亮船，这不是每个孩子都能遇到的好事呀。蒲公英高兴地唱了起来，那是妈妈教她的一支歌。

（2）教师演唱《小白船》，让幼儿欣赏歌曲，想象故事情节。

（3）教师："老师现在是美丽的仙女，我今天想邀请班里所有的小朋友都来我的月亮船上坐一坐。"

2. 活动展开。

教师："现在我要请所有的小朋友都站成一排，登上我的月亮船。"

具体动作：

前奏：幼儿手拿彩带，双手叉腰，双脚分开与肩同宽，脚尖指向前站立。音乐起，教师双手拿彩带，比肩略宽，举过头顶，左右摆动加旁腰，两拍一动。

[1]~[8]:双脚分开与肩同宽,脚尖指向前站立。双手拿彩带,比肩略宽,举过头顶,左右摆动加旁腰,一拍一动。

[9]~[16]:双脚分开与肩同宽,弯腰站立,双手拿彩带,自然下垂左右摆动,一拍一动。

[17]~[24]:双手握拳一高一低,置于右侧。17 拍,双手握拳一高一低,置于右侧,向右后方划,正步位半蹲。恢复动作,双手握拳一高一低,置于左侧。以此类推。一拍在右侧划,一拍在左侧划。

[25]~[32]:25~26 拍,双脚正步位站立,双手由下至上摆动彩带,一拍向上挥动彩带,一拍向下。以此类推。

教师:“小朋友们,到家了!”

幼儿双手挥舞彩带,一拍一动,小碎步回到自己的座位上。

教师:“今天的小白船之旅开心吗?”

教师:“小朋友们,有谁知道歌曲里面唱的这艘小白船真正指的是什么呢?”

教师:“小白船说的就是我们每晚都能见到的弯弯的月亮,它像一艘小白船一样飘在空中。”

教师:“下次老师还要给小朋友们带来一艘可以在太空中飞的船,它非常非常大,似乎有些小朋友已经知道它是什么船了,那我请你们先放在心里,回家可以去查查资料,下节课,老师可要请你们给大家介绍介绍。”

四、教学建议

1. 教师在为幼儿数歌曲的拍子时,要提示幼儿这是三拍子的歌曲,并且在重拍处动作特意加重些。

2. 彩带可以使用皱纹纸制作,彩带应选用轻质的材料,这样才能造成像水波一样柔美的感觉。

3. 此歌曲的节奏是一种小船轻轻摇摆的感觉,在肢体上应注意表现出这种柔美,表现出对神秘太空的想象和对“月亮宫”仙境的向往。教师的演唱应气息平稳,声音略微含蓄一些。

专家评析

这是一首流传广泛的优秀民歌,歌曲通过一个民间神话表达了人们对美好生活的向往。这首歌曲音乐质朴、流畅,歌词优美,充满想象力,非常符合幼儿富于幻想的性格特点。教师巧妙地运用彩带作为律动的道具,不仅增加了律动游戏的趣味性,同时,也利用彩带挥舞时如水一般的感觉,辅助幼儿体验《小白船》歌曲的柔美、安逸。

3. 对 鲜 花

（对唱）

1=C $\frac{2}{4}$

北京民歌
王宇聪设计

1. “我说一个一，你对一个一，什么呢开花儿在水里？”“这朵鲜花儿难不了我，呀儿哟。菱角开花儿在水里，依格呀儿哟。”
2. “我说一个二，你对一个二，什么呢开花儿像木耳？”“这朵鲜花儿难不了我，呀儿哟。凤仙开花儿像木耳，依格呀儿哟。”
3. “我说一个三，你对一个三，什么呢开花儿红满山？”“这朵鲜花儿难不了我，呀儿哟。山茶开花儿红满山，依格呀儿哟。”
4. “我说一个四，你对一个四，什么呢开花儿满身刺？”“这朵鲜花儿难不了我，呀儿哟。蔷薇开花儿满身刺，依格呀儿哟。”

一、活动目标

1. 初步感知戏曲音乐，了解传统宫调式音乐风格。

2. 通过肢体掌握附点四分音符音节奏，并尝试以合作的形式完成律动。

3. 感受传统音乐的丰富多彩，增加对民族民间音乐的喜爱之情。

二、活动准备

物质准备：北京民谣《对鲜花》、歌曲中花朵的图片（菱角、凤仙、山茶、蔷薇）。

三、活动过程

1. 创设情境，引出主题。

教师：“今天老师带来了好多美丽的鲜花的图片，老师先来考考你们，看看谁能认出这些鲜花。”

教师出示鲜花图片，幼儿回答。

教师向幼儿讲解每一种鲜花的特点，鼓励幼儿补充。

2. 活动展开。

教师：“老师现在要考一考小朋友，看看谁听得最仔细。——什么开花在水里？”

幼儿回答。

教师："什么开花像木耳？""什么开花红满山？""什么开花满身刺？"

幼儿回答。

教师："现在老师想和小朋友们加上动作和音乐，我们一起《对鲜花》。"

具体动作：

● 我说一个一，

教师右手比成数字"一"。

● 你对一个一。

幼儿右手比成数字"一"。

● 什么开花

教师右臂前平位，右手掌心向前，五指分开。

● 在水里。

教师左臂前平位，左手掌心向前，五指分开。

● 这朵鲜花

幼儿右臂前平位，右手掌心向前，五指分开。

● 瞒不了我，

幼儿左臂前平位，左手掌心向前，五指分开。

● 呀儿哟。

（教师与幼儿一起）双手前平位，掌心向前，五指张开，左右转腕，一词一动。

● 菱角开花在水里，

（教师与幼儿一起）双手前平位，掌心向前，五指张开，左右转腕，一词一动。

● 依格呀儿哟。

（教师与幼儿一起）双手前平位，掌心向前，五指张开，左右转腕，一词一动。

教师："现在我想请小朋友们两个人一组，一个人问一个人答，我们再来玩一次这个"对鲜花"的游戏。"

幼儿两人一组进行律动。

教师："在我们的生活中，除了这些鲜花，小朋友们还认识哪些美丽的鲜花？我们也一起把它编到《对鲜花》的歌曲里面好吗？"

教师引导幼儿总结自己所认识鲜花的特性，加入歌词中，两人一组再进行律动游戏。

教师："今天的音乐课上我们学会了歌曲《对鲜花》，又进行了歌词的创编，使我们了解了很多种花的特征。小朋友们唱得好，编得也好。希望你们下次课能有更出色的表现。"

四、教学建议

1. 进行律动前，教师可帮助幼儿总结花朵的特点。教师课下应做好充足的材料准备。

2. 初次律动的合作是在幼儿与教师之间进行的，教师应尽量把动作以及动作的先后顺序做得清楚、明白。在请幼儿合作律动前，最好与幼儿交换角色反复练习，以免幼儿进行律动时，摸不着头脑。

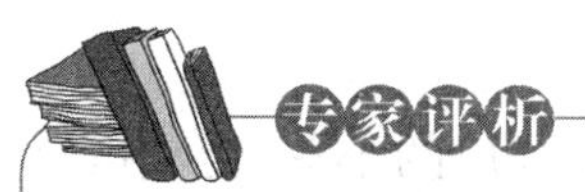

歌曲《对鲜花》是北京童谣，看似简单的一首歌曲，里面却蕴藏着丰富的民族文化。教师将民族文化、音乐知识和体态律动的学习巧妙自然地融入到有趣的游戏实践活动中，引导幼儿从音乐中、动作中寻找答案，其设计可谓是独具匠心。特别是教师与幼儿对唱这一环节用体态律动的方式表现出来，令幼儿印象深刻。在教师巧妙的引导下，枯燥的动作技能也能让幼儿轻松掌握。

4. 青 春 舞 曲

维吾尔族民歌
王 洛 宾改编
朱 婷 婷设计

1=G $\frac{4}{4}$

3 2 7 1 3 2 1 7 6 6 4 3 | 3 2 7 1 3 2 1 7 6 6 6 6 |
太阳下山明朝依旧爬上来。花儿谢了明年还是一样地开。

6 6 2 4 3 6 4 3 3 2 3 | 3 2 7 1 3 2 1 7 6 6 4 3 |
美丽小鸟一去无影踪，我的青春小鸟一样不回来，

3 2 7 1 3 2 1 7 6 6 6 | 6. 1 1 1 1. 7 6. 1 7 6 7 | 7 1 2 4 3 2 1 7 6 6 6 :‖
我的青春小鸟一样不回来。别的哪哟哟，别的哪哟哟，我的青春小鸟一样不回来。

一、活动目标

1. 知道“新疆”这个地方，初步了解新疆的风土人情。

2. 让幼儿安静地聆听《青春舞曲》，培养幼儿的欣赏力。

3. 学习随着音乐做手腕转动的动作。

二、活动准备

物质准备：新疆舞曲《青春舞曲》音乐、有关新疆风景的图片。

三、活动过程

1. 观察中国地图，认识新疆。

2. 介绍新疆。

教师：“新疆是一个美丽的地方，有沙漠，有草原，还有著名的吐鲁番葡萄，那里的男女老少喜欢唱歌、跳舞。”

出示 PPT 中新疆的美丽景色图片，并加以讲解。

3. 欣赏律动舞蹈，练习重点动作。

（1）教师表演新疆舞《青春舞曲》，引起幼儿兴趣。

教师：“美丽的新疆还有他们自己的传统舞蹈——新疆舞呢！接下来，老师来跳一段新疆舞蹈《青春舞曲》。”

（2）学习重要律动动作1：手腕转动。

教师："新疆朋友喜欢在舞蹈动作中加上转手腕的动作，这个动作就像一朵开放的小花，他们可喜欢啦，我们也一起来学一学吧。"

教师讲解手腕如何转动。

指导要点：两手位于胸前，手心向上，手指朝外。手指带动，朝胸前翻一圈，手指朝外。待熟悉胸前转手腕后，再请幼儿两手朝上、下、左、右各方位进行练习。

（3）学习重要律动动作2：踏踮步。

指导要点：先将左脚抬起，然后用前脚掌点地，使右脚略微抬起。

（4）幼儿跟随教师和着音乐一起练习转腕动作，体验快乐的情绪。

具体动作：

[1]—[2] 小节：手部动作为拍手一下，右上方转腕一次。拍手一下，左上方转腕一次。重复一次。脚步动作为踏踮步。

[3]—[4] 小节：手部动作为右手新疆舞姿势叉腰，左手往右、左摆动。重复一次。脚步动作为右脚不动，左脚前脚掌往右、左点地一次。重复一次。

[5] 小节：手部动作为双手手心向里，胸前交叉往上画大圆四下。脚步动作为踏踮步四下。

[6] 小节：手部动作为拍手一下，一手在上方，一手在耳边转腕。两边各一次。脚步动作为踮脚步。

[7] 小节：手部动作为两手平举手心向上转一圈后，拍手一次，一手在上方，一手在耳边转腕一次。脚步动作为原地转圈一次，踏踮步一次。

四、教学建议

活动之前可以给幼儿播放新疆舞蹈的视频，让幼儿有直观的感受。在进行舞蹈动作教学的同时，用游戏的方式让幼儿感受新疆音乐文化的特点。

专家评析

《青春舞曲》是一首新疆歌曲，教师对于新疆体态律动做了较好的诠释和探讨。脉络鲜明，重点突出是此律动活动的特色。为了教授新疆舞蹈的主要动作"手腕转动"，教师引导幼儿展开了丰富的想象，"像花儿一样"的动作想象不仅让幼儿掌握了动作的技巧，也让他们成功体验到了民俗风情中的欢乐情趣。同时，教师还借新疆歌曲和体态律动引导幼儿更深入感受中国民族文化的无限魅力。

5. 中国功夫

宋小明词
伍嘉冀曲
李　琳设计

1=G $\frac{4}{4}$

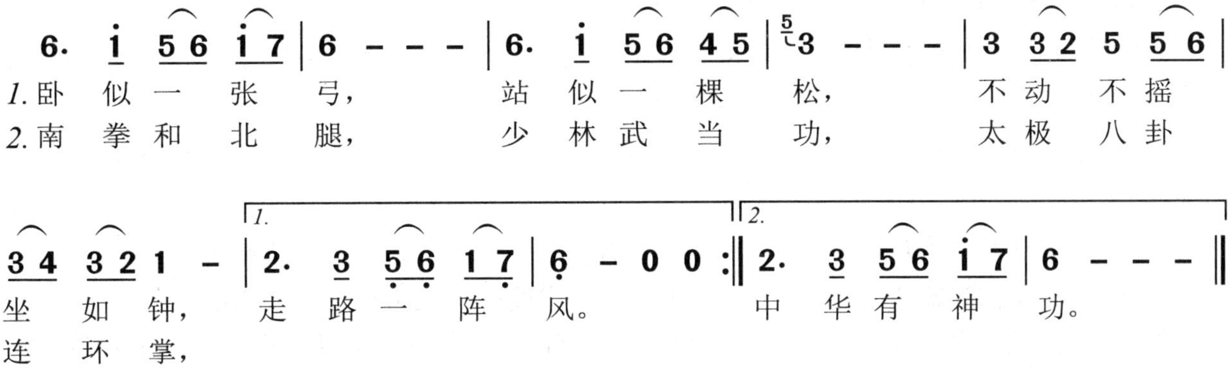

6· i 56 i7 | 6 - - - | 6· i 56 45 | 3 - - - | 3 32 5 56 |

1. 卧似一张弓，站似一棵松，不动不摇
2. 南拳和北腿，少林武当功，太极八卦

34 321 - |[1.] 2· 3 56 17 | 6 - 0 0 :‖[2.] 2· 3 56 i7 | 6 - - - ‖

坐如钟，走路一阵风。中华有神功。
连环掌，

一、活动目标

1. 感知歌曲雄壮有力的曲风，为自己是中国人而骄傲。

2. 在熟悉歌曲旋律和节奏的基础上学跳律动《中国功夫》。

3. 喜欢中国功夫，享受合作创编动作的乐趣。

二、活动准备

物质准备：音乐《中国功夫》，《中国功夫》相关视频，武术服。

经验准备：幼儿对中国功夫有初步的认识和了解。

三、活动过程

1. 视频导入，引出主题。

教师："小朋友们，我们今天看一个视频，然后和老师分享一下看完视频的感受。"（播放视频《中国功夫》）

教师："视频里面都看到了什么？你的感受是什么样的？有小朋友了解功夫吗？可以给其他小朋友展示一下。"

2. 活动展开。

教师："现在小朋友们认真观察老师的动作，看看老师做的动作和我们平时的舞蹈有什么不同。"

教师："大家发现中国功夫中腿的基本动作是什么样的？手又是怎么样的？"（幼儿讨论）

教师："现在有一个小任务需要我们一起完成，我们一起来学一学中国功夫的基本武术动作吧！"

具体动作：

准备动作：幼儿自由站立，两拳收于腰间。

[1]~[4]：两拳交叉放于身前，胳膊张开举过头顶后平举。

[5]~[8]：双脚分离，作射箭样子。

[9]~[12]:两拳交叉放于身前,胳膊张开举过头顶后平举。

[13]~[16]:左右脚交叉,一拳放于腰间,一拳举过头顶。

[17]~[20]:两拳交叉放于身前,后两拳分开放于头顶。

[21]~[24]:右腿后撤半蹲,双手合十放于胸前。

[25]~[28]:两脚分开,身体向后旋转,胳膊伸直,两手掌一起摆花朵状出掌。

[29]~[32]:双脚分开,半蹲,左右手交替出拳。

后面动作重复。

教师:“请小朋友们两人一组共同学习,老师要看看哪个小组跳得最好、最有精神。”

教师:“小朋友们都做得非常认真,但是老师觉得动作重复,你们有没有好的想法呀?”

教师:“现在我们分组,两人一组一起创编动作,把自己的想法融入到功夫里面,待会我们进行评比,看看哪个小组的小朋友最优秀。”(幼儿自行分组合作进行创编)

教师:“现在大家都换上武术服,我们一起来跳中国功夫。”(播放音乐,教师给每位幼儿发衣服进行集体律动表演)

3. 结束活动。

教师:“今天我们学习了什么?小朋友们把创编的动作回家做给爸爸妈妈看好不好?也可以画下来自己创编的动作。”

4. 延伸活动。

教师:“大家回家可以查一查还有哪些可以做武术动作的音乐,下节课一起来分享。”

四、教学建议

1. 教师要注意纠正幼儿的动作,为幼儿讲解其中的细节,内在的力量要连在一起,引导幼儿注意出拳的力度和腿部力量的控制。

2. 教师不能太拘泥于局限动作,要让幼儿充分想象,展示自己的水平。

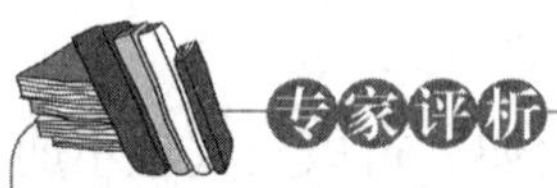

专家评析

歌曲雄壮有力,具有丰富的爱国主义情感,符合大班幼儿的身心发展水平和认知特点。活动开始通过影像视频导入,使幼儿通过观察学习直接经验来体会中国功夫这首歌曲的情感和意境,激发了幼儿对表演武术的兴趣。小组创编武术动作不仅增强了幼儿的合作意识,也促进了幼儿的社会性交往,培养了幼儿团结协作的精神。比赛方式的增加则更大程度上激励了大班幼儿开动脑筋,发挥想象力,增强竞争意识。建议教师在平时关于功夫动作做较多的教学铺垫,不然可能会导致幼儿无法用正确的、较多的武术动作来表达自己的情感,教师示范时也要精准,从而进一步根据音乐节奏引导、指导幼儿,让其感受律动的快乐。

6. 森林狂想曲

李　琳设计

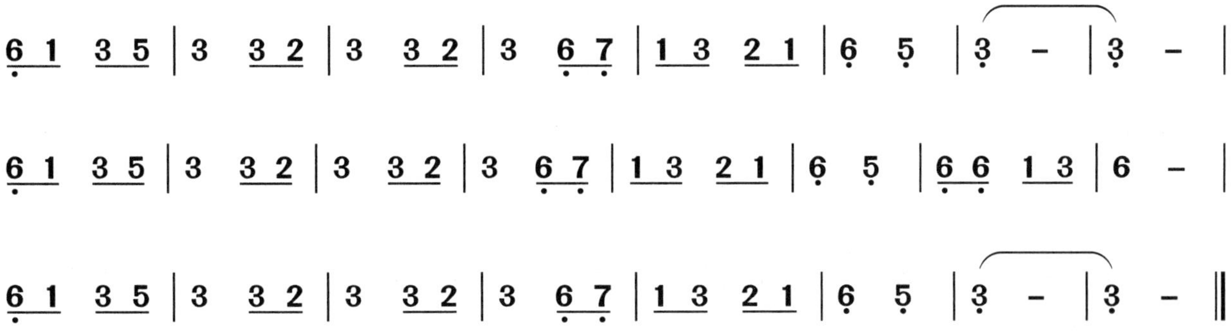

6 1 3 5 | 3 3 2 | 3 3 2 | 3 6 7 | 1 3 2 1 | 6 5 | 3 - | 3 - |

6 1 3 5 | 3 3 2 | 3 3 2 | 3 6 7 | 1 3 2 1 | 6 5 | 6 6 1 3 | 6 - |

6 1 3 5 | 3 3 2 | 3 3 2 | 3 6 7 | 1 3 2 1 | 6 5 | 3 - | 3 - ‖

一、活动目标

1. 了解乐曲的舞曲风格。

2. 幼儿乐于参与集体性韵律活动，享受合作创编动作表演的乐趣。

3. 能随音乐节拍创编动作、机敏地做动作来饰演小动物。

二、活动准备

物质准备：音乐《森林狂想曲》、头饰“小熊”“小鸟”“小兔子”、挂图“森林舞会”。

经验准备：幼儿有模仿动物动作的经验。

三、 活动过程

1. 问题导入，引出主题。

教师：“小朋友们，你们看这是哪里呀？”（出示挂图“森林舞会”）

教师：“你们在图片中都看到了什么？森林里面都住着哪些小动物呢？”

2. 活动展开。

教师：“今天呢，老师就给大家带来一首有关森林的歌曲，小朋友们一起来听一听吧！”（播放音乐）

教师：“小朋友们在歌里面都听到了什么呢？你的感觉是怎样的？”（幼儿可自行舞动并进行讲述，分享给其他小朋友）

教师：“小朋友们都讲得特别棒，现在我们的教室就是一个大森林，你们觉得大森林里面都有哪些动物和植物呀？”

教师：“老师这里呢有小鸟、小兔子和小熊，小朋友们可以选择想要扮演的角色，做出这个小动物的动作，一会分享给大家看。”（幼儿创编时，注意指导幼儿基础舞步和面部表情的表现）

教师：“刚刚三位小朋友扮演的动物好不好呀？其他小朋友能从表演中学到什么呢？你们最喜欢谁的表演呀？”

教师：“我们在创编动作的时候，要注意基本舞步的体现，为了能更好地表现动物特征，大家要注意面部表情的体现。现在每个小朋友都想一想，你想扮演的动物有什么特点？它的生活习性是什么样的？哪个动作最能代表它的出现？你想扮演的植物有什么特点呢？我们该怎样去表现植物呢？”（幼儿自主讨论，并进行分享与展示）

教师:“大家都表演得非常好,现在四人一组合作创编自己要表演的动物或者植物,也可以以小场景的形式出现,小朋友们有没有信心?”

教师:“现在我们一起来表演吧。”(播放音乐,教师观察小组舞蹈,可指导幼儿变换队形,使表演更加丰富)

3. 结束活动。

教师:“今天小朋友们在森林里玩得开心吗?现在我们手拉手围成一个圈,模仿自己喜欢的动物或植物和周围的小朋友说再见吧。”

4. 延伸活动。

教师:“大家回家可以查一查森林里还有哪些动物?它的动作又是怎样的?我们怎样能更好地表现它呢?下节课一起来分享。”

四、教学建议

1. 活动后教师可让幼儿在自主游戏中相互交换道具进行表演。

2. 可以在区域活动中使用美工区以“森林狂欢会”为主题制作一些饰品,以便更好地进行活动。

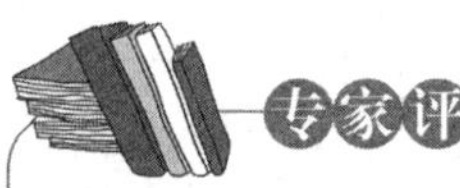

《森林狂想曲》是一首节奏鲜明、情绪欢快的舞曲,幼儿一听到就会喜欢,就想跃跃欲试。乐曲中跳跃的音符特别适合幼儿表现多种多样的动物的形象。另外,这首乐曲的旋律有快有慢,幼儿能有更多创造的空间来表现动物们舞蹈时有趣的样子。活动中幼儿不仅要表现基础的舞步,还要用肢体动作及面部表情来表现各种动物的形象,对于大班幼儿来说非常具有挑战性,小组合作表演的方式也增强了幼儿的合作意识。教师在活动过程中应多一些指导性语言,及时指导,帮助幼儿更好地模仿动物,表演小场景,激发幼儿的创新意识,使活动更具有特色。

第四章　幼儿演奏游戏

第一节　幼儿演奏游戏概述

每个孩子都喜欢敲敲打打，对声音具有一种天生的敏感性，演奏是幼儿与生俱来的本能。因此幼儿园演奏游戏是音乐活动中的一个重要组成部分，是培养幼儿对音乐活动兴趣的有效途径。

打击乐演奏不仅能帮助幼儿初步掌握乐器演奏的一般知识和技能，发展幼儿节奏感以及对音色、曲式结构、多声部织体表现力的敏感性，还可以培养幼儿的控制能力、集体意识及多方面的协调能力。丰富多彩的演奏游戏活动在使幼儿获得生理上的快感和心理上的满足的同时，也大大提高了幼儿的音乐理解能力。

一、幼儿演奏游戏的定义

幼儿演奏游戏即幼儿通过特有的打击乐器，在教师的指导下按照音乐的特点进行配器，通过游戏的方式完成独奏或者合奏的教学活动。同歌唱、律动一样，打击乐器也是幼儿表达音乐情感的一种最自然、最直接的工具，它可以帮助幼儿用运动神经去感觉节奏，逐步形成较为稳定的节奏感。

二、常见的乐器种类

在幼儿园中，集体性的演奏活动分两种：一种是伴随歌曲或乐曲进行配器和演奏的游戏活动；另一种是为故事或生活场景进行声音烘托的游戏活动，这两种演奏活动都十分受幼儿的喜爱。幼儿园常用的演奏乐器主要分为四大类：

1. 鼓类：大鼓、小鼓、铃鼓等。大鼓音色低沉、音量大，小鼓音色柔和，一般都用在强拍上，起到渲染气氛、增强节奏感的作用。铃鼓可以在强音时击鼓突出重音，也可以在弱拍时抖动产生铃声。

2. 金属类：碰铃、三角铁、钹、锣等。碰铃音色清脆尖锐，三角铁通过金属棒敲击圆柱形钢条弯成的三脚架而发音，音色柔和明亮，延续时间较长。钹和锣声音共鸣强、明亮、有号召力，情感表达强烈。

3. 木质类：木鱼、响板、双响筒、高低音筒、蛙鸣筒、击奏棒等。一般通过敲击振动发音，声音柔和清脆，适合表现短促的节奏。

4. 散响类：沙球、串铃、摇铃等。通过抖动摇晃而发音，音色轻柔，表现力广泛。

以上是常见的打击乐器，还有一些类似音色的乐器，都是没有固定音高的。幼儿园里也有固定音高的打击乐器，用来演奏或作固定低音伴奏。主要有：木琴、铝板琴、钢片琴、音块等。在演奏游戏中，有音高的打击乐器和无音高的音条乐器相互配合，相互补充，能帮助幼儿起到很好的音乐学习效果。

三、幼儿演奏游戏的特征

（一）伴随音乐和故事进行

幼儿园常见的演奏游戏都是伴随着音乐和故事进行的。幼儿喜欢旋律优美、节奏明快的音乐，当幼儿听到喜欢的音乐时，会不由自主地跟着节奏拍手。因此，选择一些幼儿熟悉的、感兴趣的、节奏鲜明的、合适的音乐材料，再配上乐器伴奏，会使幼儿有一种全新的体验。同时，在故事讲述和表演中，穿插一些乐器进行场景渲染，能增强故事的感染力。这样，不仅提高了幼儿学习打击乐的兴趣，也便于幼儿理解和把握音乐和故事特点。

（二）强调集体参与

打击乐演奏活动更多地体现为一种集体的活动形式，是一项综合的科目，且对活动中各声部之间的合作协调要求甚高。在进行打击乐的游戏时，幼儿可以根据音乐所要表达的情感来选择乐器，所演奏出的声音应是协调、动听、优美的乐曲。演奏游戏的集体参与性，在一定程度上也锻炼和提高了幼儿之间的合作能力。

（三）与指挥协调配合

打击乐是一项强调相互合作的活动，由于幼儿手中所持的乐器不同，为了演奏出和谐、悦耳的节奏，幼儿要学会看指挥，并与指挥协调配合，这也是演奏游戏的独有的特征。幼儿看指挥的能力，是一个不断训练的过程，它包括：了解“准备”“开始”和“结束”的手势动作，以使自己的演奏符合指挥的手势含义；知道用眼睛注视指挥者，在演奏过程中学习以恰当的身体姿势与指挥者沟通、合作和交流；能够看懂和明白指挥者表示节奏和音色变化的动作，使自己的演奏与集体的音响协调一致。

四、幼儿演奏游戏的功能

（一）提供音乐表达的手段

在演奏游戏活动中，幼儿能够接触到大量丰富的音响效果，各种各样的音色，对幼儿的听觉感官是个很好的刺激。同时演奏方法（拍、摇、打、碰）简单易学，在活动中，幼儿手、眼、脑、心并用，使大脑建立起复杂的神经联系，让头脑变得灵敏、聪慧。随着幼儿生理、心理的发展变化，他们的情感体验也日趋丰富和复杂，各种基本情感体验的分化也逐渐趋于精细化。通过演奏游戏来表现不同情绪的音乐，幼儿的情感会变得更加丰富多彩，是幼儿表达艺术很好的手段。

（二）增强节奏感的体验

节奏是音乐中的重要元素，是音乐的重要表现形式，有了节奏才使得音乐更富有生命力。培养节奏感的最佳时期就是幼儿时期，让幼儿参与打击乐教学活动，能使他们在敲击游戏中轻松掌握节奏。在演奏游戏中，引导幼儿尝试探索各种乐器的演奏方法，同时要调动幼儿所有的感官，反复细致、多方位、多通道地体验节奏。经过长期的训练，看似抽象的节奏就能被幼儿轻松地掌握。

（三）促进听觉的发展

音乐是听觉的艺术，幼儿时期的听觉处在一生中最灵敏的阶段。多听，幼儿辨别声音的能力会得到提高。演奏游戏就是这样一种好方式。它可以调动身体的各个器官，尤其是耳朵，让幼儿全身心地“投入”音乐，极大地促进幼儿听觉的发展，也会很好地刺激幼儿对音乐细节的听觉敏感度。

（四）增强肢体的协调性

美国加利福尼亚大学的医学教授阿特拉斯指出：学习演奏乐器的人，由于左右手指神经末梢经常运动，促进了大脑两半球的发展。正因如此，演奏游戏对于幼儿的肢体协调发展大有益处。在演奏活动中，身体的许多部位需要协调配合，比如说打响板，幼儿在打响板时要眼看指挥，脑子思考，手指击打，耳朵辨听，在配合同伴演奏出动人乐曲的过程中，幼儿需要积极协调视觉、听觉、触觉以及整个机体。

（五）增强合作意识

合作主要是指在演奏过程中注意倾听自己、同伴、集体的演奏，并努力使自己的演奏能服从于整体音响形象的塑造要求。演奏游戏是较多声部的合奏，在游戏中，幼儿不仅要能准确演奏自己的声部，还要主动调节好自己声部与其他声部间在节奏、音色、速度、力度上的协调，并且主动地关注整体效果，这无形中锻炼和培养了他们的合作意识。

（六）培养创造能力

音乐具有创造性，幼儿长期聆听、演奏、理解、感受音乐，会在内心对音乐产生一种认知。这种认知是抽象的、无形的，一旦形成并有积累之后，幼儿就喜欢发挥、运用并创造。音乐的抽象与变换给创造留下了广阔空间。幼儿在演奏游戏中，不断地学习用不同的方式来演奏乐器，同样的乐器可以发出不同的音色，这种声音探索的意义已经超过了演奏乐曲本身。

教师在游戏中积极引导幼儿开展创造性的演奏，鼓励幼儿参与讨论为乐曲选配合适乐器的方案，鼓励他们自发地探索音乐、探索打击乐器的制作，以及大胆地尝试、参与即兴的指挥等，这将为幼儿未来的音乐创造力发展奠定基础。

第二节　小班幼儿演奏游戏的设计与指导

一、小班幼儿演奏能力的特征

（一）节奏感

小班幼儿的身体在迅速发展，双手有一定的协调能力，但手部的小肌肉发展相对缓慢，所以，在打击乐器时的节奏稳定性不够。此阶段幼儿的兴趣点很多，注意力容易分散。所以，小班的演奏游戏的音乐一定要短小，节奏要鲜明，便于幼儿分辨节奏点。敲打乐器与音乐配合可放在音乐的某个特定的部分，而不是由始至终敲打，这样就有利于幼儿将注意力集中在倾听音乐上。经过反复的游戏后，大多数的幼儿就都能合拍演奏，并从中体验到演奏的乐趣了。

（二）音色感

这个年龄段的幼儿在演奏乐器时对乐器音色还不能全部准确地进行分辨，但对不同乐器的不同音色会形成初步的认识。幼儿出于好奇，对身边的不同声音会很感兴趣，尤其对小乐器都特别喜欢。在这个阶段，教师应该为幼儿提供多种乐器，让他们尽情摆弄。幼儿在摆弄的过程中，就能够倾听到不同乐器的不同音色，并在教师的指导下逐步掌握乐器的正确使用方法。

（三）演奏能力

小班幼儿喜爱主动认识乐器，他们特别好动，手总是不能闲下来，此时正是培养幼儿认识不同乐器的最佳时期。虽说创造性的演奏他们还无法达到，但是在熟悉和简单了解了部分乐器的演奏方式和声音特点后，小班幼儿是能够为熟悉的、特点鲜明的音乐形象选择比较合适的乐器和演奏方法的。

（四）合作意识

小班幼儿能够学会在演奏时与大家一起整齐地开始和结束；能够初步学会理解简单的指挥手势，并及时地按指挥意图做出正确的反应。但幼儿之间的相互配合的意识还没有形成，他们还只处在共同演奏的阶段，齐奏是最主要的配合方式。就是这种简单的共同演奏，已经能够使幼儿产生合作的快乐和合作的成就感了。

二、小班幼儿演奏游戏的设计

演奏游戏在幼儿园的教学中多是以打击乐作为媒介来完成的，而且打击乐也是学前阶段的幼儿最能够掌握和接受的一种乐器，主要锻炼的是幼儿大肌肉的能力和协调性。由于小班幼儿的小肌肉发展得还不够充分，但他们能够胜任绝大多数用大肌肉来完成的演奏，所以更适宜演奏游戏，他们在演奏中往往也会表现出对乐器的喜爱。

（一）乐器和音乐的选择

儿童通过自己打击乐器来表达音乐，能够直接地表达出他们的情感，所以乐器音色的选择很重要。因为可打击的乐器都可以发出声响，所以儿童会对这些东西表现出极大的兴趣，想要弄响它，想知道它会发出什么样的声音成为他们参与演奏游戏的重要原因之一。在选择小班乐器的时候要注意音色之间的区分，可以选择多种乐器参与到演奏游戏中。一般适合演奏游戏使用的乐器有：小铃、小鼓、串铃、大鼓、沙球、响板等。在音乐的选择上，要选择节奏鲜明、旋律优美、结构整齐的音乐。对于小班幼儿要选择结构短小、节奏简单的乐器。

（二）活动目标

小班幼儿在演奏过程中能学会简单的乐器操作技能，如敲击小铃、小鼓等简单的乐器。他们能够认识乐器的形状和主要演奏方法，能够在教师的指导下齐奏，并学会看指挥演奏的基本要领。能够享受参与演奏活动的快乐，并在演奏游戏中，对简单的节奏型和音色建立音响概念。小班幼儿的控制力较差，设定目标不要一味追求精准的节奏，重要的是演奏兴趣的培养。

（三）活动准备

1. 教师自身准备：准备乐器，了解基本的乐器知识。
2. 环境准备：包括教师的站位、班级黑板或环境的布置、幼儿桌椅的摆放等。
3. 情感准备：教师可以简明地分析、介绍乐曲的风格和所要表达的情感。

（四）活动过程

小班幼儿的演奏游戏相对于其他活动，由于音乐技术性较强，教师在其中的参与指导成分也相对更多些，尤其在演奏技术和配器方面，教师需要事先做好充分的准备，并对幼儿有明确的指示。在游戏过程中，教师的指导语一定要清楚明确，对于演奏的要求也要做到让每个幼儿都明白，要设定好游戏的每个环节,活动过程要简洁明了。教师可以让幼儿自己感受乐器与乐器之间的不同,这种不同包括音色、质感等方面,在适当的时候可以满足幼儿的愿望,让他们自己尝试加入新的乐器。

(五)教学建议

由于是集体的游戏活动,教师要正确地引导幼儿按照正确的节奏演奏,并时刻告诉幼儿看清教师的演奏或者指挥,不然就会出现很混乱的局面,对幼儿音乐兴趣的培养也是极其不利的。

三、小班幼儿演奏游戏的课例

1. 小铃在歌唱

李晋瑗曲
朱文倩词
朱文倩 高金旭设计

1=D 2/4

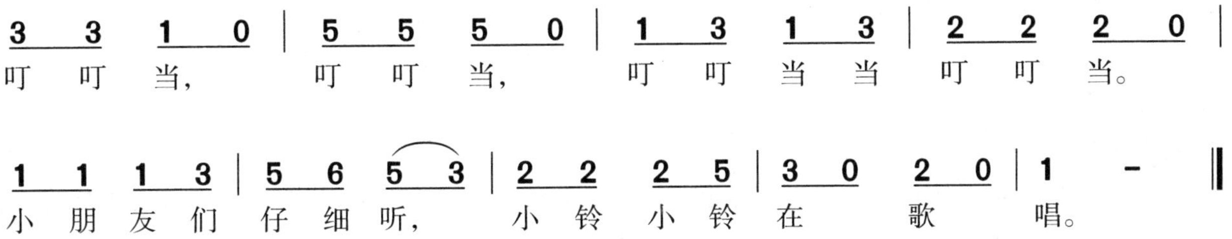

3 3 1 0 | 5 5 5 0 | 1 3 1 3 | 2 2 2 0 |
叮 叮 当, 叮 叮 当, 叮 叮 当 当 叮 叮 当。

1 1 1 3 | 5 6 5 3 | 2 2 2 5 | 3 0 2 0 | 1 - ‖
小 朋 友 们 仔 细 听, 小 铃 小 铃 在 歌 唱。

一、活动目标

1. 能够了解小铃的音色,并学着按节拍敲打。

2. 喜欢用乐器来表演音乐。

二、活动准备

物质准备:小铃人手一份,歌曲《小铃在歌唱》。

三、活动过程

1. 通过谜语导入活动。

教师念谜语:“一对好朋友,每天爱唱歌,叮叮叮,叮叮叮,声音顶呱呱。”猜猜这是什么?

出示乐器小铃。

教师:“我的名字叫小铃,唱歌声音叮叮叮,我有两个小喇叭,声音好听顶呱呱。”

2. 教师示范,激发幼儿兴趣。

教师:“听,谁在发出好听的声音?”

X X X 0 | X X X 0 | X X X 0 | X X X 0 |

教师:“小铃在跟我们打招呼呢,我们应该怎么样?”

(引导幼儿用手拍出节奏 X X X 0 | X X X 0 | X X X 0 | X X X 0 |)

3. 运用小铃,模仿演奏。

教师:“我现在要给每个宝宝发一个小铃,请你们用这个小铃和我做游戏。”

教师:“看看哪个宝宝能够用你们手上的小铃宝宝演奏出和老师一样好听的声音。”

引导幼儿拍出 X X X 0 | X X X 0 |
叮 叮 叮， 叮 叮 叮。

4. 扩展延伸，配器演唱。

（1）播放音乐，教师带领孩子跟着音乐敲小铃，孩子准确演奏。

教师：“接下来，我们跟着好听的歌曲《小铃在歌唱》，用我们的小铃宝宝来唱歌，好吗？”

（2）鼓励孩子跟着音乐边唱边奏，体验用小铃表演的乐趣。

引导幼儿发现打击乐器的相同之处，并让他们用画笔画出自己想象的小铃的伙伴。

四、教学建议

1. 这是一个节奏练习，在组织幼儿活动之前教师要跟幼儿交代规则，在需要敲打时才发声，以避免幼儿自行演奏给游戏带来的混乱。

2. 在教学过程中，如果出现混乱，幼儿不按要求演奏的情况，教师可自己做一些规范性行为停止幼儿混乱游戏。

专家评析

演奏游戏对于幼儿音乐素质和音乐能力的培养很有作用。首先，鲜明的节奏有助于幼儿音乐节拍感和节奏感的培养。其次，教师将“小铃”拟人化，“小铃”用自己的歌声表达出了乐器会唱歌等能力，可以帮助幼儿更好地与陌生乐器熟悉，从而更好地参与到游戏中。同时，教师的指导语言设计得亲切易懂，注重了与幼儿的沟通，能让幼儿很好融入游戏的规则中，从而更好地完成活动的目标。

2. 敲 小 鼓

1=C $\frac{3}{4}$

刘 燕 及词
李 重 光曲
高金旭设计

(1 3 5 6 5 3 | 6̣ 1 3 5 3 1 | 5̣ 6̣ 1 3 2 3 | 1 3 3 | 5̣ 3 3)|

3 5 6 5 | 3 5 1 - | 3 5 1̇ 6 | 3 6 5 - |
1. 我 的 小 鼓 响 咚 咚， 我 说 话 儿 它 都 懂，
2. 哎 哟 小 鼓 这 不 行， 妹 妹 睡 在 小 床 中，

1̇ 1̇ 1̇. 6 | 5 5 3 - | 2 3 6 5 | 2 2 1 - :‖
我 说 小 鼓 响 三 声， 我 的 小 鼓 咚 咚 咚。
我 说 小 鼓 别 响 了， 小 鼓 说 声 懂 懂 懂。

一、活动目标

1. 学会配合音乐演奏小鼓。

2. 分清歌词内容，正确选择演奏乐器。

3. 愿意尝试与其他小朋友合作。

二、活动准备

物质准备：小鼓每人一个，《敲小鼓》音乐。

三、活动过程

1. 讨论导入。

(1)用日常生活中幼儿能接触到的情况引入话题。

教师："小朋友们，你们觉得大家会用什么样的方式庆祝节日呢？"

引导小朋友说出多种庆祝方式，如有地方特色的秧歌等。

(2)介绍用小鼓庆祝节日的方法。

教师："我觉得好听的鼓点也很让人开心，你们觉得呢？"

引导小朋友回忆小鼓的音色，了解用小鼓庆祝节日的方式。

2. 进入主题。

(1)认识小鼓。

教师："我的小鼓会说话，听听小鼓会说什么话。"

(2)示范演奏。

教师："请你教我的小鼓说一些好听的话，你想教小鼓说哪些好听的话呢？"

引导幼儿分组进行模奏，其中要对幼儿模奏的方式作出要求。

(3)演奏乐曲。

教师："现在我要放一首歌曲，这首歌的名字叫作《敲小鼓》，请你听一听歌曲里的小鼓是怎么敲的。(放音乐，让幼儿聆听)

(4)提出演奏要求并演奏乐曲。

教师："请听我说，我觉得如果我们在歌词唱到'咚咚咚''懂懂懂'这些词的时候来跟着歌词一起敲小鼓会很好。"

教师可以带领幼儿一起进行演奏，帮助有需要的幼儿，整个过程可以分组进行。

3. 拓展活动。

(1)引导幼儿探索用身体的合适部位当小鼓，并表演唱。

教师："现在，我的小鼓要休息了，我的身体能当小鼓吗？哪些地方可以做鼓面？哪些地方可以做鼓边和小鼓槌？大家讨论一下。"

(2)启发幼儿寻找能当小鼓的合适物品，并表演唱。

教师："小朋友们真聪明，找到了各种各样的小鼓，用筷子一敲就能发出美妙的声音，其实我们身边的许多东西都能成为动听的乐器，回家以后，我们再找一找，带到教室里来玩一玩，好吗？"

四、教学建议

游戏是分组进行的，可以让幼儿发挥自己的想象力来配合演奏，比如歌唱或者舞蹈。在用身体当小鼓的环节，鼓励幼儿探索不同的身体演奏方法。

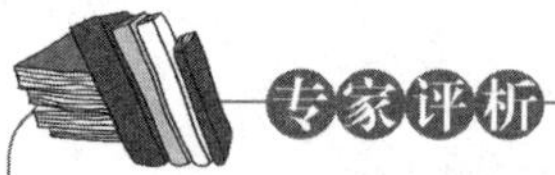

本节活动选取了具有节日气氛的音乐，所选乐器也是会发出比较大声音的打击乐器，因此对于课堂秩序和课堂节奏的操控有一定的难度。活动中，教师的指导语言没有选用命令式的语言，而是选择了容易让幼儿接受的交流性、协商性的语言，充分地让幼儿参与到了游戏规则的制定中，以使幼儿更好地融入到游戏活动中。

3. 火 车 开 啦

匈牙利儿歌
吴 静译词
高金旭 王从静设计

1=F $\frac{2}{4}$

1 1 3 1 | 5 5 6 5 | 4 3 2 | 1 - | 1 1 3 1 | 5 5 6 5 | 4 3 2 | 1 - |
咔嚓咔嚓 咔嚓咔嚓 火车开 啦， 咔嚓咔嚓 火车跑得 多 么 好。

4 5 6 | 6 - | $\dot{1}$ 7 6 | 5 - | $\dot{1}$ 5 3 1 | 5 5 6 5 | 4 3 2 | 1 - ‖
火车司 机 开着火 车， 咔嚓咔嚓 咔嚓咔嚓 向前奔 跑。

一、活动目标

1. 掌握小鼓、响板和手摇铃的演奏方式。
2. 认识不同材质乐器的特性。
3. 愿意参与合作、分工型的游戏。

二、活动准备

物质准备：小鼓、响板、手摇铃、《火车开啦》的音乐。

三、活动过程

1. 引入。

（1）声音的模仿。

教师：“小朋友们是不是坐过很多种交通工具啊，哪个小朋友可以告诉老师，你们印象最深的是哪种交通工具，它们行驶的时候会发出什么声音？”

（2）给幼儿听各种交通工具的声音，最后播放火车的声音。

教师：“这些都是什么声音啊？”

教师：“小朋友们坐过火车吗？”

教师：“熟悉火车的小朋友，你们能学学火车的声音是什么样的吗？”（有的声音是轰隆隆的；有的

声音是咔嚓咔嚓的；还有的是哐当哐当的）

教师："小朋友们说得很对，火车可以发出很多不同的声响，那我们刚才听到的声音是什么样的呢？"

（3）总结火车的声音。

2. 进入主题。

（1）播放活动音乐中，组织小朋友们开火车进场。

教师："我现在要给你们听一首歌，叫做《火车开啦》，你们能跟我一起开着火车进咱们班吗？"

（2）认识乐器。

教师："老师今天带来了几个乐器，你们听听！（用小鼓和响板模仿火车咔嚓的声音）你们听，像不像火车咔嚓咔嚓的声音啊？"

教师："那这个声音像什么？（用手摇铃连续地摇动）你们听，这个像不像火车鸣笛声？"

（3）分发乐器并演奏。

教师："我现在要给你们每个人发一个小乐器，每个人发到的可能不一样，请你们拿好自己的乐器，跟着我坐上这辆幸福号特快列车，一起开往幸福岛。"

分组发放乐器，提出演奏要求。

具体演奏过程和要求：

- 咔（敲击一下响板）嚓（敲击一下小鼓，以此类推）
- 咔嚓咔嚓咔嚓咔嚓（响板和小鼓），火车开啦（摇动手摇铃）。
- 咔嚓咔嚓（响板和小鼓），火车跑得多么好（摇动手摇铃）。
- 火车司机开着火车（响板、小鼓、手摇铃一起演奏，一拍一奏）。
- 咔嚓咔嚓咔嚓咔嚓（响板和小鼓）向前奔跑。（摇动手摇铃）

小结：总结幼儿在演奏中的表现，并请幼儿有秩序地把乐器放回原位。

四、教学建议

鼓励幼儿用不同的演奏方式表现火车的各种声音。同时，教师应积极地鼓励幼儿的创作行为。演奏中注意鼓励幼儿倾听各种节奏型，找到最合适的声音效果。

专家评析

火车的声音很富有节奏感，咔嚓声、鸣笛声，短音长音十分明显。这种生活中的节奏激发了幼儿演奏的兴趣，欢快的音乐令人在脑海中马上就能够浮现火车咔嚓咔嚓开动的画面。教师注重了每个小朋友的参与，先以表演的形式进入也很能激发幼儿参与的兴趣；另外，不同乐器的分组能够促进幼儿进行合作与分工，锻炼其合作和分工的能力。

4. 洋娃娃和小熊跳舞

[波]姆卡楚尔宾娜词
佚　　名曲
陆　　莹设计

1=D $\frac{2}{4}$

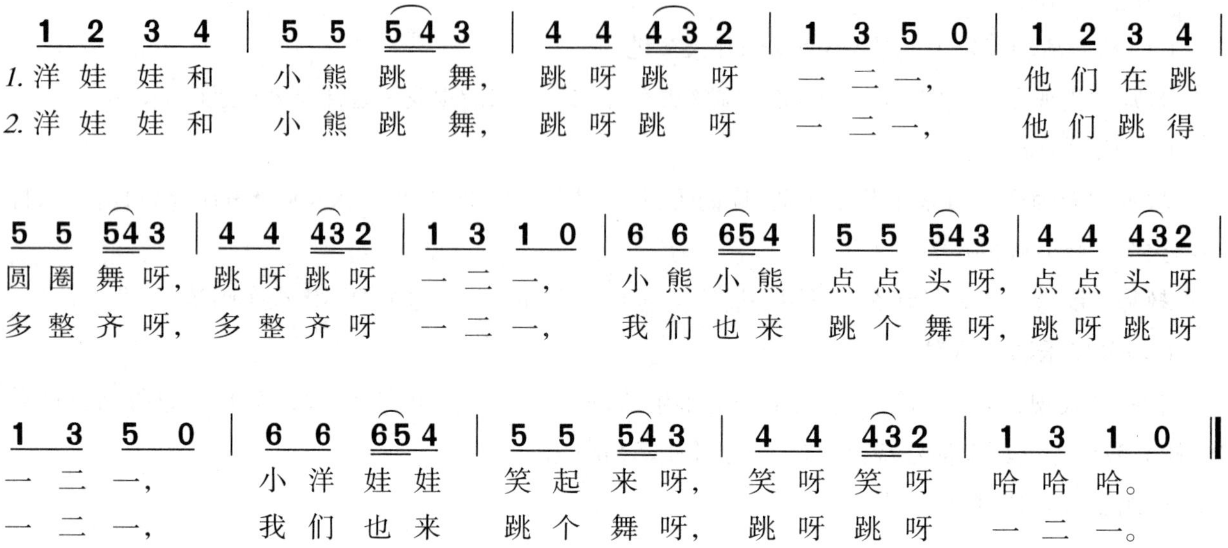

1 2 3 4 | 5 5 5 4 3 | 4 4 4 3 2 | 1 3 5 0 | 1 2 3 4 |
1. 洋 娃 娃 和　小 熊 跳 舞，　跳 呀 跳 呀　一 二 一，　他 们 在 跳
2. 洋 娃 娃 和　小 熊 跳 舞，　跳 呀 跳 呀　一 二 一，　他 们 跳 得

5 5 5 4 3 | 4 4 4 3 2 | 1 3 1 0 | 6 6 6 5 4 | 5 5 5 4 3 | 4 4 4 3 2 |
圆 圈 舞 呀，跳 呀 跳 呀　一 二 一，　小 熊 小 熊　点 点 头 呀，点 点 头 呀
多 整 齐 呀，多 整 齐 呀　一 二 一，　我 们 也 来　跳 个 舞 呀，跳 呀 跳 呀

1 3 5 0 | 6 6 6 5 4 | 5 5 5 4 3 | 4 4 4 3 2 | 1 3 1 0 ‖
一 二 一，　小 洋 娃 娃　笑 起 来 呀，笑 呀 笑 呀　哈 哈 哈。
一 二 一，　我 们 也 来　跳 个 舞 呀，跳 呀 跳 呀　一 二 一。

一、教学目标

1. 感受歌曲欢快的风格，可以随音乐做出相应动作。

2. 认识三角铁、碰铃、双响筒和铃鼓，可以看节奏图谱进行演奏。

3. 可以大胆、快乐地演奏打击乐器，并尝试合作演奏。

二、教学准备

物质准备：歌曲《洋娃娃和小熊跳舞》、PPT幻灯片演示、三角铁、碰铃、双响筒和铃鼓。

经验准备：幼儿熟悉洋娃娃和小熊跳舞的旋律。

三、教学过程

1. 复习律动。

（1）播放歌曲，带领幼儿复习律动《洋娃娃与小熊跳舞》，感受友情的快乐。

（2）男孩和女孩分别扮演洋娃娃和小熊，进行集体舞练习。

2. 认识乐器，学会读谱。

（1）拿出三角铁、碰铃、双响筒和铃鼓，让幼儿认识它们，让幼儿听听它们都发出怎样的声音。

（2）通过听不同乐器的声音，引导幼儿说出哪里不同，如三角铁的声音比较长，碰铃、双响筒和铃鼓的声音比较短。三角铁和碰铃的声音相似，双响筒和铃鼓的声音相似。

（3）用乐器符号组成乐句，引导幼儿先跟着老师打节奏。

三角铁或碰铃用“◎”表示，双响筒用“■”表示，铃鼓用“★”表示。

（4）幼儿选择自己喜欢的一样乐器。

（5）幼儿拿着乐器，跟着老师，看着图形谱打节奏，学习正确的乐器操作方法。

（6）引导幼儿用自己的乐器独自进行打击练习。

通过 PPT 演示，幼儿先独立演奏：

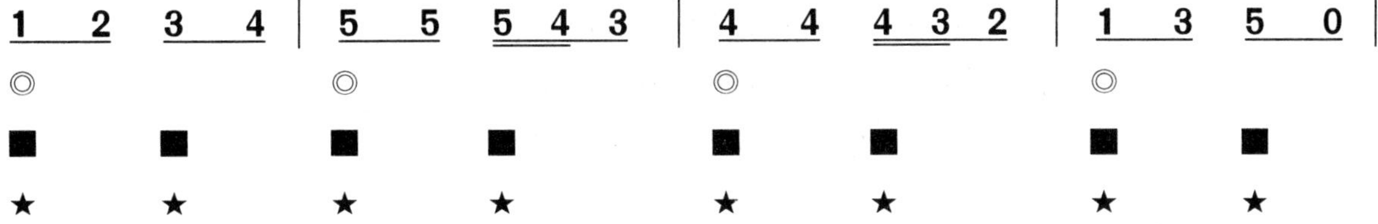

再出示合作的图形谱，让幼儿合作伴奏：

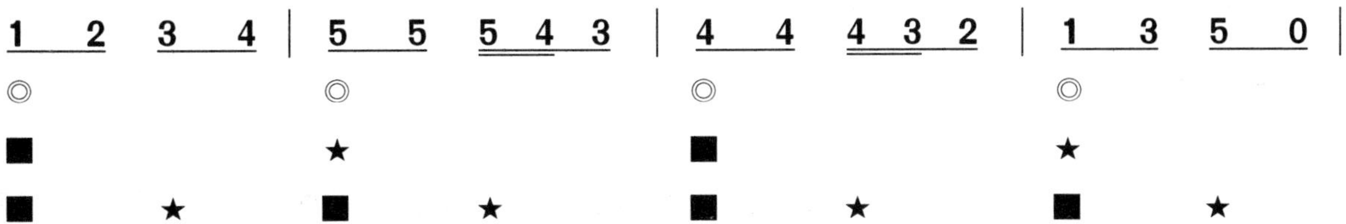

3. 请合作得非常好的幼儿上台跟着音乐进行打击乐表演。

4. 在老师指导下，全班合奏。

5. 分两组表演，一组舞蹈一组伴奏，然后交换。

四、教学建议

1. 这是以打击乐为主的一堂小班音乐活动，歌曲节奏重复、简单，适合入门的打击乐教学，帮助幼儿建立初步的图形谱概念，在单独演奏稳定的前提下可以尝试两个声部的合奏。

2. 将集体舞穿插于打击乐活动中，增加教学的游戏性。以体验和认识乐器音色为主要目标。

这首歌曲的曲式轻快活泼，节奏简单，适合小班幼儿演奏。游戏活动设计具有层次感，特别是先让幼儿跟着教师用手打节奏这一环节，有效避免了幼儿在不熟悉音乐节奏的情况下仓促使用乐器而引发混乱。PPT 的展示明确了持不同乐器幼儿演奏的时间节点，在帮助幼儿掌握打击乐器的节奏的同时，保证了教学目标的有效达成。

5. 雪　花　飘

1=C 2/4

杜　倩设计

3 4 | 5 – | 3 4 | 5 – | 3 5 | 6 5 | 3 5 | 2 – |

小 雪 花， 小 雪 花， 飘 在 天 上 像 朵 花。

3 4 | 5 – | 3 4 | 5 – | 3 5 | 6 5 | 3 5 | 1 – ‖

小 雪 花， 小 雪 花， 飘 在 手 里 不 见 了。

一、活动目标

1. 熟悉并且理解歌曲内容，感受音乐的强弱以及快慢变化。

2. 能根据教师的指挥演奏串铃，并掌握$\frac{2}{4}$拍的节奏音型。

3. 喜欢用串铃演奏乐曲，从活动中体验演奏打击乐器的乐趣。

二、活动准备

物质准备：每人一副串铃、“小雪花”一片、每人一个雪花头饰、音乐《雪花飘》。

经验准备：幼儿会唱或者欣赏过歌曲《小雪花》。

三、活动过程

1. 律动导入。

教师播放《雪花飘》的音乐，引导幼儿做出小雪花飘动的动作进入活动室。（教师可以在前方带领）

教师：“今天呀，小雪花宝宝又要来我们班和我们一起玩游戏啦，让我们一起学着小雪花宝宝的样子来欢迎它吧。”

2. 活动展开。

（1）教师提问，引导幼儿回忆歌曲内容。

教师：“你们刚才从这首歌里听到了什么？”“小雪花飘的时候像什么？小雪花最后去了哪里？”

（2）分发“雪花”头饰，幼儿扮演小雪花。

教师：“让我们一起来听着音乐，和小雪花一起跳舞吧。”

（3）分发乐器——串铃，引导幼儿认识串铃。

教师：“老师现在要请另一个好朋友了，请你们看一看它有什么特点，为什么叫这个名字？”（串铃）

（4）演奏乐曲。

教师：“我们现在要用这个串铃来演奏《雪花飘》，你们可以跟着我一起演奏，在我让串铃唱歌的时候你们也让串铃唱歌，当我的串铃不唱歌的时候你们的串铃也要先歇一歇，好吗？”

3. 教师小结。

引导幼儿自己发现演奏中的问题，掌握正确的演奏方法。

教师：“小朋友们，在演奏的过程中，有没有发现有时候串铃发出的声音不好听，有时候发出的声音好听，有人知道这是为什么吗？”

教师：“小朋友们，老师发现敲击串铃的时候不能太轻也不能太重，只有这样发出的声音才最好听，那我们一起试试看能不能演奏出更好听的音乐。”

4. 活动延伸。

每人一块白色的超轻黏土，引导幼儿自己动手捏出心中的小雪花，并且把完成的作品带回家给爸爸妈妈看。

四、教学建议

1. 游戏过程中，要时刻提醒幼儿串铃不能一直发出声音；在小结的过程中教师也可以让幼儿自己发现演奏活动中的细节问题。如：“你们能告诉我，刚才串铃发出的声音好听吗？你们有什么办法可以让它变得好听吗？”

2. 在演奏过程中，教师要注意每个幼儿的情绪，同时也要注意对幼儿节拍感和节奏感的培养。

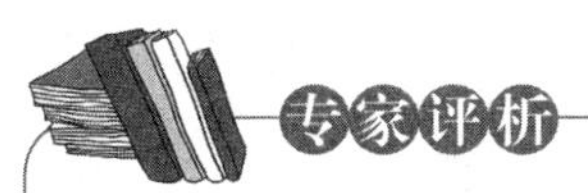

本次演奏活动所选的音乐轻快，符合小班幼儿的认知发展水平，歌词内容有表演性和互动性，很能吸引幼儿的注意和兴趣。所使用的乐器容易操作，活动设计过程鲜明，教师的指导语清楚明确。在这次教学活动中，教师的主导作用与幼儿的主体作用得到了充分的发挥，幼儿的多种能力得到了发展。活动目标明确，教师活动准备充足，使幼儿在游戏中感知快乐，体现了小班幼儿“在游戏中学习”的特点。

6. 敲锣打鼓放鞭炮

1=C $\frac{2}{4}$

杜　倩设计

5 5 | 5 3 5 6 | 1 3 2 1 6 | 5 - |

1 1 1 2 1. 6 | 5 5 5 6 5. 3 | 2 5 6 5 3 2 | 1 3 5 1 ‖

一、活动目标

1. 通过反复感受，初步了解儿歌的内容和表达的情感。

2. 能够听音乐随着节拍演奏铃鼓。

3. 愿意参与到乐器演奏的游戏活动中，并且乐于在集体面前大胆展示自己的才能。

二、活动准备

物质准备：五个铃鼓、视频《西北人打鼓过节日》、每人几朵小花、音乐《敲锣打鼓放鞭炮》《新年好》。

经验准备：幼儿会唱或者欣赏过歌曲《敲锣打鼓放鞭炮》，幼儿对过年有初步的了解。

三、活动过程

1. 儿歌导入。

播放歌曲《新年好》，教师进行提问。

教师：“今天，老师给大家带来了一首非常好听的儿歌，是我们每年过年都会唱的一首歌，你们猜猜看是什么啊？”

教师：“小朋友们可以跟着一起唱这首歌。这首歌里的小朋友唱歌、跳舞、一起过新年，那你们是怎么过新年的呢？你们都做了什么好玩有趣的事情呢？”

教师：“现在要增加游戏难度了，老师可以把做过的有趣的事情用四个字说出来，过年的时候我吃了汤圆，那我就会说：我吃汤圆。我还放了鞭炮，那就我可以说：我放鞭炮。小朋友们，你们可以做到吗？”

2. 活动展开。

（1）教师出示乐器，引导幼儿认识铃鼓及其演奏方法。

教师："今天老师给小朋友们带来了新的乐器朋友，有没有小朋友认识这个乐器的？让我们来看看这个乐器怎么玩？注意仔细看老师的动作哦。"

（2）幼儿自由分组，每组依次上台进行演奏游戏。

教师："现在有五个铃鼓，所以我要先找五个小朋友跟我一起来玩一个游戏，看看谁敲得铃鼓又好听又好看。在座位上的小朋友可以学习台上你们认为好听又好看的动作。"（分别请幼儿上台表演，让每个幼儿学习打鼓的方法）

（3）播放音乐《敲锣打鼓过新年》、视频《西北人打鼓过节日》，请幼儿进行学习。

教师："现在让我们来听一首歌叫《敲锣打鼓放鞭炮》，感受一下他们过年的气氛。"

（播放一遍音乐，然后给幼儿看西北人们敲鼓的视频）

教师："小朋友们，这个是中国西北部的人过节的时候随着音乐敲鼓的样子，是不是很开心啊，你们也能像他们一样吗？"（引导幼儿按照节奏敲鼓，并快乐地融入音乐中）

（4）歌曲表演，幼儿进行自主投票。

教师："现在我们就要开始比赛了，有没有哪个小组愿意第一个表演？别的小朋友要仔细听哦，待会儿把小花送给你们觉得表演得最好的那个小朋友；表演结束后，我们可以看看最后谁得到的小花最多。"

3. 教师小结。

教师："今天有一部分小朋友表现得非常棒，不仅学会了铃鼓的演奏方法，而且表演得很好；我们今天回家以后可以表演给爸爸妈妈看啊。"

4. 活动延伸。

教师："今天我们看了视频《西北人打鼓过节日》，那我们现在也来学学他们打鼓的样子吧，看看哪个小朋友表演得最好。"

四、教学建议

1. 在游戏过程中，由于采用的是分组进行的形式，剩余幼儿在等待期间可能会觉得无聊，造成注意力分散。所以，可以增加一些有趣的游戏细节进去，来吸引幼儿学习的兴趣。例如，可以让其他幼儿给演奏乐曲的小朋友伴舞，模仿过节时热闹的气氛等。

2. 对于小班幼儿来说，要求他们能随着音乐进行演奏比较困难，所以教师要及时发现问题，采取办法，让幼儿懂得要和着音乐的节拍来演奏。

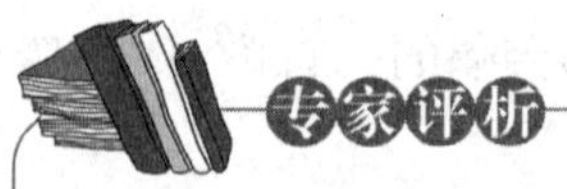

在活动中，教师抓住小班幼儿的年龄特点，以音乐、谈话来导入，采取由静到动，然后再到演奏活动的形式，使得幼儿更加容易接受。本次活动选取了气氛比较喜庆的音乐，能够引起幼儿兴奋的情绪，选取了西北人民演奏的视频，容易让幼儿进入角色，教师的示范与视频的共同演示能够让幼儿对小鼓的演奏有更深刻的认识，引发幼儿的模仿行为。分组进行表演能够促进幼儿规则性和秩序性习惯的养成。

第三节　中班幼儿演奏游戏的设计与指导

一、中班幼儿演奏能力的特征

(一)节奏感

中班幼儿的小肌肉有了一定的发展,他们能够使用和掌握的打击乐器种类越来越多,掌握节奏准确性的能力也越来越强。此时的幼儿已经能够自如地用简单的节奏随乐齐奏,或者用两种以上的不同节奏型跟随音乐合奏,他们甚至可以看指挥分乐句轮流演奏,具备初步的多声部演奏概念。

(二)音色感

中班幼儿对音乐的理解能力并没有大班幼儿那么敏锐,所以进行演奏游戏时,仍需要老师示范,一步一步指导教学,帮助幼儿了解乐器的特性、声音等。中班幼儿对音色的辨别能力有了明显的进步,能区分四大类乐器的基本音色,并初步具备自己选择音色为乐曲伴奏的能力。

(三)演奏能力

中班幼儿能够理解打击乐作品所表达的情绪,能够学会基本的节奏型,并探索配器方案的不同。在演奏中,他们还会感受到多声部伴奏的和谐感。在教师的引导下,中班幼儿可以逐步学会使用小肌肉动作来演奏乐器,比如:在击奏铃鼓、串铃、碰铃时自然地运用手腕,以使动作更流畅,奏出的声音更柔和。适合中班幼儿的乐器还有木鱼、蛙鸣筒、小钹和小锣等。

(四)合作意识

中班幼儿能够在多声部合奏活动中主动地关注整体音响,并努力保持整体音响的协调性;能较迅速地理解各种指挥手势并积极准确地做出反应。中班的幼儿合作的意识在逐渐形成,配合的能力还比较差,单独的演奏已经较为准确。他们的自我中心性并没有大班幼儿那么成熟,所以演奏游戏的合作部分不会涉及太多。

二、中班幼儿演奏游戏的设计

(一)乐器和音乐的选择

中班幼儿音乐感知能力进一步提高,可以选择更多的乐器来参与,也就是在同一乐段中出现很多种乐器,这其中包括了乐器的配合和乐器的分工。在音乐的选择上可以选择中班幼儿能够掌握的节奏类型,结构短小,节奏清楚,容易分辨乐器音色的乐曲,可以适当地加入 ABA 回旋曲式的音乐,让幼儿在有变化的音乐中体验演奏的快乐。

(二)活动目标

中班阶段的幼儿不仅能够模仿成人、教师的演奏方法,而且开始探索同一种乐器的不同演奏方法,还能掌握需要演奏技巧更高的打击乐器。在演奏过程中,他们对于乐器音色、力度、速度的调整和控制能力也有所提高。随着听觉能力的不断细化,中班幼儿随乐意识也有了很大的进步。他们不仅能够独立的演奏,而且能够与同伴配合得很好,如同时开始,同时结束等,在掌握了基本演奏方法的情况下,还可以进行一些配器创作。

(三)活动准备

1. 教师自身准备:准备乐器知识、配器方案、不同乐器的演奏效果。

2. 环境准备:包括教师的站位、班级黑板或环境的布置、幼儿桌椅的摆放等。

3. 情感准备:教师可以简明地分析、介绍歌曲的风格和所表达的情感。

(四)活动过程

由于这一阶段的幼儿在游戏中看指挥和理解指挥手势含义的能力有所发展,所以在活动的过程中,教师可以有目的地提高要求,如放慢、变轻等。教师要在欣赏音乐或者分析音乐的时候给幼儿一个提示,告诉他们在演奏中要注意教师的手势和教师的表情。

在活动的设计中一定要涉及幼儿与同伴的合作,在游戏进行的过程中要特别用语言指导幼儿注意与同伴的衔接和乐曲突出段落的音色,让他们明白合奏的基本特点。在结束的评价中,教师要把握中班幼儿较为自我中心这一特点,尽量做到关注每个幼儿,或者是让每个幼儿都有表达自己的机会。

(五)教学建议

要注意幼儿的创造性演奏,给予积极的、适合的评价,在做示范演奏的时候一定要做到节奏准确、结构完整。注意让幼儿用听觉来感受配器的音色特点,并鼓励他们寻找和谐优美的配器方案。

三、中班幼儿演奏游戏的课例

1. 小　拜　年

1=G $\frac{2}{4}$

湖　南　花　鼓　调
木　　水作词编曲
朱文倩　张　雯设计

稍快 热烈地

1 3 3 | 6 1 | 3 6 3 | 1 6 | 3 1 1 3 | 5. 6 1 |
1. 正 月 里 好 耍 狮 子 灯 呀, 要 起 那 个 狮 子 灯,
2. 锣 鼓 龙 灯 好 热 闹 呀, 今 年 呀 哈 更 比

6. 3 1 6 | 5 - | 6 6 5 | 6 6 5 | 6 6 5 5 | 6 6 5 | 1 1 6 1 |
拜 个 新 年; 咚 咚 呛, 咚 咚 呛, 咚 咚 呛 呛 咚 咚 呛, 哥 哥 来 打
去 年 好; 咚 咚 呛, 咚 咚 呛, 咚 咚 呛 呛 咚 咚 呛, 爸 爸 戴 红

3 6 | 3 3 6 3 | 1 6 | 3 1 1 3 | 5. 6 1 | 6. 3 1 6 | 5 - ‖
鼓 呀, 弟 弟 来 敲 锣 呀, 要 起 那 个 狮 子 灯, 拜 个 新 年。
花 呀, 妈 妈 笑 哈 哈 呀, 今 年 呀 哈 更 比 去 年 好。

一、活动目标

1. 能够按照音乐随着节拍敲打小鼓和钹。

2. 通过反复感受,初步了解音乐的名称和内容。

3. 愿意参与用乐器演奏的游戏活动并大胆展示才能。

二、活动准备

物质准备：歌曲《小拜年》；过年时舞龙舞狮的视频；红色手工纸、胶水人手一份；小鼓、钹若干。

三、活动过程

1. 播放媒体，导入活动。

（1）播放舞龙舞狮的视频。

教师："刚才我们看到了什么？什么时候可以看到？"（幼儿：舞狮子，过年）

教师："过年的时候，我们除了舞龙舞狮，还会做什么事？"（幼儿：发红包，吃团圆饭，放鞭炮，拜年）

教师："我们拜年的时候会做什么动作？"

（2）播放乐曲《小拜年》。

教师："这首歌曲好听吗？你们听了有什么感觉？"（幼儿：开心、快乐、热闹）

教师："现在我们已经学会了漂亮的拜年动作，也听到了好听、热闹的《小拜年》歌曲，你们动动脑筋，怎样让我们的新年过得更加喜庆、更加热闹呢？

2. 出示乐器，激发幼儿兴趣。

（1）教师示范演示乐器。

① 教师示范演示小鼓。

教师："看，我请来了我们的好朋友——小鼓宝宝。看看小鼓是怎样发出美妙的声音的。"

X X 0 | X X 0 | X X 0 0 | X X 0 |

② 教师示范演示小钹。

教师："除了小鼓，还有小鼓的朋友也来了，看看是谁呀？它的名字叫小钹。我们听听它能发出怎样的声音。"

0 0 X | 0 0 X | 0 0 X X | 0 0 X |

（2）分组游戏。

教师："4 个小朋友一组比一比、赛一赛，看看哪组敲得最好听。"

（引导幼儿在前两个半拍用小鼓，后一拍用小钹来演奏音乐）

（3）播放音乐《小拜年》，跟奏乐器。

① 教师："过新年真热闹，小锣小钹也想和我们一起来庆祝新年，你们愿不愿意啊？"

让幼儿在"咚咚呛，咚咚呛，咚咚呛呛咚咚呛"的时候加入演奏。

（教师带领幼儿跟着音乐敲打小鼓和小钹）

② 教师："现在我们来试试为整首乐曲伴奏。第一遍小鼓演奏，第二遍小钹演奏，然后一起演奏。"（教师带领幼儿跟着乐曲演奏）

（4）表演音乐，互动游戏。

教师："现在我们一起做一个游戏，弟弟小朋友先来演奏，妹妹小朋友来拜年。"（一遍后互换）

3. 制作红包，扩展延伸。

教师："嗯，你们敲得真好听，今年过年的时候，你们敲给爸爸妈妈听，一定特别热闹。可是，你们过年的时候最想收到什么呢？"（引导幼儿说出红包）

看看我们的小椅子下都有什么？（幼儿：红色手工纸、胶水）

教师："等会我们就用漂亮的手工纸做一个红包。"

四、教学建议

1. 在游戏过程中，让幼儿不仅要用正确的节奏演奏，同时表情也要体现过年喜庆的情绪。

2. 教师在分配乐器时，应注意男女比例，建议男生、女生各一半鼓、一半钹。

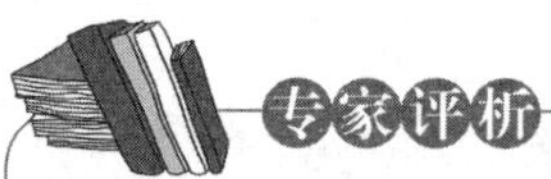

音乐选材适当，“咚咚呛，咚咚呛，咚咚呛呛咚咚呛”的歌词非常适用打击乐器小鼓和钹，幼儿也易于掌握节奏；“让弟弟朋友先来演奏，妹妹朋友来拜年”这一互动游戏，不仅很好地渲染了节日的气氛，也极大地激发了幼儿表演的热情，成为了游戏活动的亮点；在扩展延伸环节，教师让幼儿制作红包，在让幼儿感受中国传统民俗文化的同时，也使得课堂气氛从喧闹热烈自然的过渡到安静。

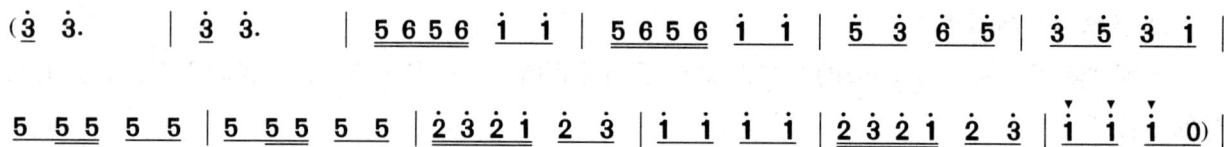

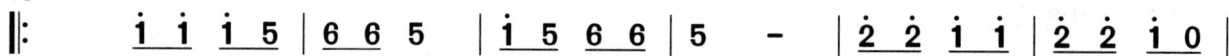

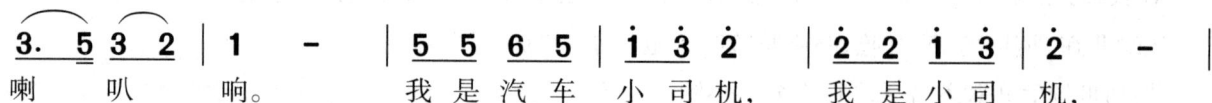

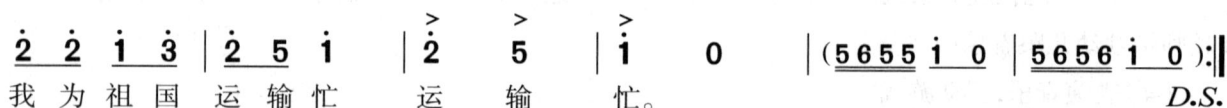

2. 小　司　机

张　东　方词
苏　　勇曲
高金旭　周金融设计

1=C $\frac{2}{4}$

自豪 快乐

(3̇ 3̇. | 3̇ 3̇. | 5656 1̇ 1̇ | 5656 1̇ 1̇ | 5 3 6 5 | 3 5 3 1̇ |

5 55 5 5 | 5 55 5 5 | 2̇3̇2̇1̇ 2̇ 3̇ | 1̇ 1̇ 1̇ 1̇ | 2̇3̇2̇1̇ 2̇ 3̇ | 1̇ 1̇ 1̇ 0) |

𝄋

|: 1̇ 1̇ 1̇ 5 | 6 6 5 | 1̇ 5 6 6 | 5 − | 2̇ 2̇ 1̇ 1̇ | 2̇ 2̇ 1̇ 0 |

1.（女领）小汽车呀真漂亮，真呀真漂亮，嘟嘟嘟嘟嘟嘟嘟
2.（男领）小汽车呀真漂亮，
3.（齐）小汽车呀真漂亮，

3. 5 3 2 | 1 − | 5 5 6 5 | 1̇ 3̇ 2̇ | 2̇ 2̇ 1̇ 3̇ | 2̇ − |

喇叭响。我是汽车小司机，我是小司机，

2̇ 2̇ 1̇ 3̇ | 2̇ 5 1̇ | 2̇ 5 | 1̇ 0 | (5655 1̇ 0 | 5656 1̇ 0) :‖

我为祖国运输忙运输忙。 *D.S.*

结束句

2̇ 2̇ 2̇ 2̇ | 1̇ 1̇ 1̇ 1̇ | 2̇ 2̇ 2̇ 2̇ | 1̇ 1̇ 1̇ 1̇ | 3̇ 3̇. | 3̇ − ‖

嘟嘟嘟嘟 嘟嘟嘟嘟 嘟嘟嘟嘟 嘟嘟嘟嘟 嘀嘀

一、活动目标

1. 通过学习知道不同材质的物品可以发出不一样的声音。

2. 能够跟着节奏自由使用乐器。

二、活动准备

物质准备：音乐《小司机》、小鼓、木鱼、小喇叭。

三、活动过程

1. 活动引入。

（1）猜谜语。

教师："我要请你们猜一个谜语，'四个圆脚一个身，红的绿的花样多。身里能藏好多人，随时随地跑天下！'谁能猜出这是什么东西。"

引导幼儿答出是汽车。

（2）提问题引入。

教师："汽车如果要行驶必须要有谁呢？"（司机）

2. 进入主题。

（1）教师："小朋友们都坐过汽车吗？你们都坐过什么样的汽车呀？"

幼儿："公共汽车、小轿车、救护车、救火车、警车……"

教师："对呀，现在的汽车可真多，除了汽车，马路上还有什么呀？"

幼儿："行人、自行车、摩托车……"

教师："马路上真热闹，所以呀，我们一定要注意交通安全。老师今天要请每一个小朋友都在我们班里开一下汽车。请你想一想，开车的时候如果前面遇到有人挡住路，你要怎么办？"

引导幼儿说出要鸣笛示警。

（2）出示乐器，模仿鸣笛声。

教师："小朋友们，你们觉得老师前面放的这几个乐器哪一个能够发出像汽车鸣笛一样的声音呢？"

出示乐器：有小鼓、木鱼、三角铁、小喇叭，让幼儿尝试选出正确的乐器。

教师："对，刚才发出鸣笛声响的就是这个小喇叭，每辆汽车上都装有小喇叭，它会提醒那些不注意交通安全的人——'喂，小心点，我来了！'但是，如果我们每个人都遵守交通规则，那么我们就不用按喇叭了，就会减少很多噪音污染呢。小朋友们，我们是不是应该从小就懂得遵守交通秩序呀。"

3. 演奏乐器。

（1）提出要求。

教师："我现在要发小喇叭了，只有五个小喇叭，所以五个小朋友做司机，其他小朋友要做小乘客，小乘客拿其他的乐器，好吗？我们请一个小朋友先当司机，到站了，我们再换其他的小朋友当司机，好吗？"

（2）分组游戏。

提出演奏的方式，开始随音乐表演。

具体演奏：

小汽车呀真漂亮（敲一下小鼓），真呀真漂亮（敲一下木鱼），嘟嘟嘟嘟嘟嘟嘟（吹小喇叭），喇叭响（吹小喇叭），我是汽车小司机（敲一下小鼓），我是小司机（敲一下小鼓），我为祖国运输忙（敲一下木鱼），运输忙（敲一下木鱼），车轮快如飞，马达放声响，运来工厂新机器，又运家乡丰收粮，又运家乡丰收粮。

四、教学建议

鼓励幼儿用不同的演奏方式表现汽车喇叭的声音。在游戏中注意时间的把握，前期引入的时间容易过长，主要把时间放在分组表演上。

专家评析

《小司机》是一首节奏清晰、风格欢快、适合打击乐演奏的乐曲。教师的游戏设计也是可圈可点。环节一：猜谜语，引入主题。通过猜谜语的形式调动幼儿的生活经验，从而迅速进入活动主题；环节二：出示乐器，分辨音色。当歌曲中出现"嘟嘟嘟嘟嘟嘟嘟喇叭响"的歌词时，教师让幼儿从几种乐器中选择能发出相似声音的乐器，引发了幼儿的参与热情；环节三：角色扮演，演奏游戏。幼儿在扮演不同的角色的同时完成乐器的合奏，不仅让他们感受到了游戏的快乐，也体验到了成功的喜悦。

3. 铃儿响叮当

[美]玻尔彭特词曲
邓映易译配
高金旭 周金融设计

1=G $\frac{4}{4}$

5 | 5 3 2 1 5. 5 5 | 5 3 2 1 6. 6 | 6 4 3 2 6. 6 |
1. 冲破大风雪，我们坐在雪撬上，快奔跑过田野，我们
2. 在一两天之前，我想出外去游荡，那位美丽小姑娘，她
3. 如今白雪铺满地，趁这年青好时光，带上心爱的姑娘，把

5 5 4 2 3 1 5 | 5 3 2 1 5. 5 | 5 3 2 1 6. 6 |
欢笑又歌唱；马儿铃声响叮当，令人精神多欢畅，我们
坐在我身旁；那马儿瘦又老，它命运多灾难，把
雪撬歌儿唱；有一匹栗色马，它日行千里，我们

6 4 3 2 5 5 5 5 5 | 6 5 4 2 1. 0 ‖: 3 3 3 3 3 3 | 3 5 1 2 3 - |
今晚滑雪真快乐，把滑雪歌儿唱。
雪撬撞进泥塘里，害得我们遭了殃。
把它套在雪撬上，就飞奔前方。
叮叮当，叮叮当，铃儿响叮当

4 4 4. 4 4 3 3 3 3 | [1.] 3 2 2 1 2 5. :‖ [2.] 5 5 4 2 1. ‖
我们滑雪多快乐，我们坐在雪撬上。坐在雪撬上。

一、活动目标

1. 能够找准不同乐器演奏的位置和节奏。

2. 区分各种铃的音色。

3. 愿意相互配合,等待自己演奏的时间。

二、活动准备

物质准备:《铃儿响叮当》音乐文件、五个木铃、五个小铃、五个铃铛。

经验准备:幼儿对圣诞节有一定了解。

三、活动过程

1. 活动导入。

(1)入场活动:在活动音乐中,感受节日气氛。

教师:"我们刚才听了一首很好听的歌曲,你们在歌曲里听到了什么?"

引导幼儿感受《铃儿响叮当》。

教师:"这首歌曲的名字叫《铃儿响叮当》,是一首庆祝圣诞节的音乐。"

2. 进入主题。

(1)回忆已有经验。

教师:"小朋友们知道什么是圣诞节吗?圣诞节里会有什么惊喜的事情出现呢?"

(幼儿:圣诞老人送礼物;圣诞树上挂满礼物……)

教师:"圣诞老人每年才来一次给大家送礼物,那他一定是住在很远的地方,小朋友们知道圣诞老人是怎么来给大家送礼物的吗?"

教师:"对,是坐着小鹿拉的车来的。"

教师:"小鹿的车上还挂着铃铛呢,所以跑起来就会发出什么声音啊?"

教师:"对,就是叮叮当、叮叮当的声音,那小朋友们想一想,咱们班里都有什么跟铃儿有关的东西啊?"

引导幼儿回忆起小铃和铃铛。

(2)认识新乐器。

教师:"今天老师带来了一个新朋友,叫作木铃,这个小东西也可以发出很好听的声音。请你们听一听。"

教师演示演奏方式,让幼儿观看、聆听。

3. 发乐器,演奏乐器。

(1)提要求。

教师:"我现在手里有五个木铃、五个小铃和五个铃铛。请小朋友想好自己要选择哪一种乐器,如果你想要的乐器没有了,请你等到下一次好吗?"

(2)分组发乐器。

可以多表演几次,这样可以让所有孩子都接触到新的乐器。

（3）用乐器给歌曲伴奏。

> 具体演奏：
> 叮叮当（晃动一下木铃），叮叮当（晃动一下小铃），铃儿响叮当（晃动一下铃铛），
> 其他地方可以按照节拍打击乐器，可以让小朋友们分工进行。

教师："圣诞老爷爷坐着小鹿拉的车，一定是跑得飞快的，那么，我们现在就去教室外面看看，他是不是也给我们送礼物了。"

引导幼儿去户外游戏。

四、教学建议

鼓励幼儿用不同的演奏方式来表现铃儿的声音，并注意铃声配器在音乐中的具体位置。游戏中注意让幼儿体验圣诞时节的愉悦心情。

专家评析

音乐的声音很富有节奏感，儿童歌声、铃儿的音色突出。活泼欢快的歌曲令人在脑海中马上就能够浮现圣诞节的画面，激发了幼儿模仿的兴趣。教师选取了三种乐器，其中两种是幼儿已有经验中学习过的，这样不仅能够帮助幼儿复习已掌握的技能，又能帮助幼儿认识新的乐器——木铃。于是，在新知识既不陌生又能与以前学习到的乐器知识有所差别和比较时，就容易引发幼儿学习新乐器的兴趣。三种不同乐器分工演奏能够帮助幼儿区分三种乐器的音色和演奏方式的不同，令其对打击乐器有更直观的理解。

4. 西班牙斗牛舞

1=C $\frac{2}{4}$

玛奎纳曲
严俐莺设计

小快板

3 33 3 33 | 3 33 3 4 | 4 44 4 44 | 4 44 5 4 | 3 33 3 33 |

3 33 3 4 | 4 44 4 44 | 4 44 5 4 | 3 33 3 33 | 3 33 3 4 |

4 44 4 44 | 4 44 5 4 | 3 33 3 33 | 3 33 3 4 | 4 44 4 44 |

4 44 5 4 | 3 3 0 3 | 0 3 7 1 | 3 - | 3 2321 |

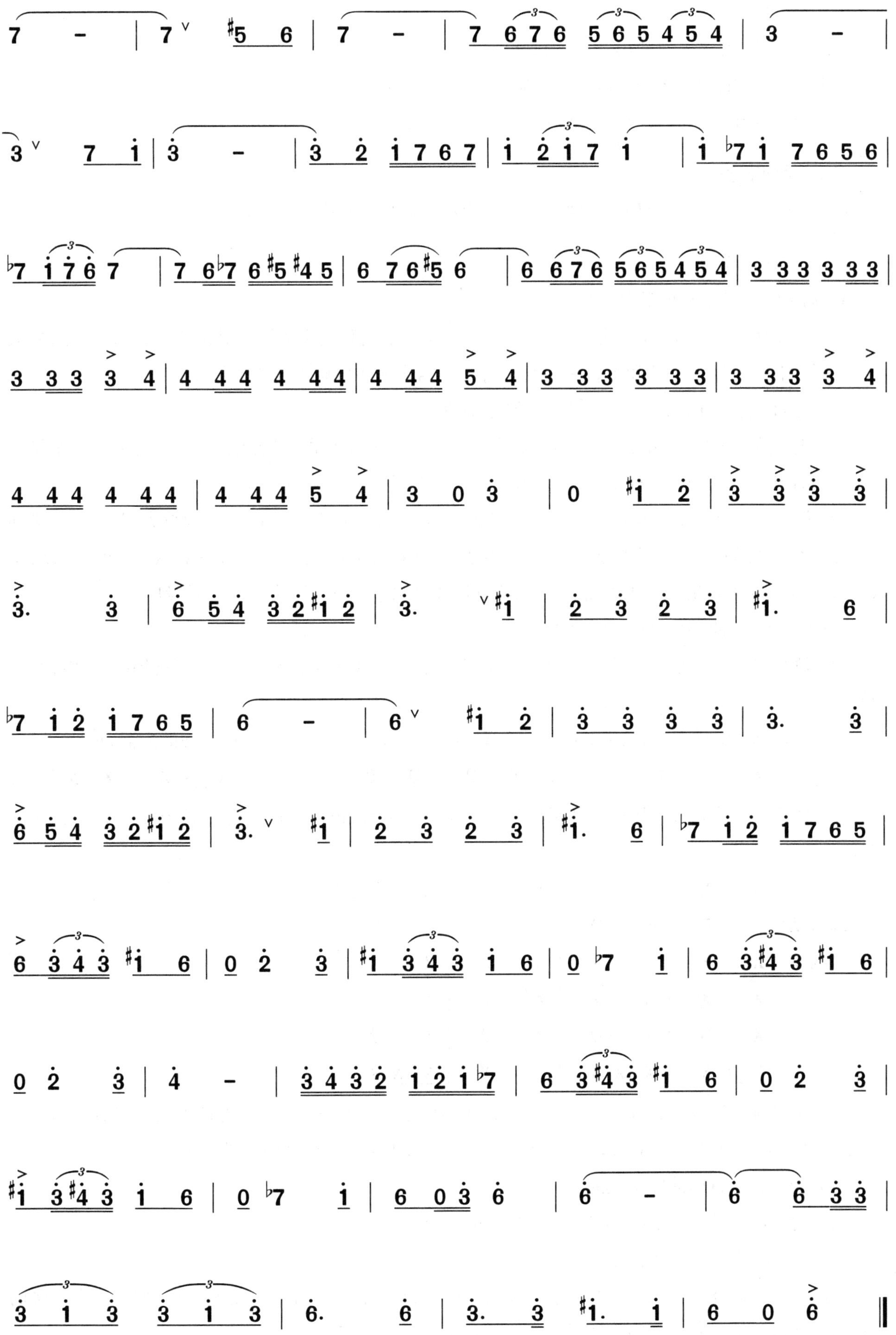

7 - | 7 ♯5 6 | 7 - | 7 676 565454 | 3 - |

3 7 1 | 3 - | 3 2 1767 | 1 217 1 | 1 ♭71 7656 |

♭7 176 7 | 7 6♭7 6♯5♯45 | 6 76♯5 6 | 6 676 565454 | 3 33 3 33 |

3 33 3 4 | 4 44 4 44 | 4 44 5 4 | 3 33 3 33 | 3 33 3 4 |

4 44 4 44 | 4 44 5 4 | 3 0 3 | 0 ♯1 2 | 3 3 3 3 |

3. 3 | 6 54 32♯12 | 3. ♯1 | 2 3 2 3 | ♯1. 6 |

♭7 12 1765 | 6 - | 6 ♯1 2 | 3 3 3 3 | 3. 3 |

6 54 32♯12 | 3. ♯1 | 2 3 2 3 | ♯1. 6 | ♭7 12 1765 |

6 343 ♯1 6 | 0 2 3 | ♯1 343 1 6 | 0 ♭7 1 | 6 3♯43 ♯1 6 |

0 2 3 | 4 - | 3432 121♭7 | 6 3♯43 ♯1 6 | 0 2 3 |

♯1 3♯43 1 6 | 0 ♭7 1 | 6 03 6 | 6 - | 6 6 33 |

313 313 | 6. 6 | 3. 3 ♯1. 1 | 6 0 6 ‖

一、活动目标

1. 聆听音乐，通过模仿动作，以表演的形式来表现牛和斗牛人的姿态。

2. 熟悉乐曲，能使用多种打击乐器配器，感受乐器的不同音色。

3. 能在活动中体验到表演、配器的快乐，加深对音乐的兴趣。

二、活动准备

物质准备：鼓、三角铁、双响筒、沙球、串铃、响板、《西班牙斗牛舞》音乐文件。

三、活动过程

1. 从声音导入到歌曲，欣赏乐曲。

（1）首先从声音引入，教师放一段牛的叫声，让小朋友猜猜是谁来了。猜对以后，告诉大家，今天小牛来是要让大家欣赏一首和牛有关的歌曲，名叫《西班牙斗牛舞》。（播放音乐）

（2）提问听这首乐曲的感受。（急促、跳跃、激动）

介绍这首舞曲的名字和旋律节奏的关系。（这是一首斗牛舞曲，节奏快速、十分有力。斗牛舞是模仿西班牙斗牛士动作的一种舞蹈，所以节奏也是雄赳赳、气昂昂的）

（3）第二遍欣赏乐曲。提示：让小朋友听听看这段音乐是由几段不同的乐句组成，并且它们排列的次序是怎么样的，请幼儿大胆说出自己的想法。（有 4 段乐句，是以 A—B—A—C 的形式出现，以水果来代替字母让幼儿更好理解，请 4 个小朋友用 3 种水果的图片贴在每一个乐段后）

2. 用乐器为乐曲伴奏，感受不同的节奏型。

（1）教师拿出各种小乐器进行介绍，引导幼儿回忆它们不同的演奏方式。（可选择鼓、双响筒、三角铁……）

（2）在教师的引导下，用拍手的形式结合图谱配合音乐打节奏，熟悉三种不同的配器节奏。

①| X X | X X |　　②| X 0 | 0 0 |　　③| X X X | X X X |

（3）教师引导幼儿每次使用一种乐器配上适合的节奏型，跟随音乐进行配器，感受不同乐器的配器效果。

乐器				
鼓	X X	X X	X X	X X
三角铁	X 0	0 0	X 0	0 0
双响筒	X X	X X	X X	X X
沙球	X X	X X	X X	X X
串铃	X 0	X 0	X 0	X 0
响板	X X X	X X X	X X X	X X X

（4）配器：将音乐分为三段，每段使用两种乐器配器。三角铁、沙球运用在①段中，响板、串铃运用在②段中，双响筒、鼓运用在③段中。（根据实际情况，也可以让幼儿自由选择）

幼儿合作将整首乐曲完整地演奏。

3. 通过教师示范，幼儿模仿动作，表现乐曲的欢快。

（1）教师用动作来示范表演。

A 段：由教师表演一头威风的牛，手放在头上两边，头略低。先左右摇晃头，接着增加左右扭腰的动作，头继续晃动。最后再加入跳跃的步子，跟着音乐跑动。（急促）

B段、C段：教师表演斗牛士，双手叉腰，右脚向前跨一步，再转一个圈。接着准备一块红布，模仿斗牛士斗牛，红布一开始放在腰侧，前面的动作做完以后抽出红布，让小朋友眼前一亮。之后，双手把红布向前挥一次，再向后摆一次。最后做一个结束动作：红布拿在手上，手叉腰，抬头挺胸。

（教师的示范动作要踩准音乐的节拍）

（2）引导幼儿学习用动作表演。

教师先找一名幼儿和自己配合，教师表演牛，幼儿表演斗牛士，加深幼儿对斗牛士动作的印象。表演出相互追逐、互不相让的感觉。A段只有牛的表演，B、C段斗牛士加入，牛继续表演，两者进行互动。

3. 引导幼儿学习合作，用动作表演。

幼儿以两人为一组，听着音乐，表演一下牛和斗牛士追逐的场景。此时B、C两段牛的表演动作可以让幼儿依据已经学习的内容自由发挥，不用再遵循教师的示范，让他们有所创造。

4. 综合表演。

教师把小朋友们分成两组——西瓜组和芒果组，两组轮流进行动作表演和配器。在表演中，进一步加深对音乐的印象，让活动在欢乐的气氛中结束。

四、教学建议

教师在配器时要尊重幼儿的选择，对于他们喜欢的乐器可以多次和其他乐器配合使用。在配器和表演活动中，用热情的语言、表情、动作让幼儿感受西班牙音乐的风格。

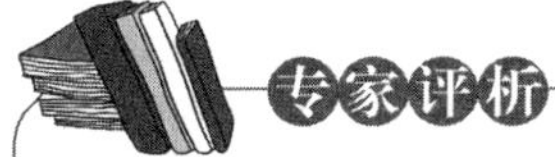

教师为游戏活动准备的乐器较为丰富，包括鼓、三角铁、双响筒、沙球、串铃、响板等，但为了教学的有序，一次演奏活动只运用两种乐器，当幼儿熟悉掌握之后再换乐器，以此感受不同乐器发出的音响效果。从教学效果看，幼儿因为好奇着、惊喜着手中不断变化的乐器，从而将注意力一直保持在学习的情境中。另外，教师将幼儿分为“西瓜组”和“芒果组”，轮流进行动作表演和配器表演，也使得教学气氛欢快而热烈。

5. 喜　洋　洋

1=G $\frac{2}{4}$

刘　明　源曲
杜　　倩设计

♩=100

|: 5 56 5 32 | 5 56 5 32 | 5652 5652 | 3 32 123 |

5 56 5 32 | 5 56 5 32 | 5652 5652 | 1265 1 5 |

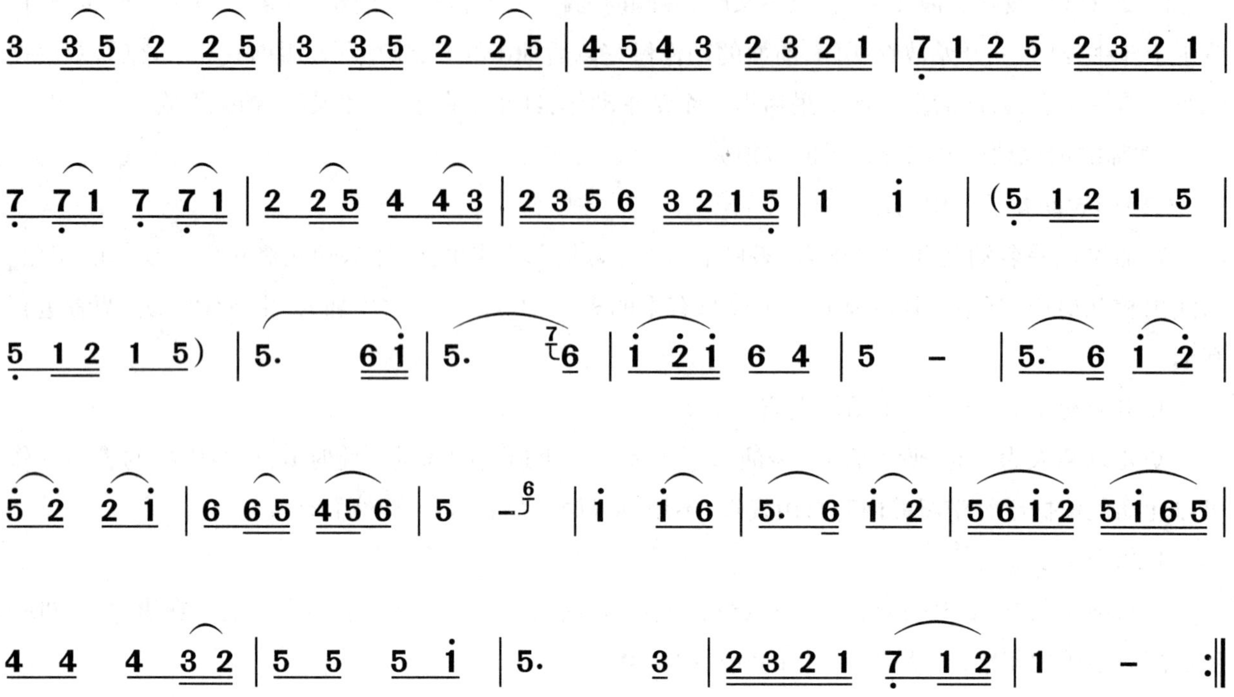

3 35 2 25 | 3 35 2 25 | 4543 2321 | 7125 2321 |

7 71 7 71 | 2 25 4 43 | 2356 3215 | 1 1 | (5 12 1 5 |

5 12 1 5) | 5. 61 | 5. 76 | 121 64 | 5 – | 5. 6 12 |

52 21 | 6 65 456 | 5 – 6 | 1 16 | 5. 6 12 | 5612 5165 |

4 4 4 32 | 5 5 5 1 | 5. 3 | 2321 7 12 | 1 – :||

一、活动目标

1. 对圆舞板、铃鼓进行深入的了解，感受它们发出的不同声音。

2. 学习圆舞板和铃鼓共同使用的方法和技巧。

3. 感受打击乐活动带来的乐趣，激发幼儿参与打击乐演奏活动的兴趣。

二、活动准备

物质准备：每人一个圆舞板和铃鼓、音乐《喜洋洋》。

经验准备：幼儿熟悉并会唱音乐《喜洋洋》，初步认识圆舞板、铃鼓等乐器。

三、活动过程

1. 问题导入，引发幼儿好奇心，提高幼儿参与兴趣。

教师："小朋友们知道老师在什么节日最高兴吗？（教师节）因为这个是我的节日。小朋友们过什么节日的时候最高兴啊？"

教师："小朋友们是不是觉得只要是节日就很高兴啊，因为过节日的时候会有很多让我们开心的事情，我们身边的每一个人都很高兴，所以气氛都喜洋洋的，是不是啊？今天呢，我们一起来听一首喜洋洋的儿歌吧。"

2. 活动展开。

（1）播放《喜洋洋》这首歌，感受儿歌情感。

教师："你们听了这首歌之后有什么感觉呢？是悲伤的？安静的？还是快乐的？是不是有一种特别快乐的感觉？这首儿歌的名字就叫作《喜洋洋》。"

（2）再次播放音乐，教师引导幼儿打拍子。

教师："小朋友们，我们现在再来听一遍《喜洋洋》，看看这首儿歌是属于轻柔、优美的还是属于令人激动、振奋人心的儿歌呢？那小朋友们可以跟老师一起来试着给这首儿歌打拍子吗？"（教师引导幼儿打出$\frac{2}{4}$拍的节奏音型）

（3）分发乐器，幼儿试奏乐器。

教师："老师现在会给每个人发两个小乐器，你们一只手拿着一个铃鼓，一只手拿着圆舞板，试一试能不能让它们一起发出声音呢？"

（4）教师引导幼儿正确演奏乐器。

教师："现在我们可以增加游戏的难度，看看有没有小朋友可以做到呢？你们可以先让你们手里一个乐器发出声音，然后下一次让另一个乐器发出声音。也就是两个乐器不能同时发出声音，让我看看哪个小朋友可以做到。"

教师："小朋友们有没有发现，我们演奏的时候圆舞板的声音没有铃鼓的大，我们如果想让两个乐器声音一样大应该怎么做呢？"

（5）演奏表演。

教师："刚才呢，小朋友们都很聪明，已经学会了新的演奏本领。现在让我们一起听着音乐再来表演一次，让老师看看哪个小朋友表演得最好，最喜洋洋。"

3. 活动小结。

教师："小朋友们，我们今天是不是很高兴？因为我们学会了一次使用两种乐器进行演奏；小朋友们今天回家以后可以自己玩一下这个游戏。"

4. 活动延伸。

教师："这是首好听的曲子，我们可以到表演区自己创编许多好看的舞蹈动作来表演它。"（可以请两个幼儿为一组合作、创编，最后展示自己创编的动作）

四、教学建议

1. 这个游戏中，对幼儿各方面的能力要求比较高，教师可以根据自己班级幼儿的情况做适当的调整。

2. 在活动组织的过程中，要注意让幼儿自己去发现如何协调使用两个乐器，而不是教师对幼儿作出演奏的具体要求。

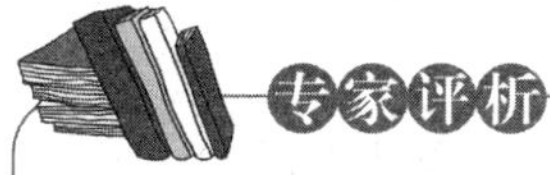

在本次活动中，教师注意幼儿自主发现能力的培养，让幼儿自主探索两个乐器同时使用的方法和技巧。如果过于突出自己的演奏就会使团队的演奏失去美感，如果过于突出自己手里一个乐器的演奏，就会忽视掉另一个乐器。这样的尝试不仅能够让幼儿自己对自己的能力有一个客观的认识，也能够让他们明白合奏的意义。

6. 爱　劳　动

1=F $\frac{2}{4}$

刘学银词
段福培曲
杜　倩设计

活泼而欢快

5 1 1 | 3 4 5 | 6 5 3 1 | 2 3 2 | 1 1 5 5 | 1 3 5 | 6 5 3 1 |

1.小 蜜 蜂， 嗡 嗡 唱， 花 园 里 面 采 蜜 忙， 热 爱 劳 动 真 勤 劳， 它 是 我 们

2.小 朋 友， 不 懒 惰， 穿 衣 穿 鞋 不 用 帮， 会 用 双 手 爱 劳 动， 学 好 本 领

结束句

2 2 3 | 1 2 3 | 1 0 :‖ 5 5 5 5 | 6 3 | 5 – | X 0 ‖

好 榜 样， 好 榜 样。

能 力 强， 能 力 强。 学 好 本 领 能 力 强。 嗨！

一、活动目标

1. 熟悉《爱劳动》的旋律及儿歌内容，了解儿歌所表达的快乐的情感。

2. 在演奏时，学会看教师的指挥，控制好自己的乐器。

3. 培养幼儿对劳动的热爱，感受音乐演奏活动的乐趣。

二、活动准备

物质准备：每人一个小铃、圆舞板、若干大鼓、图片《小蜜蜂》。

经验准备：幼儿听过《爱劳动》这首儿歌，有过劳动的体验。

三、活动过程

1. 图片导入。

引发幼儿兴趣：用小动物等幼儿常见事物图片引出幼儿对于爱劳动的概念。

教师："你们看老师今天带来了一幅关于哪个小动物的图片啊？你们仔细看一看图片中的小蜜蜂和小马在干什么呢？它们为什么要一直这样呢？有人要求它们这么做吗？小朋友们你们喜欢图片中的小蜜蜂和小马吗？"

教师："小朋友们觉得它们可爱是不是因为它们都特别爱劳动啊？那今天我们就来给《爱劳动》这首儿歌伴奏吧。"

2. 活动开展。

（1）播放《爱劳动》的音乐，引导幼儿边用拍手、拍腿的方法拍出节拍（X X X X X X X X；X X X X X X X X X X X X；X X X X），并启发幼儿做出用力劳动和高兴欢快的动作。

教师："现在老师要播放儿歌了，小朋友们要仔细地听哦，看看这首儿歌讲了一个什么故事。小蜜蜂都做了些什么，做得好不好呢？小朋友们听了这首歌以后是什么心情呢？悲伤还是快乐呢？小朋友们听的时候还可以像老师这样轻轻地打拍子。"

（2）分发乐器，请幼儿试奏乐器，启发幼儿看图片，用讨论、探索、尝试的方法为节奏乐配乐器。

教师："小朋友，老师为你们准备了两样小乐器，你们自己敲一敲、想一想，拍手的地方可以用什么乐器来敲？为什么？"（圆舞板；老师提醒幼儿听到欢快的音乐时圆舞板要休息不要发出声音，第二遍时边敲边加上跺脚和口喊：嗨）

教师:“小朋友们想一想,快的音乐,拍腿的地方,可以用什么小乐器来敲? 为什么?”(小铃;提醒幼儿在听到有力的音乐的时候,小铃要休息不敲)

(3)强化演奏效果,进一步烘托劳动音乐的气氛(启发幼儿想办法在强拍处加上大鼓和镲)。

教师:“刚才我们已经学会了怎么用圆舞板和小铃来给这个歌曲伴奏,老师现在要看看哪个小朋友可以把更多的乐器加进去。”

教师:“今天呢,我们用圆舞板、小铃、大鼓和镲来表演这首歌曲,有没有小朋友记得刚才演奏的时候老师说过哪些需要注意的地方吗? 那现在小朋友们可以分组和你们的小伙伴们讨论一下什么时候该用小铃,什么时候该用圆舞板,什么时候加大鼓和镲进去呢? 待会儿老师请小朋友上台来分享一下小组讨论的演奏方案。”

3. 活动小结。

教师:“我们今天学会了用这么多的乐器演奏,还能记住什么时候用哪个乐器,每个小朋友都很厉害。我们现在要玩一个与小蜜蜂相关的游戏,好不好啊?”

4. 活动延伸——健康活动《采花蜜》。

教师:“小朋友们既然这么喜欢小蜜蜂,我们现在就来玩个游戏吧,我们来模仿小蜜蜂去采蜜吧。”(组织幼儿模仿小蜜蜂的样子去采花蜜,花蜜可以用班级里的积木代替,最后看哪一组的小朋友采到的花蜜多就获胜)

四、教学建议

1. 这个活动用到的乐器比较多,让幼儿选择乐器的时候要把握好秩序,在时间富余的情况下,可以在整体演奏一次后进行再分组,从而让更多的幼儿有接触不同乐器的机会。

2. 在协调各个乐器音量的时候,如果幼儿自己演奏的效果不理想,可以让幼儿分组讨论一下每种乐器在演奏时的最佳音量,最终让幼儿掌握演奏时每种乐器的力度。

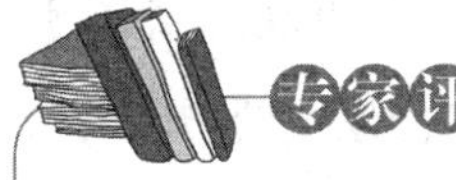

专家评析

在这个活动中,教师实践了分工合作性质的演奏,这样能够锻炼中班幼儿的合奏能力,同时也能让幼儿明白一个乐队并不是所有的人都是领奏,要有服从乐队的意识。教师在设定演奏方案的时候注重了幼儿的主体性地位,没有按照教师自己设定的方案演奏,而是尊重幼儿自己设定演奏方案,这样做有助于他们培养音乐的整体感觉。

第四节　大班幼儿演奏游戏的设计与指导

一、大班幼儿演奏能力的特征

(一)节奏感

大班幼儿小肌肉运动能力发展得较完善。他们会更关注演奏活动的背景音乐,能够很好地控制节奏节拍,完成多种节奏型,并保持节奏的稳定性。在演奏游戏中,他们有时能用不同的乐器轮流演奏;有时虽同时演奏,但需要各打各的节奏;有时在同一乐曲中用两到三种节奏进行配合演奏,并在不同节奏型的集体配合中,慢慢学会不受别人的影响,找到自己的声部和定位。

（二）音色感

对乐器音色的敏感度增强，能够分辨各种不同的打击乐器的音色特点和乐器发声构造。对于同一种乐器，演奏方法也更丰富、细化，比如说用捏奏法演奏响板。在演奏过程中这一年龄阶段的幼儿还会更加注意调整自己演奏方式和用力方法，开始有意识地控制适当的音量和音色。

（三）演奏能力

此年龄段的幼儿，已经掌握了很多的节奏型，因此在演奏过程中，能够始终与音乐的节奏、节拍相一致，同时对音乐节奏的表现力更强。他们还可以较为准确地演奏附点和切分节奏等结构相对复杂的乐曲，且努力使自己的演奏与音乐的速度、力度等表现手段相一致。另外，此阶段幼儿已经可以开展创造性的演奏活动了。在创造性的演奏活动中，幼儿不仅能够积极参与为乐曲选配合适的配器方案进行讨论，而且还能更自发地探索音乐，探索打击乐器的制作，以及大胆地尝试和参与即兴的指挥。

（四）合作意识

该年龄阶段的幼儿合作意识已经形成，能够在演奏游戏中进行良好的配合。他们能够在较多声部的合奏过程中主动调节好自己声部与其他声部间在节奏、音色、速度、力度上的合作要求。不仅能准确演奏自己的声部，而且能主动地关注整体效果。此阶段，幼儿的集体演奏能力增强，可以集体配合演奏一些曲目。对指挥手势的暗示理解能力进一步调高，甚至能学会看指挥的即兴变化来调整自己的演奏，还能与同伴以体态表情进行情感交流。

二、大班幼儿演奏游戏的设计

（一）乐器和音乐的选择

大班幼儿身心发展都有了着实的进步，无论是乐器的演奏技术，还是配器能力，大班幼儿都能够有更为丰富的表现。所以在乐器和音乐材料的选择方面，可以涉及更多的种类。在音乐的选择上，节奏还是应该尽量保持基本的节奏型，适当加入弱起、切分音、附点音符等音型，音乐结构也可以更为宽泛些，如多段体的结构在大班的音乐游戏中可以穿插一部分。

（二）活动目标

大班幼儿能够使用和掌握多种打击乐器的演奏方法，能用乐器表现音乐的快慢强弱，还能够更多地关注到演奏游戏的背景音乐，并且能够始终与背景音乐相配合，节拍相一致。他们也能够在多声部合奏的时候主动调节好自己的声部与其他声部的配合，更多地注意自己在节奏、音色、力度、速度上的表达和合作要求。在创造力上，他们可以表现得更为积极主动，不仅可以积极地参与搭配乐器的讨论，还可以自发地探索打击乐器的制作，并且大胆地尝试即兴演奏等。

（三）活动准备

1. 教师自身准备：乐器知识的了解、音乐材料的分析等。

2. 环境准备：教师的站位、班级黑板或环境的布置、幼儿桌椅的摆放等。

3. 情感准备：对各种配器效果可能产生的情感反应有所准备。

（四）活动过程

对于大班幼儿，教师要注意培养他们迅速正确地对教师的指挥手势作出反应和即兴弹奏乐器的能力。在游戏的过程中，教师可以随意地变化指挥的手势，如突然加快或放慢、突强或突弱等，培养幼儿演奏时看指挥的习惯，这点可以在游戏开始前就提示幼儿。教师要通过正面的、积极肯定的评价方式来培养他们这个良好的习惯。在游戏的过程中，教师要对大班幼儿提出倾听的要求，培养他们倾听他人的声音，这种声音包括：他人的演奏、他人的创意和集体的意见等。

（五）教学建议

由于大班幼儿的自主性更加强了，所以教师应让幼儿选择自己能够驾驭的乐器，给幼儿更多的空间来表现和表达自己。还要注意的一点是：教学示范的时候教师要做到节奏准确、结构完整，给幼儿的模仿和再创造打下一个坚实的基础。

三、大班幼儿演奏游戏的课例

1. 水果恰恰恰

印度尼西亚民歌
阿里戛尔索词曲
谢 彩 月译配
朱 婷 婷设计

1=F $\frac{4}{4}$

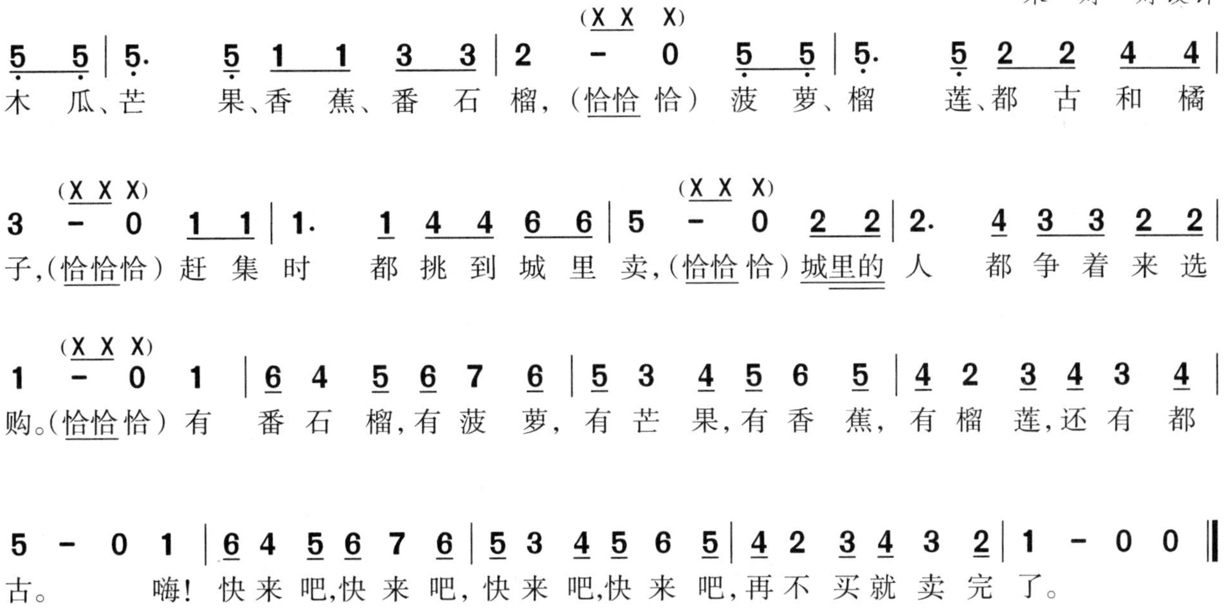

(X X X)
5 5 | 5. 5 1 1 3 3 | 2 - 0 5 5 | 5. 5 2 2 4 4 |
木 瓜、芒 果、香 蕉、番 石 榴，（恰恰 恰） 菠 萝、榴 莲、都 古 和 橘

(X X X) (X X X)
3 - 0 1 1 | 1. 1 4 4 6 6 | 5 - 0 2 2 | 2. 4 3 3 2 2 |
子，（恰恰恰） 赶 集 时 都 挑 到 城 里 卖，（恰恰 恰） 城里的 人 都 争 着 来 选

(X X X)
1 - 0 1 | 6 4 5 6 7 6 | 5 3 4 5 6 5 | 4 2 3 4 3 4 |
购。（恰恰 恰） 有 番 石 榴，有 菠 萝，有 芒 果，有 香 蕉，有 榴 莲，还 有 都

5 - 0 1 | 6 4 5 6 7 6 | 5 3 4 5 6 5 | 4 2 3 4 3 2 | 1 - 0 0 ‖
古。 嗨！快 来 吧，快 来 吧，快 来 吧，快 来 吧，再 不 买 就 卖 完 了。

一、活动目标

1. 乐于发现生活中能够发出声音的物品。

2. 尝试各种不同的方法为乐曲进行伴奏。

二、活动准备

物质准备：小乐器：串铃、响板、小铃、小鼓、三角铁、铃鼓等、音乐《水果恰恰恰》、各种常见水果图片（例如：苹果、桔子、西瓜、柚子、葡萄、梨等）、谭盾有机音乐视频。

三、活动过程

1. 图片导入，启发幼儿对水果的已有经验。

教师："秋天到了，水果大丰收啦！小朋友们，你最喜欢的水果是什么呀？为什么？"

预设幼儿：

（1）苹果→教师回应→苹果，又大又圆营养好！

（2）柿子→教师回应→柿子，软绵绵，黏糊糊！

（3）柚子→教师回应→柚子，酸酸甜甜，有点苦！

（根据幼儿讲到的水果，一边出示图片，一边把幼儿的描述概括成有节奏的语句。）

2. 选择小乐器，用不同的方法进行伴奏。

教师："原来，秋天的水果，种类丰富又好吃！那让我们每人选一件小乐器来庆祝一下这水果丰收的季节吧！"

（幼儿每人选一件乐器跟着音乐《水果恰恰恰》进行合奏，教师注意将幼儿先前描述水果的样子，有节奏地放入歌曲中演唱。）

教师："请你来说一说，刚才你用的是什么乐器呢？你是用什么方法让它发出声音的呢？"

预设幼儿：

（1）敲一敲让小铃发出声音。（教师可以让幼儿上前演示）

（2）拍一拍让响板发出声音。

（3）摇一摇让串铃发出声音。

教师小结：原来，用敲、摇、拍……（根据幼儿所提到的方法）各种方法都可以让小乐器发出声音。

教师："小朋友们，想不想试一试用别的乐器，尝试新的办法来庆祝水果大丰收呀？"（播放音乐，请幼儿选择一件未尝试过的乐器进行演奏）

教师："敲敲打打庆祝水果大丰收真是太高兴啦！你们就像小乐队一样神气！"

3. 寻找生活中能发出声音的物品，并尝试用不同的方法进行伴奏。

教师："想一想，除了用小乐器，还能用什么敲敲打打、庆祝水果大丰收呢？"

预设幼儿：

（1）用豆子放在瓶子里摇一摇。

（2）用两个杯子碰一碰。

（3）用瓶子敲地板。

教师："看来，你们都已经发现了教室里有许多能够发出好听声音的东西啦！接下来，请你们仔细找一找还有哪些东西，可以用什么方法，让它发出好听的声音吧。"

幼儿开始在教室里找寻，教师进行个别观察。（播放《水果恰恰恰》音乐）

教师："谁来介绍一下自己找到的能发出好听声音的东西呢？请你告诉大家你是用什么方法让它发出声音的？"

幼儿展示物品及方法，教师根据方法类别请幼儿进行分批表演。

预设：用豆子放进瓶子，摇一摇。教师回应："谁也是用摇一摇的方法，请你也上来一起演奏吧。"（播放音乐《水果恰恰恰》）

教师小结：原来，生活中普普通通的东西，就可以代替小乐器发出好听的声音，来为音乐伴奏。

4. 观看视频，尝试用不同方法演奏生活中的物品。

教师：“有一位本领很大的叔叔，他用生活中普通的东西，发出了各种不同的、好听的声音，请你们一起来欣赏一下。”（播放视频）

教师：“请小朋友们来说一说，这位叔叔用了哪些办法让纸发出了各种声音呢？”

教师：“同样一件东西，可以用许多不同的方法，让它发出不一样的声音，真是太有趣了，请小朋友们想一想，你们刚才找的那些东西可不可以用不一样的方法来演奏呢？”

（播放音乐，请幼儿演奏，教师在幼儿演奏过程中，要注意观察幼儿所用的不一样的方法。）

教师总结：其实，在我们的生活中，还有许多东西都能够发出各种好听的声音，请你也动动小脑筋，仔细找一找吧。

四、教学建议

1. 整个游戏过程中，多次让幼儿跟着乐曲进行演奏，在幼儿演奏过程中，教师要善于发现幼儿使用的不同方法，并在集体中进行展示，以启发其余幼儿创造出新的演奏方法。

2. 在游戏过程中，教师要注意提醒幼儿在拿取和放置乐器时的规矩。

3. 在音乐活动中，教师应注意多用有节奏感的语句吸引幼儿，对幼儿的回应需紧密联系环节目标。

专家评析

此游戏活动的亮点在于教师的教具使用。教师除了让幼儿学习使用常规的打击乐器外，还让幼儿寻找并尝试使用生活中能发出声音的物品。如“豆子放在瓶子里摇一摇”“用两个杯子碰一碰”“用瓶子敲地板”等。一方面发展了幼儿的想象力、创造力，另一方面也极大地丰富了课堂教学手段和教学资源。结尾部分观看的视频，将游戏活动很好地做了延伸，鼓励幼儿进一步在生活中进行探索。

2. 夏天的雷雨

盛璐德词
马革顺曲
黄 嫣设计

1=C $\frac{2}{4}$

愉快地

5 5 5 | 6 6 5 | i i 6 3 | 5 - | 1 1 1 |
1. 天空中，一闪闪，什么光发亮？ 天空中，
2. 一闪闪，一闪闪，天上闪电亮，轰隆隆，

5 5 3 | 5 5 4 3 | 2 - | 5 5 5 | 6 6 5 |
轰隆隆，什么声音响？ 天空中，哗啦啦，
轰隆隆，打雷声音响。 哗啦啦，哗啦啦，

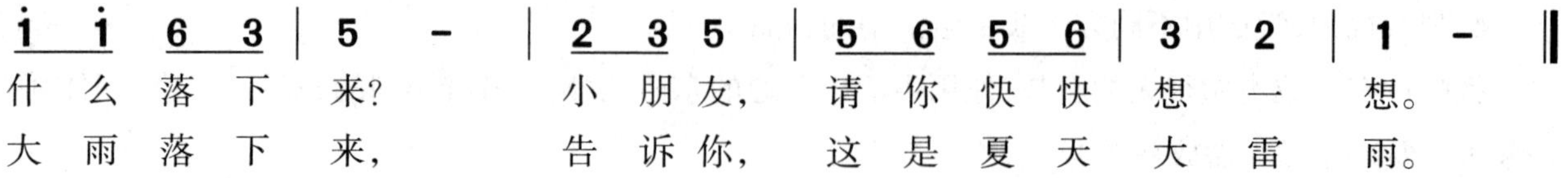

i̇ i̇ 6 3	5 -	2 3 5	5 6 5 6	3 2	1 - ‖
什 么 落 下	来?	小 朋 友,	请 你 快 快	想 一	想。
大 雨 落 下	来,	告 诉 你,	这 是 夏 天	大 雷	雨。

一、活动目标

1. 发现雷声和雨声的不同之处，并尝试用不同的乐器和节奏进行模仿表现。

2. 尝试体验合奏游戏的快乐。

二、活动准备

物质准备：

（1）歌曲《夏天的雷雨》。

（2）描绘小雨、大雨、打雷的图片和音频声音。

（3）PPT：三种节奏。

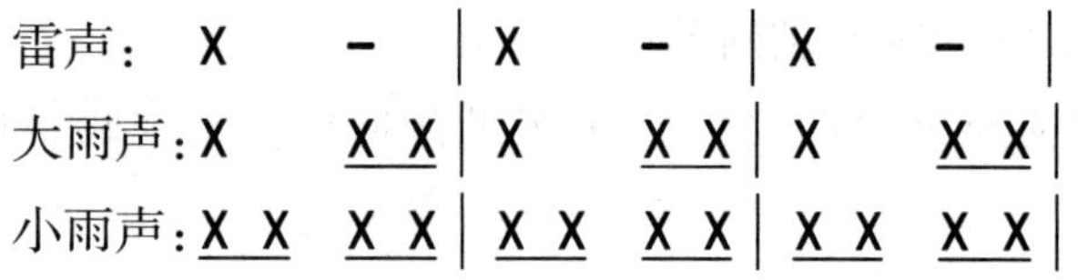

雷声： X - | X - | X - |

大雨声：X X X | X X X | X X X |

小雨声：X X X X | X X X X | X X X X |

（4）塑料瓶装的黄豆、大米若干瓶，不锈钢锅盖、塑料纸等自然模声“乐器”若干。

三、活动过程

1. 比较雷声和雨声。

（1）“你从这张图片上发现了什么？”（出示打雷图片和播放声音）

（2）“什么时候会打雷？打雷时的声音是什么样的？”

（3）“打雷以后，天空会有什么现象？”

（4）“比一比这两种下雨声有什么区别吗？它们听上去怎么样？”（出示大雨和小雨图片和播放雨声）

（5）“雷声和雨声有什么不同的特征吗？”

小结：自然界一般总是先打雷再下雨，雷声是轰隆隆的，雨声是淅沥沥的；雷声的间隔时间长，而雨声比较密集；雷声响，雨声轻，大雨的声音比小雨响。

2. 使用模声“乐器”表现雨声和雷声。

（1）交流各自收集的模声“乐器”。

①“试试这些材料可以发出哪些声音？”

②“瓶子里装的东西和声音的轻响有关系吗？”

③“你用什么来表现你听到的声音？大家想想听到的声音像什么？”（出示相应的节奏符）

④“怎样才能让这些‘乐器’发出的声音更像、更好听？”

小结：造成声音轻响的原因有手的力度、物体的材质等，可以通过选择合适的模仿物、均匀手的力度和一样的节奏间隔使声音更整齐、更像、更好听。

（2）集体使用模声“乐器”。

“请选择你喜欢的‘乐器’进行模仿，每个小组分别推选三个人来合奏。”

“你们觉得这样的合奏有什么问题？怎么办？”

小结：大家既要按照自己模仿的声音进行演奏，又要有一致的节奏间隔，使这些声音更整齐、和谐。

3. 尝试听音乐合奏。

（1）幼儿合奏。（播放音乐）

（2）“这次演奏觉得怎么样？怎样让我们的演奏听上去更整齐？”

小结：

（1）每个人根据自己模仿的节奏发音，选择同一种节奏的人要根据节拍同时发出、结束声音。

（2）每一种“乐器”可以对应模仿一种节奏，如：第一组幼儿都使用棒子敲击不锈钢锅盖发出打雷声；第二组幼儿都晃动塑料瓶里的黄豆模仿大雨的声音；第三组幼儿拿塑料纸模仿小雨声。

（3）其他的根据幼儿具体情况来总结。

四、教学建议

1. 本次活动涉及到三种不同的节奏型，教师可根据本班幼儿的音乐发展水平作出调整，可以先尝试打击两种有明显区别的声音（雷声、大雨声）。

2. 教师可将本次活动延伸到区域游戏中，提供更多能发出声音的生活材料，供幼儿在操作中发现每种材料所能发出的独特声音。

这是一个颇具创意的演奏游戏课例，其中有两点特别值得肯定：一、用生活用品替代打击乐器作为教学用具来使用的尝试很有意义，它更能引发幼儿对日常生活用品的观察力和想象力；二、教师的提问很有层次感。环环相扣的提问和追问，既具有启发性，又给了幼儿相对独立思考的空间，使得幼儿能跟随教师的节奏始终专注于学习和思考。

3. 小　青　蛙

1=D 2/4

汪爱丽词曲
王　燕设计

5	3	3	3	5	3	3	3	5.	6	5	3	4	2.
小	青	蛙	呀，	小	青	蛙	呀，	在	池	塘	边	玩	耍，
咕	哇	呱	呱，	咕	哇	呱	呱，	在	池	塘	边	玩	耍，

4	2	2	2	4	2	2	2	4.	5	4	2	3	1.
东	边	跳	跳，	西	边	跳	跳，	多	么	快	乐	逍	遥。
咕	哇	呱	呱，	咕	哇	呱	呱，	多	么	快	乐	逍	遥。

一、教学目标

1. 在熟悉歌曲的基础上进行节奏游戏，初步感知二分、四分节奏及休止符。

2. 在活动中进一步感受春天的美丽。

二、教学准备

物质准备：多媒体课件、磁性青蛙若干、音乐《森林狂想曲》《小青蛙》《柳树姑娘》。

经验准备：幼儿学习过歌曲《柳树姑娘》。

三、教学过程

1. 导入——通过歌曲感受春天。

（1）播放背景音乐《森林狂想曲》，在音乐声中幼儿入场。

教师："春天到了，万物复苏，我们的周围有哪些变化？"（小草长出来了，各种各样的花开了，燕子飞回来了……）

"春天里，柳树长长的枝条就像个姑娘，拖着长长的辫子，在春风里轻轻地摇摆，让我们用一首好听的歌来唱一唱吧。"（演唱歌曲《柳树姑娘》）

（2）"春天的池塘边，会有谁来玩？"（播放歌曲《小青蛙》）

2. 节奏游戏。

（1）感知二分节奏。

①（出示图谱）"瞧！小青蛙们都来聚会了，看一看来了几只小青蛙？"

⊙	⊙	⊙	⊙
⊙	⊙	⊙	⊙
⊙	⊙	⊙	⊙
⊙	⊙	⊙	⊙

教师："一间房子住一只青蛙，让我们用小青蛙的叫声和每一个小青蛙打招呼吧。"

（教师点青蛙，幼儿一格一格学青蛙叫。）

②"我们和着《小青蛙》的音乐来叫一叫，听听是什么效果。"（教师随音乐点青蛙，幼儿学青蛙叫）"音乐结束了，我们的叫声也结束了。"

（2）感知休止。

①"有四只小青蛙要到岸上休息去了，看一看请哪四只青蛙去休息？"（教师根据幼儿建议每行拿掉一个青蛙，出现空格，如图）

⊙	⊙	⊙	
⊙		⊙	⊙
⊙	⊙		⊙
	⊙	⊙	⊙

教师："没有青蛙的地方怎么办？"（不唱）幼儿尝试看图唱带休止的歌曲。

②"有什么办法可以帮助我们在空格的地方不叫出声？"（握拳，做休止手势）

③再次尝试。

（3）感知四分节奏。

①"看到你们唱得这么开心，有两只青蛙要回来了，不过这次是和它的朋友住在一起，两只青蛙在一起该怎么叫？"（幼儿尝试后教师正确示范四分节奏）

⊙	⊙	⊙⊙	
⊙		⊙	⊙
⊙	⊙⊙		⊙
	⊙	⊙	⊙

② 两只青蛙和一只青蛙叫有什么区别？（幼儿练习四分节奏的叫声）

③ 跟着音乐试一试，幼儿和着音乐看图唱节拍(教师手势帮助)。

教师："除了叫声，还可以用什么动作来表现节奏？"（幼儿用肢体动作表现图中的节奏）

3. 提升。

"除了叫声，我们还可以用什么方法做节奏游戏？"（拧指、拍手、拍腿等）请幼儿选其中两种方法尝试。原来有很多方法都可以玩节奏游戏，我们下次再来玩。

四、教学建议

本节课重点在于十六宫格的教学运用，让幼儿在随机的节奏游戏中掌握各种节奏。

专家评析

幼儿非常喜欢玩演奏游戏，但是在游戏中他们往往对乐器更感兴趣，一拿乐器就不停地敲，不去关注其中的节奏和规则，随意性比较大。《小青蛙》这个游戏活动的设计，则针对的是对幼儿节奏的培养，它为将来有质量地开展演奏游戏打下了良好的基础。这个游戏中的图谱设计可谓是独具匠心，使颇具难度的二分、四分节奏及休止的学习变得生动有趣，让幼儿在学习中体验了节奏活动的乐趣。

4. 袋鼠妈妈上学去

孙嘉祯词
刘为光曲
王 燕设计

1=D $\frac{4}{4}$

5. 5 1 1 | 2 1 7 6 5 - | 3 3 3 3 3 4 5 1 | 7 1 2 3 2 - |
袋 鼠 妈 妈 上 学 去， 一 蹦 一 跳 真 欢 喜 真 欢 喜，

5. 5 1 1 | 2 1 7 6 5 - | 3 4 5 1 2 3 4 2 | 1 3 1 - |
毛 茸 茸 的 大 书 包哇！ 藏 在 肚 肚 里，肚 肚 里。

4. 5 6 6 | 3 4 5 5 - | 2. 3 4 5 | 4 3 2 1 3 - |
打 开 书 包 看 一 看， 装 的 不 是 书 和 笔，

4. 5 6 6 | 3 4 5 5 - | 2 3 4 5 4 3 2 1 | 7 2 1 - |
打 开 书 包 看 一 看， 哎 嘿 是 个 小 BABY！

一、活动目标

1. 在熟悉歌曲的基础上学习看图谱，尝试用小乐器为歌曲伴奏。

2. 体验与同伴合作表演的乐趣。

二、活动准备

物质准备：PPT、小乐器若干、歌曲《妈妈的眼睛》、歌曲《袋鼠妈妈上学去》。

经验准备：幼儿会唱《妈妈的眼睛》。

三、活动过程

1. 复习歌曲。

（1）演唱歌曲《妈妈的眼睛》。

教师："不知不觉你们已经长大，马上要进小学做一名小学生了。看到我们长大谁最高兴？妈妈哺育我们长大，她是最关心、最爱护我们的人，让我们用一首好听的歌来表达对妈妈的感情。

（2）歌表演：《袋鼠妈妈上学去》。

教师："你们马上要做小学生了，有个可爱的动物也要去上学，它是谁？我们用歌声来告诉大家。"

2. 学习看图谱（PPT）。

（1）（图谱一）"老师带来了这首歌的节奏谱，大家一起来学习一下。"（请幼儿看谱拍节奏）

⊙ ⊙ | ⊙ ⊙ ⊙ | ⊙ ⊙ ⊙ ⊙ | ⊙ ⊙ ┼袋鼠 1

⊙ ⊙ | ⊙ ⊙ ⊙ | ⊙ ⊙ | ⊙ ⊙ ⊙ | 2

⊙ ⊙ | ⊙ ⊙ | ⊙ ⊙ | ⊙ ⊙ ⊙ | 3

⊙ ⊙ | ⊙ ⊙ | ⊙ ⊙ ⊙ | ⊙ ⊙ ‖ 4

（2）（图谱二）"节奏谱有了什么变化？看懂了什么？"（原来我们要用小乐器来演奏节奏谱）

① 提问:“~”这个符号代表什么意思?(铃鼓颤的意思)

“最后一小节为什么有三种小乐器?”(乐曲终止,所有的乐器一起演奏)

② 幼儿选择乐器,看图谱演奏。

③(图谱三)“又有什么变化?”

讨论:为什么小铃出现在铃鼓的后面?(个别幼儿合作演奏)

集体演奏,并倾听演奏效果。

(4)(图谱四)“最后一个乐句的配器消失了,请大家帮忙配上。”

有三个条件:① 要和小组同伴一起商量完成。

② 完成以后能分工演奏并倾听效果。

③ 必须在五分钟里完成。

3. 幼儿分组为歌曲最后一句配器。

(1)幼儿商量合作,教师巡回观察,协助幼儿完成配器。

(2)介绍方案并演奏,体验与同伴合作的快乐。

四、教学建议

本节课配器的操作是建立在幼儿对图谱的前经验之上,注意在演奏前帮助幼儿巩固和掌握乐谱的特点,学习根据图谱来选择乐器和节奏型。

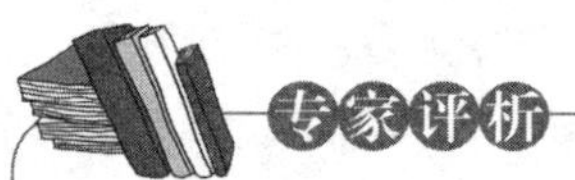

从教师出示的四张图谱可以看出，这个游戏活动的设计是富有层次感的。第一张让幼儿看图谱拍节奏；第二张用单一乐器演奏图谱；第三张合奏乐器演奏图谱；第四张图谱缺少最后一个乐句，需要幼儿帮忙配上。这四张图谱的设计充分表明了教师的教学思路清晰，环节分明，层层递进。它不仅让幼儿在情趣盎然的游戏中不断强化所学知识，在不知不觉中掌握了知识，更重要的是让他们感受到了学习的乐趣。

5. 土耳其进行曲

1=C $\frac{2}{4}$

贝 多 芬曲
杜 倩设计

5 3 3 3 | 5 3 3 3 | 2 1 7 6 5 4 | 3 4 5 | 5 3 3 3 | 5 3 3 3 |
p
3 1 1 3 | 3 1 1 3 | 2 1 7 6 5 4 | 1 2 3 | 3 1 1 1 | 3 1 1 3 |
p
1 0 0 | 1 0 0 | 1 0 1 0 | 1 1 1 | 1 0 0 | 1 0 0 |
0 X X X | 0 X X X | 0 X 0 X | X X X | 0 X X X | 0 X X X |
C C C C C C

2 1 7 6 5 #5 | 6 6 0 | 1 6 6 6 | 2 7 7 7 | 2 7 2 7 | 3 1 3 1 |
2 1 7 6 5 7 | 1 1 0 | 6 3 3 3 | 5 2 2 2 | 4 2 4 2 | 5 3 5 3 |
f
1 0 3 0 | 6 0 0 | 6 0 0 | 5 0 0 | 5 0 5 0 | 1 0 1 0 |
f
0 X 0 X | 0 X X X | 0 X X X | 0 X X X | 0 X 0 X | 0 X 0 X |
C G_7 Am Am G_7 G_7 C

5 3 3 3 | 5 3 3 3 | 2 1 7 6 5 7 | 1 3 3 3 3 | #2 2 3 #4 7 | 5 5 #4 3 |
3 1 1 1 | 3 1 1 3 | 2 1 7 6 5 7 | 1 0 0 | #2 – | 3 3 1 |
1 0 0 | 1 0 0 | 1 0 5 0 | 1 0 0 | 7 0 0 | 3 0 0 |
0 X X X | 0 X X X | 0 X 0 X | X 0 0 | 0 X X X | 0 X X X |
C C C G_7 C B_7 Em

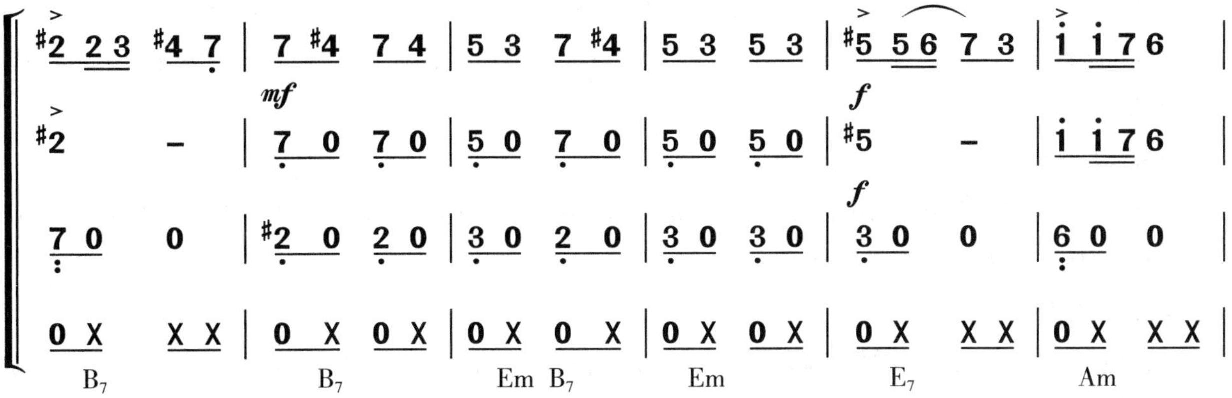

#2 2 3 #4 7 | 7 #4 7 4 | 5 3 7 #4 | 5 3 5 3 | #5 5 6 7 3 | 1̇ 1̇ 7 6 |

mf f

#2 – | 7 0 7 0 | 5 0 7 0 | 5 0 5 0 | #5 – | 1̇ 1̇ 7 6 |

f

7 0 0 | #2 0 2 0 | 3 0 2 0 | 3 0 3 0 | 3 0 0 | 6 0 0 |

0 X X X | 0 X 0 X | 0 X 0 X | 0 X 0 X | 0 X X X | 0 X X X |

B_7 B_7 Em B_7 Em E_7 Am

一、活动目标

1. 熟悉《土耳其进行曲》的旋律，能够找出相应的图形乐谱。

2. 引导幼儿学看指挥，分声部进行演奏。

3. 引导幼儿在听和演奏之间建立一种感觉上的联系，体验到音乐演奏的乐趣。

二、活动准备

物质准备：碰铃、大鼓、响板、铃鼓、吊钹各十个，音乐《土耳其进行曲》，图形乐谱。

经验准备：幼儿听过《土耳其进行曲》，有过分声部演奏的经验。

三、活动过程

1. 律动导入。

播放音乐，教师带领幼儿进入活动室。

教师："小朋友们，你们可以像老师这样，拍手或者跺脚，也可以选一些你们自己喜欢的动作，跟着这首歌的节奏，和老师一起感受这首歌欢快活泼的旋律吧。"

教师："今天我们要认识一些新的乐器朋友和一些图形乐谱，看看哪个小朋友学得最快！"

2. 活动开展。

（1）出示乐谱，引导幼儿初步认识图谱。

教师："小朋友们，你们先仔细看看这张图谱，你们会选择用什么方法来记住它呢？那这张呢？那你们觉得可以用什么声音来表示这张图谱呢？"（教师引导幼儿为这些图谱选择合适的拟声词）

（2）分发乐器，引导幼儿根据图谱选择合适的乐器。

教师："小朋友们，刚才老师给大家发了几种乐器，你们可以先敲一敲、听一听、看一看哪种乐器适合哪个图谱，等会儿老师会进行提问的哦。"

教师："现在我们再来听一遍音乐，小朋友们可以指着图形乐谱，有节奏地读出这些图谱，看谁读得最快最好。"教师引导幼儿进一步熟悉图形乐谱和歌曲节奏，加深幼儿印象，对表现好的幼儿及时进行表扬。

（3）划分声部，选择乐器，进行演奏。

教师："现在小朋友们可以选择自己喜欢的一个声部，选择一个自己喜欢的乐器，按照声部位置做好，每个声部最多有十个人，小朋友们要仔细数数哦。"

教师:“刚才小朋友们已经跟着老师进行过分声部演奏了,现在我们就要正式开始演奏了。演奏的时候我们不可以发出声音,可以用乐器代替它所对应的拟声词,我们一起合一遍音乐吧。”(教师指挥幼儿进行完整演奏)

3. 活动小结。

教师:“老师发现有好多小朋友已经学会演奏完整歌曲了,那我们请几个小朋友上来代替老师来指挥演奏好吗?看看谁表现得最好。”

4. 活动延伸:“画图谱”。

教师:“小朋友们刚才按照老师画的图谱完成了整首歌的演奏,那你们现在去美工区画出自己特有的图形乐谱吧,最后把作品带回家给爸爸妈妈看一看。”

四、教学建议

此次教学活动在让幼儿选择乐器所对应的图形乐谱的时候,教师只是引导幼儿自己探索答案,忽略了幼儿同伴间的交流。在此活动中,如果采用小组讨论选择图谱对应乐器的方法,可以让幼儿进行充分的交流,加深幼儿对乐器和图谱的印象,从而达到很好的教学效果。

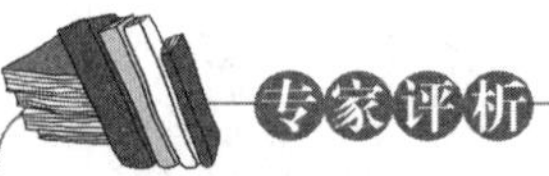

在这个活动中,首先,教师注意到了赞美幼儿,激发了幼儿的自信心,引导幼儿在获得成就感中进行快乐的学习与演奏。其次,教师让幼儿代替老师进行指挥,这就为幼儿提供了具体操作的能力和条件,通过幼儿自主性表演,激发了幼儿在演奏活动中的兴趣。在此次活动中,教师也发挥了多方面的技能,充分考虑到了大班音乐活动要丰富饱满,形式多样,引导幼儿对音乐演奏有一个全面的学习和掌握。

6. 放　风　筝

1=♭B $\frac{2}{4}$

河北民歌
杜　倩设计

5 3 2123 | 5 53 5 56 | 1. 2 3532 | 1 – |
X X | X X X X | X X | X X X X |
走 走 跑 跑, 跑 跑 走 走, 跑 跑 跑 跑

1 1 6 323 | 323 26 1 | 7 65 3523 | 5 – |
X X | X X X X | X X | X X X X |
走 走, 跑 跑 跑 跑 走 走, 跑 跑 跑 跑

2 32 1 61 | 2 32 1 | 3. 235 6561 | 5 53 5 56 |

上面（放风筝），跑 跑 跑 跑 上 面（放风筝），跑 跑 跑 跑

776 5 35 | 6 61 #443 | 2.3#45 34 32 | 1. 61 | 553 2123 |

上面（放风筝），跑跑 跑跑 上 面（放风筝），跑跑跑跑 走 走，

5. 3 5 6 | 7 76 5 35 | 6 61 #4 43 | 2 12 3532 | 1 - ‖

跑跑 跑跑 走 走，跑跑 跑跑 拍 手 拍 手。

一、活动目标

1. 在幼儿熟悉乐曲的基础上，感受河北民歌的特点。

2. 能在教师的指挥下，完成整首乐曲的打击乐演奏。

3. 在演奏活动中体会演奏活动的乐曲，培养幼儿演奏的兴趣。

二、活动准备

物质准备：碰铃、打棒、串铃各十个，音乐《放风筝》，有关风筝的图片、图谱。

经验准备：幼儿听过歌曲《放风筝》，有过放风筝的经验。

三、活动过程

1. 情境导入。

教师提问，引发幼儿参与兴趣。

教师："你们放过风筝吗？和谁一起放的呢？放风筝要用什么动作风筝才会飞得更高呢？"（教师通过提问，引出风筝话题）

教师："老师有一些关于放风筝的图片，我们一起来看一看，看看这些小朋友是怎样放风筝的呢。"

2. 活动开展。

（1）播放河北民歌《放风筝》，请幼儿感受整首乐曲的特点。

教师："小朋友们，我们先来认真听一首关于放风筝的歌曲，看看这首乐曲有什么特点，它讲了谁和风筝的故事。小朋友们在听的时候可以用手打拍子。"（引导幼儿进一步体验音乐）

（2）再次播放音乐，请幼儿进行身体动作练习。

教师："小朋友们，我们再来听一遍音乐，这一次呢，我们可以按照歌词来进行演奏，歌词唱到'走'的时候我们就慢慢地走；歌词里唱'跑'的时候我们就开始轻轻地跑；唱'放风筝'的时候我们就停下来做出放风筝的动作好吗？"（提醒幼儿在活动中注意安全）

教师："这些是这首曲子的图谱，我们可以先来看一看这些图谱，想一想，每张图谱要用什么乐器来演奏呢？"（教师引导幼儿按照图谱选择乐器）

（3）引导幼儿根据乐曲特点，制定演奏方案进行演奏。

教师："小朋友们按照自己的特长，选择声部还有乐器，站到自己对应的位置上，并且思考一下这首民歌可以用什么方法演奏呢？小组内成员可以互相讨论一下，最后汇报小组成果。"

教师："现在，制定好演奏方案的小组可以上台来分享一下你们小组的成果了，看看哪组的方案更适合演奏呢？"（教师引导幼儿讨论出合适的演奏方案）

教师："我们已经讨论了这么长时间了，可以一起来试着演奏一下，是不是这组的演奏方案更适合呢？"

3. 活动小结。

教师："今天老师发现了好几个小朋友学会了同时用两种乐器演奏，以后我们也要向他们学习哦。现在小朋友们收好各自的乐器，回到自己的座位上把。"

4. 活动延伸：健康活动"放风筝"。

教师："小朋友们，我们已经学会了今天的演奏曲目《放风筝》，那你们想不想带着我们的风筝去操场上亲自体验一下呢？"

四、教学建议

1. 在小组讨论制定好演奏方案后，教师可以指挥幼儿对每一组的演奏方案进行演奏，让幼儿在演奏的过程中发现方案的不足，从而引导幼儿讨论并修改演奏方案。

2. 此次活动可以增加乐器的种类，尝试用6—8种乐器为乐曲伴奏，营造活泼欢快的气氛。

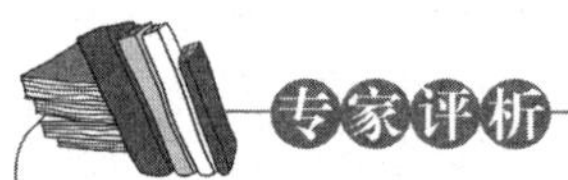

本次打击乐创编活动是在老师的启发、引导、帮助下进行的。教师十分了解幼儿的创编能力，没有让幼儿听着乐曲就进行创编活动，而是事先让幼儿熟悉图谱，然后思考如何将乐器和图谱对应起来，最后让幼儿分组进行讨论，最后制定出演奏方案。这样的创编活动，降低了创编的难度，使幼儿的创编活动更加具有自主性，让幼儿体验到了成就感。

第五章　幼儿欣赏游戏

音乐欣赏即欣赏者对音乐表现的情感体验。音乐欣赏的过程就是感情体验的过程，同时也是欣赏者自己的情感经验与音乐的情感表现相互交融、发生共鸣的过程。幼儿的欣赏能力作为一种重要的音乐能力，在幼儿的音乐活动中起到极其重要的作用。任何的音乐活动都要建立在幼儿会欣赏的基础之上。音乐欣赏活动不仅可以愉悦幼儿情绪，启迪幼儿智慧，发展幼儿思维，更能激发他们的想象力、创新能力和创造热情。

欣赏游戏与歌唱游戏、律动游戏和演奏游戏相比，受场地、器材、活动形式的限制较少，所以授课的方式较为灵活。由于音乐抽象性的特点，在欣赏游戏中，欣赏者对音乐的理解和表现没有统一的标准，较之其他的音乐活动，欣赏游戏能够为幼儿提供更自由和宽广的想象空间。

第一节　幼儿欣赏游戏概述

一、幼儿欣赏游戏的定义

音乐欣赏是指以具体音乐作品为对象，通过聆听的方式及其他辅助手段体验和领悟音乐的真谛，从而得到精神愉悦的一种审美活动。而幼儿的欣赏游戏则是在教师的引导、启发下，幼儿通过聆听这一行为，进行音乐情感体验，并将这种体验以游戏的方式进行表达的音乐活动。通俗地讲，就是在欣赏游戏中让幼儿听音乐，并将自己的感受、内心体验通过语言、动作、歌唱、演奏等方式自由地表达出来，投入音乐的情感之中进行自由想象。

一般的音乐欣赏活动，我们分为两步：聆听与感受、分析与理解。然而在幼儿欣赏游戏中，聆听与感受是主要内容，对音乐的分析与理解是让幼儿在游戏的基础上潜移默化去体验的。

二、幼儿欣赏游戏的形式

幼儿的欣赏形式不同于成人，成人可以进行抽象的聆听，不需要任何的辅助手段。而幼儿由于其抽象能力较弱，许多抽象的概念要依靠具体的形象思维进行。所以在幼儿音乐欣赏活动中，教师将采用多种多样的形式，引导幼儿参与到音乐欣赏中来，通过故事、图片、表演等手段帮助幼儿了解音乐背景、学习音乐知识、体会音乐情感。

（一）用讲故事的形式引导

幼儿都喜欢听故事，听故事是最能够吸引幼儿注意力的活动。所以，在欣赏活动之前，教师可以用一个故事来引出所要欣赏的音乐。这个音乐可以表现故事里的一个人物形象，可以表现故事里经常出现的情节、情景，也可以是故事最终表达的一种情绪、情感、感受。例如：我们欣赏《彼得与狼》的片段，教师可以先将《彼得与狼》的故事结合图片讲给孩子听，为音乐形象做一个铺垫，使孩子在听音乐前有一定的心理预期。或者教师可以先放音乐，随着音乐的进行慢慢讲述故事情节，在幼儿基本掌握故事大意后，再将音乐单独地进行播放，让幼儿随音乐的变化回忆和想象故事情节。如此一来，在欣赏活动中，幼儿就能够随音乐作品的表达进行积极的想象，并从中会朦朦胧胧地感受到音乐表达的特殊魅力。

（二）用图画展示的形式引导

图画引导幼儿进行音乐欣赏游戏的形式有很多，在不同活动形式中图画的引导可以发挥不同的作用。首先，图画可以用来进行音乐的背景介绍。例如：当欣赏民族音乐时，教师可以用图画的方式来介绍此民族的生活环境、服饰特点、饮食习惯……帮助幼儿了解音乐的背景知识。其次，图画还可以以故事的形式出现，展现故事人物和简单的故事情节，引起幼儿的兴趣，这在上一段落我们已经提及。再次，图画还可以创设一种与音乐情感相符的情境，帮助幼儿感知音乐，以此来让孩子通过视觉感知加深听觉的感受力。

（三）用肢体表达的形式引导

肢体表达即让孩子边听音乐边根据自己的感受用肢体动作表达出来。在聆听音乐的时候，幼儿常常会禁不住做多种面部表情或手舞足蹈，这是幼儿表现内心感受的一种极其常见的方法。这种方法可以帮助孩子将注意力不断集中在要表达的音乐上，关注音乐的细节，感受音乐、表现音乐。这里的肢体表达，不同于律动活动的肢体表达。欣赏活动中，教师不需要做具体的动作指导，甚至可以不做任何语言提示，完全让幼儿进行动作的即兴展开。例如欣赏《动物狂欢节》，教师可以说："森林的狂欢节到了，所有的小动物都来了，先来的是小老鼠……小白兔也来了……小猴子在哪呢……小鸟在后面呀……"准确的、引导性的语言会集中幼儿的注意力，同时也会开阔幼儿对音乐的表达思路，帮助幼儿认识音乐表达的多样性，同时还不会禁锢住幼儿的发挥和创造。

（四）用音乐比对的形式引导

1. 同类型音乐比对。

将相同情绪、相同文化、相同演奏器乐、相同表达方式的音乐在同一次的欣赏课中作欣赏。相同类型的音乐必定有相同的特点，如果将它们放在一起，会加深幼儿对某一种音乐的印象，加强他们对此类型音乐的知识储备。

2. 不同类型音乐比对。

教师可以试着将不同情绪、不同文化、不同演奏器乐、不同表达方式的音乐在同一次的欣赏课中播放给幼儿听，而且在乐曲选择方面最好选择对比性较强、相异性较突出的音乐。例如：悲伤与欢快、慢速与快速、欧洲古典音乐与中国传统音乐的对比等。相异性较强的音乐因为不断有新形式乐段的出现，不仅可以抓住幼儿的注意力，使他们对音乐背景产生学习兴趣和了解的愿望，还可以调节课堂气氛，让他们在对比中渐渐感受到音乐背景与音乐产生的不同之处，由此加深幼儿对相异音乐的印象。

（五）用其他辅助活动的形式引导

幼儿欣赏活动可以渗透到幼儿园活动的很多环节中。例如，在其他幼儿园活动环节中，教师总是播放同一首曲子作为背景音乐，如此重复，幼儿也会留下很深的印象。另外，有些动画作品，比如迪士尼动画电影《幻想曲2000》,就是根据具体的古典音乐创作的。这些动画对古典音乐做出了具体、生动、形象化的阐释。教师可以让幼儿通过欣赏这些优秀的音乐动画,来最终达到欣赏欧洲古典音乐的目的。虽然在欣赏动画时,幼儿的注意力全部集中在动画画面或情节上,然而,背景中的音乐对幼儿的影响是潜移默化的。动画的诠释能够帮助幼儿对音乐进行理解和感受,在反复的播放中,幼儿不断地被动接受音乐,音乐自然就会在幼儿脑子里留下很深的印象。如果有一天单独播放其中某一首乐曲,幼儿的经验就会被调动起来,动画画面浮现于眼前,幼儿会感到既熟悉又愉悦,这对幼儿音乐兴趣的培养起到了很积极的作用。

三、幼儿欣赏游戏的特征

欣赏是音乐教学的重要内容,也是培养幼儿音乐兴趣、扩大幼儿音乐视野、发展幼儿音乐感受能力、提高幼儿音乐表达及审美能力的有效途径。其主要特征有以下几点:

(一)音乐形象生动具体

幼儿的抽象能力发展还不够完善,他们无法像成人一样对不熟悉的音乐形象做抽象的聆听。因此,要求欣赏的作品应该具有幼儿比较熟悉的音乐形象,如《狮王进行曲》等,在教师的引导下,幼儿很快就能联想到平时看到的各种动物形象。由于有了初步的感性认识,在欣赏活动的过程中,幼儿就容易找到它的音乐形象,进而理解音乐作品表现的思想内容。

(二)以倾听为主要形式

倾听音乐是音乐欣赏的主要方式。在幼儿音乐欣赏游戏中,最重要的环节莫过于倾听。例如欣赏《苗岭的早晨》时,教师应启发幼儿注意倾听乐曲中模仿鸟鸣的声音,由此联想到日常生活中早晨不同的景象,再通过分析苗族音乐的特点,让幼儿体会苗岭早晨特有的景象。只有通过不断地倾听,才能让幼儿真正提高音乐鉴赏力,丰富他们的审美经验。

(三)调动多种感官参与

音乐作品的欣赏仅靠幼儿的听觉活动是远远不够的。围绕欣赏内容,教师可以结合音乐的各种要素,采用歌唱、故事、图画、演奏、身体动作表演等方式,让幼儿参与到音乐中去,引导幼儿调动各种感官,投入到音乐欣赏活动中。例如,用即兴表达的形式进行。在欣赏游戏中,教师可以要求幼儿自由地做一些符合音乐性质,能表现音乐形象的动作,这种表达不仅会让幼儿更仔细、认真地聆听音乐,还能够最大限度地保护幼儿的创造性,加深他们对音乐的理解。

(四)个性化的音乐理解方式

音乐是抽象的,任何语言都不会准确地描述某一段音乐。欣赏活动与其他音乐活动有所区别,歌唱、律动、演奏活动更需要教师准确地进行细节指导,哪一拍敲击,具体的歌词是什么,手臂动作的具体位置等,教师都应当给予幼儿很准确的答案。但在幼儿欣赏活动中,除背景知识介绍,教师的指导一定要避免用过于具体的、定义性的词语,如:“这段音乐就是表现××敲门声……”“这就是……”“这一定是……”,而要增加“是不是……”“仿佛是……”“像不像……”等具有引导性、启发性的语言。过于具体的语言会阻碍幼儿的想象空间,会局限住幼儿对音乐的理解。所以在欣赏活动中教师对音乐作品的介绍,要根据不同年龄段的幼儿的理解水平和抽象思维能力的水平,进行启发式的讲解,同时一定要避免引导启发的语言过于具体化。

四、幼儿欣赏游戏的功能

(一)文化功能

多元的文化带来了多元的音乐。当我们为幼儿播放一部音乐作品时,我们将简单地讲解这部作品的文化背景、地域特点、风格特征等相关的能够被幼儿所理解和接受的文化信息。如:欣赏一段蒙古族音乐,教师会在欣赏课的过程中,以多种方式为幼儿呈现蒙古人的生活环境、生活方式、性格特点、主要节庆活动,或者是演奏这首乐曲的民族乐器等。在这些信息呈现后,幼儿就会对音乐形成一点简单的理性认识,同时也会掌握部分音乐作品的背景知识,了解更多的地域文化,开阔了眼界。由此可见,音乐欣赏游戏为幼儿带来的知识是多元复合的,这对增加幼儿的文化知识储备有非常大的帮助。

(二)想象功能

爱因斯坦曾说过:"想象比知识更重要。"幼儿的音乐欣赏游戏注重帮助幼儿较为准确地把握音乐情感,引导幼儿以自己的方式(肢体、绘画、故事……)调动起自己已有的生活经验,创造性地对音乐情感进行自由诠释。欣赏的主要目的是教师通过各种辅助教学手段,引发幼儿进行联想与想象,激发他们的创造能力,鼓励幼儿勇于表达自己的审美体验。较之其他音乐活动,欣赏活动为幼儿提供了更广阔、更自由的想象空间。

(三)审美功能

音乐欣赏是一种审美实践活动,在音乐欣赏游戏中幼儿可以接触到多种题材、风格、内容、形式的乐曲。不同音乐形成的不同的美,会让幼儿产生不同的美的感受。经常让幼儿进行音乐欣赏活动,会增强幼儿对音乐的感受力,培养幼儿对音乐的鉴赏力和表现力,丰富幼儿的音乐经验,加深幼儿对音乐的兴趣,逐步培养幼儿认识美、欣赏美的能力。

(四)教化功能

爱美之心人皆有之,优美的音乐可以带给幼儿丰富的情感体验,使他们获得精神上的愉快和满足。优秀的音乐作品能让幼儿得到美的熏陶,从而在潜移默化中达到情操的陶冶、人格的升华。据报道,新西兰第二大城基督城闹区商家发现,当人们开始用扩音器播放抚慰人心的古典音乐后,犯罪事件剧减。这种"莫扎特效应"已成为当地政府打击犯罪的秘密武器。当然,对于幼儿不会涉及犯罪问题,但从小进行良好的音乐熏陶,对其对美好事物的向往、人格的完善都有重要的作用。

第二节　小班幼儿欣赏游戏的设计与指导

一、小班幼儿欣赏能力的特征

(一)理解能力的发展

小班幼儿受其生理、心理发展水平的影响,对音乐作品的理解能力十分有限。他们对音乐作品的感情性质不易理解,往往最注重的是表现主题的特征性因素,如对象声词"轰隆隆"的打雷声、"喵喵"的小猫叫、"咚咚咚"的敲鼓声等对应生活经验进行想象,但是对作品的情绪、风格、音乐的强弱、速度变化不够敏感。另外,小班幼儿在听歌曲的过程时,对歌词的理解也会存在一定欠缺,这和小班幼儿有限的语言认知有关。

（二）倾听能力的发展

"倾听"是开展音乐欣赏的前提和基础。小班的幼儿对"倾听"表现出浓厚的兴趣，会十分乐意地、自发地倾听周围环境中的各种声音，并主动分辨这些声音。小班幼儿需要在教师的提醒下辨认音乐作品中的简单速度变化或者体会歌曲中所表达的基本情绪，但专注的时间较短。

（三）感受力的发展

小班幼儿已能够较简单地感受音乐情绪，如抒情的、欢快的、悲伤地等，并能够愿意尝试用肢体语言表达出来。但他们尚不具备独立欣赏音乐的能力，无法进行抽象的理解。例如，欣赏某段音乐，教师如果先提示幼儿："这是一段悲伤的乐曲"，幼儿就会问一些很具体的问题，如："老师怎么了？""老师，她哭了吗？""为什么悲伤？"所以，在小班幼儿的欣赏游戏中，教师需要以较为形象化的语言对孩子进行引导，帮助孩子进行理解。

二、小班幼儿欣赏游戏的设计

欣赏游戏的指导设计方案以及它的实施方法都是由欣赏游戏本身的特征决定的，小班欣赏游戏的指导与设计是要在小班幼儿身心发展特点的基础上，对音乐题材、风格、特点以及情感等方面进行指导和参与。欣赏不仅仅是聆听，更多的是融入，让幼儿自己去定义欣赏，自己去感受，他们甚至可以联想到自身，这样就达到了欣赏的目的。在欣赏游戏设计时，把握住幼儿是游戏主体这一原则是至关重要的。

（一）音乐的选择

在音乐的选择上可以是歌曲，也可以是乐曲或者是由各种节奏组成的声音片段。总之，可以把博大的音乐世界展现在小班幼儿面前，不要担心他们不懂，其实音乐的奇特就在于不需要真正懂得也可以融入，也可以联想，也可以享受美。在歌曲上，可以选择歌词内容丰富的，贴近于幼儿生活的，这样会带动他们强烈的热情和对音乐的喜爱。乐曲方面，可以选择各种不同风格的，可以是中国古典的，或是民族风格的，也可以是欧洲的古典派，如莫扎特、舒伯特、门德尔松、巴赫、柯达伊等著名作曲家的作品。音乐的欣赏是一个漫长的、复杂的积累过程，欣赏的作用，会在以后的生活中慢慢延展开来，所以不要受曲目的束缚，要看到欣赏游戏给孩子带来的长远的乐趣，通过欣赏游戏他们也可以更好地锻炼思维能力。

（二）活动目标

欣赏游戏的活动目标设定，最容易走模式化，结果设定成了感受到音乐中表达的情感，感受到了词曲家所表达的含义等。其实，音乐来自于内心世界，每个人的内心世界都是不一样的，孩子更是一个独立的个体。小班幼儿正处在人格形成的关键期，作为一个教育工作者，不能够将自己或者自己希望的模式复制或强加于幼儿身上，所以词曲家所想并非幼儿所想。欣赏游戏的可贵之处就在于它能激发幼儿无限的想象，能拓展他们无限的情感。所以活动的目标要基于幼儿，不用过于繁琐，对于小班幼儿更是要简单，能够展开丰富的想象，用自己的感受来体验音乐、表达音乐即可。

（三）活动准备

1. 教师自身准备：了解欣赏音乐的基本信息、基本风格等，如需要一些材料引导，还可以做一些相关的物质准备。

2. 环境准备：根据欣赏的音乐来布置环境，如：教师站位、桌椅摆放、光线等。

3. 情感准备：这里的情感准备不是让教师把音乐所表达的情感告诉幼儿，而是对幼儿可能产生的不同的情感感受有所预测，以备进行积极的引导。

（四）活动过程

如果选择有歌词的歌曲，在引导阶段也要做一些熟悉的知识和场景的复习与再现，这是小班开始游戏活动比较常用的、有效的模式，避免幼儿有一种茫然陌生的感觉，方便理解。在实施过程中，不能只是普通意义上的欣赏，要让幼儿的主体地位充分发挥出来。在欣赏过程中可以进行一些表演类的游戏，让每个幼儿参与其中，不要固定表演的形式，在基本目标不变的情况下，尽量保留他们的想法，还原孩子内心世界的真实性。可以让孩子用语言来表达，让孩子抒发自己的情感与想法。可以根据他们的想法做一些拓展活动，拓展到其他领域（美术、语言、社会等）中。

（五）教学建议

1. 选用乐曲题材应以欢快或平和为主，不建议用比较悲伤的音乐，因为小班幼儿对于悲伤的认知不是很明确，这种音乐会造成他们莫名的不安，相对而言，欢快的音乐就很容易带动他们的情绪，引发他们的联想，还会随着音乐做动作。

2. 教师引导时间不要过长，主要时间放在欣赏和游戏上，在幼儿不违反基本秩序和安全的情况下，尽量不要控制儿童的行为。

3. 欣赏游戏很容易触动幼儿内心，他们没有较好的控制能力，在身体协调还没达到一定程度的情况下容易发生意外伤，所以教师要注意游戏过程中的安全问题。

4. 不要遗忘幼儿，有些幼儿比较内向，不容易表达出自己的情感，这时教师不要遗忘每一位幼儿，在欣赏音乐时幼儿的情感是比较敏感的，被遗忘的幼儿会产生很强烈的失落感。

三、小班幼儿欣赏游戏的课例

1. 小 猪 搬 家

低沉的音乐：

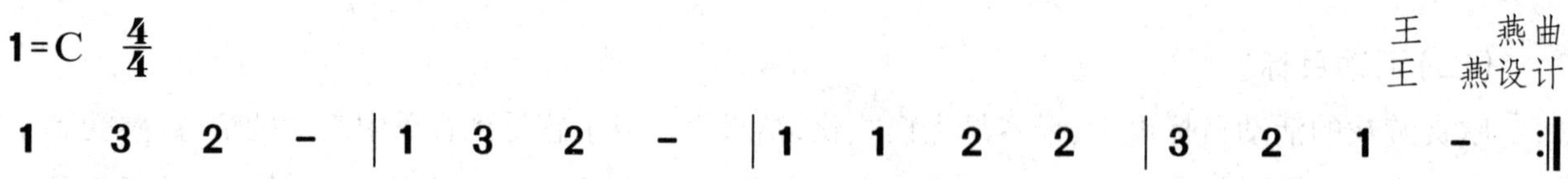

1=C 4/4

王　燕曲
王　燕设计

1 3 2 - | 1 3 2 - | 1 1 2 2 | 3 2 1 - :||

欢快的音乐：

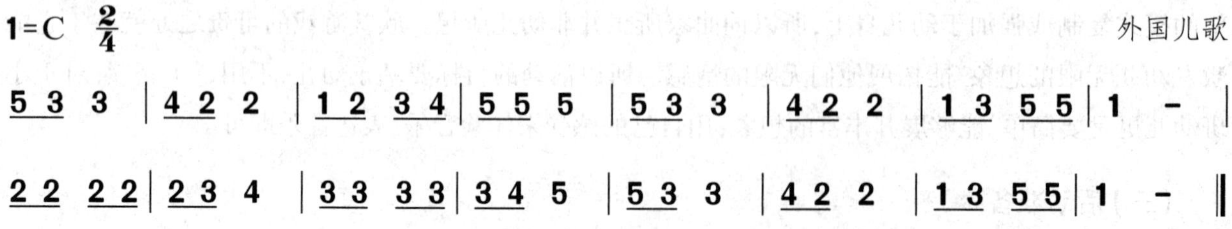

1=C 2/4

外国儿歌

53 3 | 42 2 | 12 34 | 55 5 | 53 3 | 42 2 | 13 55 | 1 - |

22 22 | 23 4 | 33 33 | 34 5 | 53 3 | 42 2 | 13 55 | 1 - ||

一、活动目标

1. 感受欢快、低沉的不同音乐性质，培养起初步听赏习惯。

2. 喜欢做听辨欣赏游戏，体验音乐活动的快乐。

二、活动准备

物质准备：多媒体课件、动物胸卡若干、歌曲《小猪搬家》、快乐、低沉的音乐各一段。

经验准备：幼儿已经学会演唱歌曲《小猪睡觉》。

三、活动过程

1. 导入主题。

（1）（出现一幢房子）"这是谁的家？我们来听一段音乐猜猜。"（教师弹奏低沉的音乐《小猪睡觉》，幼儿猜出后随音乐演唱歌曲《小猪睡觉》）

（2）"小猪造了一幢新房子，今天它要搬家了，小猪家有许多家具。"（出现各种家具）"森林里的动物朋友都来帮忙了，我们一起来听听音乐猜猜谁来了？"

2. 欣赏音乐。

（1）（完整欣赏）教师："第一批朋友来了，第二批朋友也来了，共来了几批朋友？"（两批朋友）"这两批朋友是一样的吗？"（不一样）"这些动物朋友中有大动物也有小动物，听听哪一批朋友是大动物？"（第二次完整欣赏音乐）

（2）分段欣赏。

①（低沉的音乐）教师："一边听音乐一边做做动物的动作。大动物的音乐里都有谁？"（大象、熊、老虎……）

幼儿听音乐自由做动作，做自己喜欢的重重大大的动物。

②（欢快的音乐）"小动物的音乐里又是谁来帮忙的？"（兔子、小鸡、小狗……）

幼儿听音乐自由做动作，做自己喜欢的小动物。

3. 帮小猪搬家。

（1）幼儿选择大动物、小动物的胸卡。

（2）听音乐给小猪搬家。

"听到的是自己的这段音乐就出来帮忙搬家。"（游戏重复）

扩展：

（1）"这一次到底谁在帮忙？"（高音区与低音区音乐同时演奏，听辨组合的音乐）

（2）"大动物和小动物一起来搬家了。"（幼儿一起表现搬家的动作）

（3）"在大家的帮助下，小猪的家终于搬好了。"（出示小猪房间的 PPT）

4. 尾声。

"小猪非常感谢朋友们的帮助，它想唱首歌献给大家。"（欣赏歌曲《欢迎来我家》，教师扮演小猪与幼儿握手、拥抱）"小猪请朋友们吃糖。大家在小猪家过了愉快的一天。"

四、教学建议

这是一个适合低龄幼儿参与的音乐听辨欣赏活动,注意紧紧围绕听觉体验,让孩子在游戏中积累各种音乐要素的听觉经验。

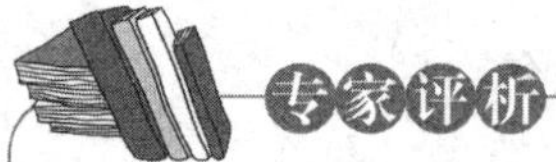

在这个音乐欣赏游戏中,教师选用了两段对比鲜明的乐句。在欣赏A段低沉的音乐时,引导幼儿说出大型动物的名称(大象、熊等),并用身体动作表现出自己想象的动物。欣赏B段音乐时,引导幼儿想象小动物的形象并随之表现。让幼儿借助动作,理解音乐的表现技巧,调动了幼儿参与的积极性。既激发了幼儿的兴趣,又化解了难点,达到了预设目标。

2. 洒　水　车

1=D $\frac{4}{4}$

刘明将词曲
王　燕设计

活泼、自豪地

5 1 2 3. | 5 1 2 3. | 2 2 3. 1 2 2 2 |
嘟 嘟 嘟 嘟, 嘟 嘟 嘟 嘟, 跑 一 路, 唱 一 路,

2 2 3. 1 6 6 6 | 5 1 3 2 1 | 2 6 1 5 | 1 - - 0 ‖
后 面 拖 个 大 水 壶, 不 浇 花 儿 浇 马 路, 嘟 嘟。

一、活动目标

1. 引导幼儿了解洒水车的特征和用途,愿意尝试用各种动作表现洒水车洒水的动作。

2. 幼儿能在音乐欣赏中进行游戏,体验音乐游戏的快乐。

二、活动准备

物质准备:歌曲《洒水车》、多媒体课件、彩带。

经验准备:幼儿对各种各样的车有初步认识。

三、活动过程

1. 导入。

(1)"最近我们认识了马路上的许多车子,有小轿车、大巴士、卡车,还有许许多多其他的车子,老师这里有一个谜语,请你们猜猜看这是一辆什么车?"

(2)谜面:嘟嘟嘟,嘟嘟嘟,跑一路,唱一路,后面拖个大水壶,不浇花儿浇马路。

(3)出示图片(三个方位)。

教师:"洒水车和其他的车子看上去有什么不同?"(水箱、水管)

"水箱里有什么?洒水车有什么用?"

教师小结：酒水车能够朝路面上洒水，冲洗路面，除去灰尘，清洁路面。在炎热的夏天，路面和我们一样也怕热、怕干，洒水车可以帮他们降温哦，就不会裂开了。

（4）播放视频：马路上的洒水车。

教师："现在我们来看一下马路上的洒水车是怎么洒水的。"

2. 学做洒水车洒水的动作。

（1）教师："谁来做一下洒水的动作。"

（2）全体幼儿随音乐做洒水的动作，教师："你们想不想一起来跟着音乐试一下。"

（3）跟着音乐节奏一起做动作。

（4）幼儿自愿展示动作。

教师："有没有小朋友愿意在大家面前展示一下你的洒水动作。"

（5）教师经验提升。

教师："小朋友们洒水的动作都做得不错，老师也想了一个办法，和你们的不一样哦？想不想看？老师请来了 × 老师帮忙。"（两位老师合作洒水）

教师："和你们的哪里不一样？原来两个人合作洒水也可以的。"

（6）幼儿练习。

教师："现在我们再来试试看，看哪辆洒水车配合得最好。"

3. 游戏：洒水车。

（1）老师扮演洒水车游戏。

教师："孩子们过来，看来你们都会洒水了，接下来，我们要玩一个洒水车的游戏。老师扮演洒水车（手持飘带）洒水，你们扮演路上的行人，如果洒水车的水洒过来，你会怎么样？"（躲……）"你会怎么躲？"（可请个别幼儿示范）"如果衣服湿了，那么你只能……到一旁擦衣服。"（暂停一次游戏）"现在准备好了吗？我们开始吧。"

（2）幼儿扮演洒水车（2—3 个）。（可以一个人表演，也可以两个人合作表演）

（3）重复游戏。

四、教学建议

结合小班幼儿的生活经验，以游戏的方式对歌曲进行欣赏和表现。注意在游戏中锻炼幼儿的合作表演能力。

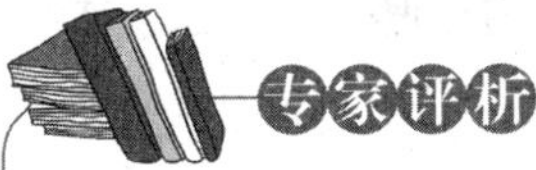

这是一个较为具象的音乐欣赏游戏。教师巧妙地以谜语的形式导入主题教学，首先使得幼儿在脑海中树立起洒水车的音乐形象。为了使欣赏游戏更具有趣味性和互动性，教师引导幼儿想象、表现洒水车的动作。通过创设游戏场景，实现了让幼儿乐于倾听、乐于想象、乐于表现的教学目标，同时也让幼儿体验了游戏的快乐。

3. 我爱洗澡

许常德词
刘天健曲
王　燕设计

1=♭E　4/4

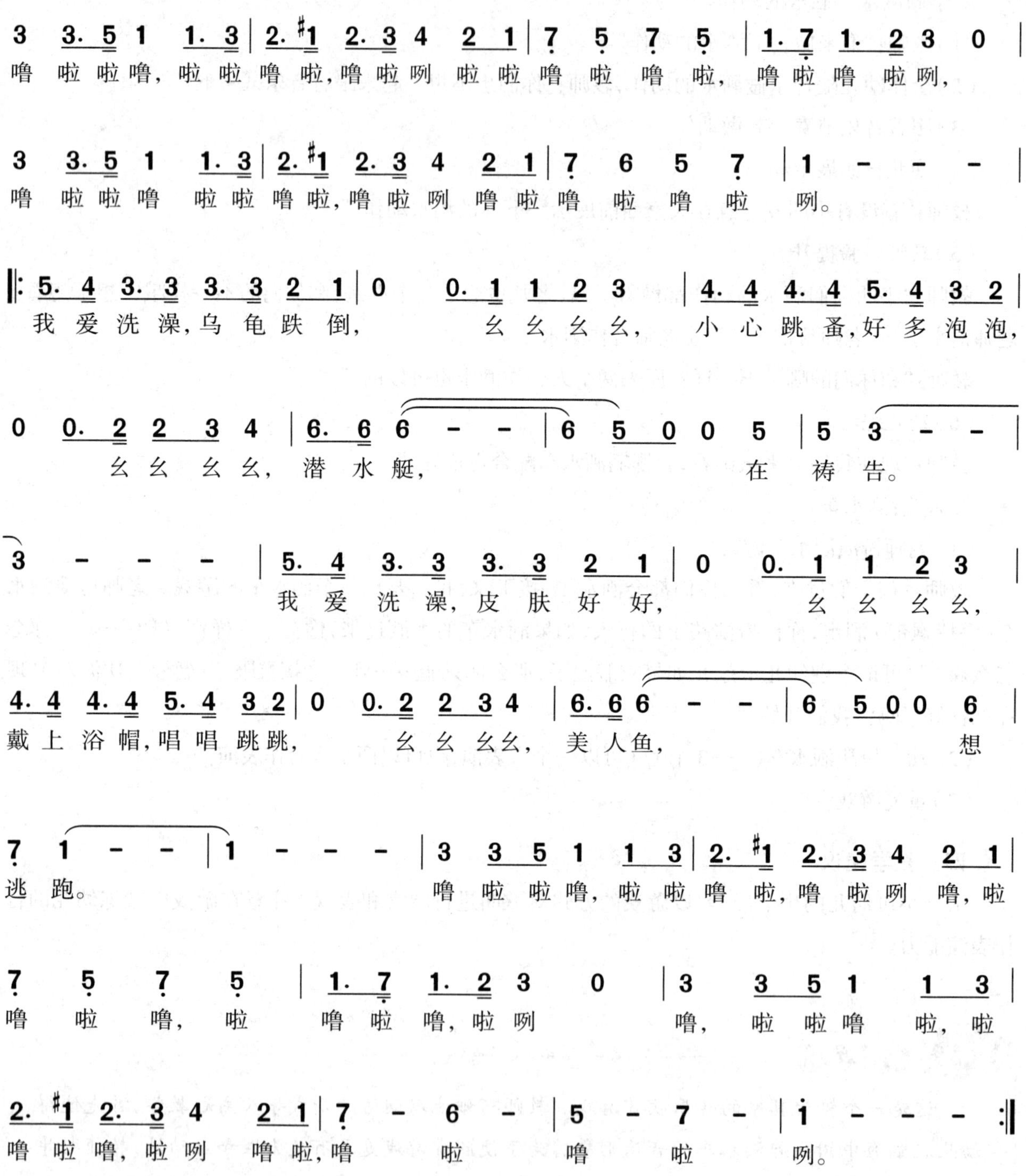

3 3.5 1 1.3 | 2.♯1 2.3 4 2 1 | 7 5 7 5 | 1.7 1.2 3 0 |
噜啦啦噜，啦啦噜啦，噜啦咧啦啦噜啦噜啦，噜啦噜啦咧，

3 3.5 1 1.3 | 2.♯1 2.3 4 2 1 | 7 6 5 7 | 1 - - - |
噜啦啦噜啦啦噜啦，噜啦咧噜啦噜啦噜啦咧。

‖: 5.4 3.3 3.3 2 1 | 0 0.1 1 2 3 | 4.4 4.4 5.4 3 2 |
我爱洗澡，乌龟跌倒，幺幺幺幺，小心跳蚤，好多泡泡，

0 0.2 2 3 4 | 6.6 6 - - | 6 5 0 0 5 | 5 3 - - |
幺幺幺幺，潜水艇，在祷告。

3 - - - | 5.4 3.3 3.3 2 1 | 0 0.1 1 2 3 |
我爱洗澡，皮肤好好，幺幺幺幺，

4.4 4.4 5.4 3 2 | 0 0.2 2 3 4 | 6.6 6 - - | 6 5 0 0 6 |
戴上浴帽，唱唱跳跳，幺幺幺幺，美人鱼，想

7 1 - - | 1 - - - | 3 3 5 1 1 3 | 2.♯1 2.3 4 2 1 |
逃跑。噜啦啦噜，啦啦噜啦，噜啦咧噜，啦

7 5 7 5 | 1.7 1.2 3 0 | 3 3 5 1 1 3 |
噜啦噜，啦噜啦噜，啦咧噜，啦啦噜啦，啦

2.♯1 2.3 4 2 1 | 7 - 6 - | 5 - 7 - | i - - - :‖
噜啦噜，啦咧噜啦，噜啦噜啦咧。

一、活动目标

1. 能跟着音乐有节奏地扭动肢体，感受洗澡的快感。

2. 知道洗澡能让人变得凉快又干净，产生喜欢洗澡的情绪。

二、活动准备

物质准备:《我爱洗澡》的音乐、各种沐浴用品。

三、活动过程

1. 导入。

(1)(出示洗发水)“猜这是什么？你是怎么知道的？洗发水有什么用？”

(2)(出示肥皂)“猜这又是什么？”(闻闻肥皂的香味)

(3)“洗发水和肥皂这两样东西,什么时候需要用？天气越来越热了,你们每天洗澡吗？洗澡时还需要用哪些东西？”(出示爽身粉)“爽身粉有什么用？”

(4)“会不会自己洗澡？是怎么洗澡的？”(请幼儿回忆用语言、动作表达洗澡的过程)

2. 欣赏歌曲。

(1)播放歌曲,幼儿欣赏。

(2)幼儿跟着音乐来洗澡,及时表扬表现得逼真、有趣的幼儿。

(3)重点引导幼儿跟着音乐有节奏地扭动,并用“嚓嚓,嚓嚓,搓搓背”等引导语带动幼儿跟上节奏。

(4)带领幼儿跟随音乐有节奏地做动作。(辅助语言:打开水龙头、倒点洗发水、水里冲一冲察、毛巾搽一搽、抹上爽身粉等)

3. 香宝宝来了。

“刚刚洗完澡感觉怎么样？我们都是干净的香宝宝。”

四、教学建议

这是在“夏天真热”主题中与生活相结合的一个音乐活动。天气越来越热了,洗澡是孩子每天都要做的事情,所以每个孩子对“洗澡”都有经验。活动从谈话和动作两个方面来感受洗澡的乐趣。小班孩子以具体形象思维为主,所以洗澡的话题围绕实物展开,给予孩子更直观的感受,在语言中激发孩子喜欢洗澡的情绪。同时音乐及画面的介入,引发孩子用动作表现洗澡的兴趣。在音乐的伴奏下随着节奏表现各种洗澡动作,尽情体验洗澡的乐趣。

专家评析

《我爱洗澡》这首音乐节奏明快,韵律性强,而洗澡动作也富有极强的节奏感,将两者有机结合,能让幼儿在游戏活动中更容易理解与感受音乐的节奏性。教师根据以上特点,将此欣赏活动设计为三个阶段:欣赏、感受、表现。这样,幼儿在生动形象的氛围中,不知不觉地进入教师所创设的课堂情境中,从而用心去感受和体会音乐的情感。

4. 萤　火　虫

1=C $\frac{4}{4}$

伊　能　静词
陈秀南　陈大力曲
李　　梦设计

3 3 2 3 3 2 | 3 6 5 - | 1 1 7̣ 1 1 7̣ | 1 3 2 - |
萤火虫萤火虫慢慢飞，夏夜里夏夜里风轻吹，

3 3 2 3 3 2 | 3 6 7 - | 1̇ 7 6 5 6 5 3 1 | 2 - - 0 1 |
怕黑的孩子安心睡吧，让萤火虫给你一点光。燃

1̇. 1̇ 7 6 5 4 | 5. 3 2 1. 1 | 6. 6 5 4 3 2 |
烧小小的身影，在夜晚为夜路的旅人照

3. 3 4 5. 1 | 1̇. 1̇ 2̇ 1̇ 7 6 | 5. 2̇ 1̇. 6 7 |
亮方向，短暂的生命努力地发光，让黑

1̇. 6 7 1̇. 1̇ | 7 1̇ 2̇ - | 3 3 2 3 3 2 |
暗的世界充满希望。萤火虫萤火虫

3 6 5 - | 1 1 7̣ 1 1 7̣ | 1 3 2 - | 3 3 2 3 3 2 |
慢慢飞，我的心我的心还在追，城市的灯光明

3 6 7 - | 1̇ 7 6 5 6 5 3 1 | 2 - - 1 | 1 - - - ‖
灭闪耀，还有谁会记得你燃烧光亮。

一、活动目标

1. 感受音乐的情感。

2. 认识萤火虫。

3. 能够随音乐自由舞蹈。

二、活动准备

物质准备：歌曲《萤火虫》、背景音乐《萤火虫之舞》（选自音乐集《山居岁月》）、一副表现静谧夜晚萤火虫飞舞的卡通画、萤火虫认物卡片或者萤火虫的模型。

三、活动过程

1. 欣赏图片导入。

教师："小朋友们，老师想问大家，这幅图画画的是夜晚还是白天呢？中间的圆圆的、亮亮的是什么呀？是太阳？还是月亮呢？老师再问你们，这些闪闪发光的小黄点是什么呀？"（萤火虫）"对了。"

教师通过一系列的提问引出"萤火虫"的主题。在教师进行提问和展示图片的同时，播放背景音乐《萤火虫之舞》。

2. 活动展开。

教师："小朋友们，你们见过萤火虫吗？萤火虫的身体是哪里发光呢？"

教师向幼儿展示萤火虫的认物图片或者模型。

教师："萤火虫的头很小。眼睛是半圆的球形。雄性的萤火虫的眼睛常大于雌性的萤火虫的眼睛。在它们屁股的位置有个发光器，能发黄绿色的光。我们中国的萤火虫啊，长大以后，一生不吃东西，或者只吃花粉和露水……"

教师向幼儿介绍萤火虫的小知识。

教师："老师有一首萤火虫的歌不知道小朋友们有没有听过，我们一起来听听好吗？看看它是怎么飞的。"

教师播放歌曲《萤火虫》。播放歌曲的同时，配以简单的肢体动作，不要求幼儿跟做，主要目的是带动幼儿一起即兴展开动作，让幼儿自由发挥，随音乐舞动。

教师："刚才老师看到有些小朋友跳得很投入、很温柔。有些小朋友还在欣赏音乐呢，现在我们邀请所有的老师和小朋友一起来跳萤火虫舞好吗？"

教师第二遍播放歌曲《萤火虫》，所有的老师和幼儿一起参与到自由舞蹈中来。

四、教学建议

1. 这是小班的音乐欣赏游戏，对萤火虫的知识介绍尽量简单易懂，知识性不要太强，以音乐体验为主要教学内容。

2. 由于小班幼儿的模仿力还不强，在这个欣赏游戏中，小班幼儿无法做到边模仿边做。所以在教师第一次播放歌曲《萤火虫》时，教师所做的动作，并不是要求幼儿进行模仿，而是希望通过教师的舞蹈带动幼儿进行自由舞蹈。

3. 这是一个流行音乐的歌曲，对小班幼儿来说歌词的含义是很难理解的，所以这个欣赏活动强调的是对音乐情绪的感受，而并非歌词表达的内容。

欣赏游戏就是让幼儿学会在欣赏、倾听中感受音乐的美。歌曲《萤火虫》恰好符合这一要求。这首音乐旋律简单，曲调朗朗上口，歌词容易记忆，很适合小班幼儿欣赏。教师以背景音乐《萤火虫之舞》及表现静谧夜晚萤火虫飞舞的图片导入游戏活动，为幼儿营造了优美、抒情、温馨的学习氛围。教师在歌曲动人的旋律下引导幼儿舞动身体，将游戏活动推向高潮。

5. 妈 妈 宝 贝

邢 增 华词
陈 炳 顺曲
严菲儿设计

1=♭E 4/4

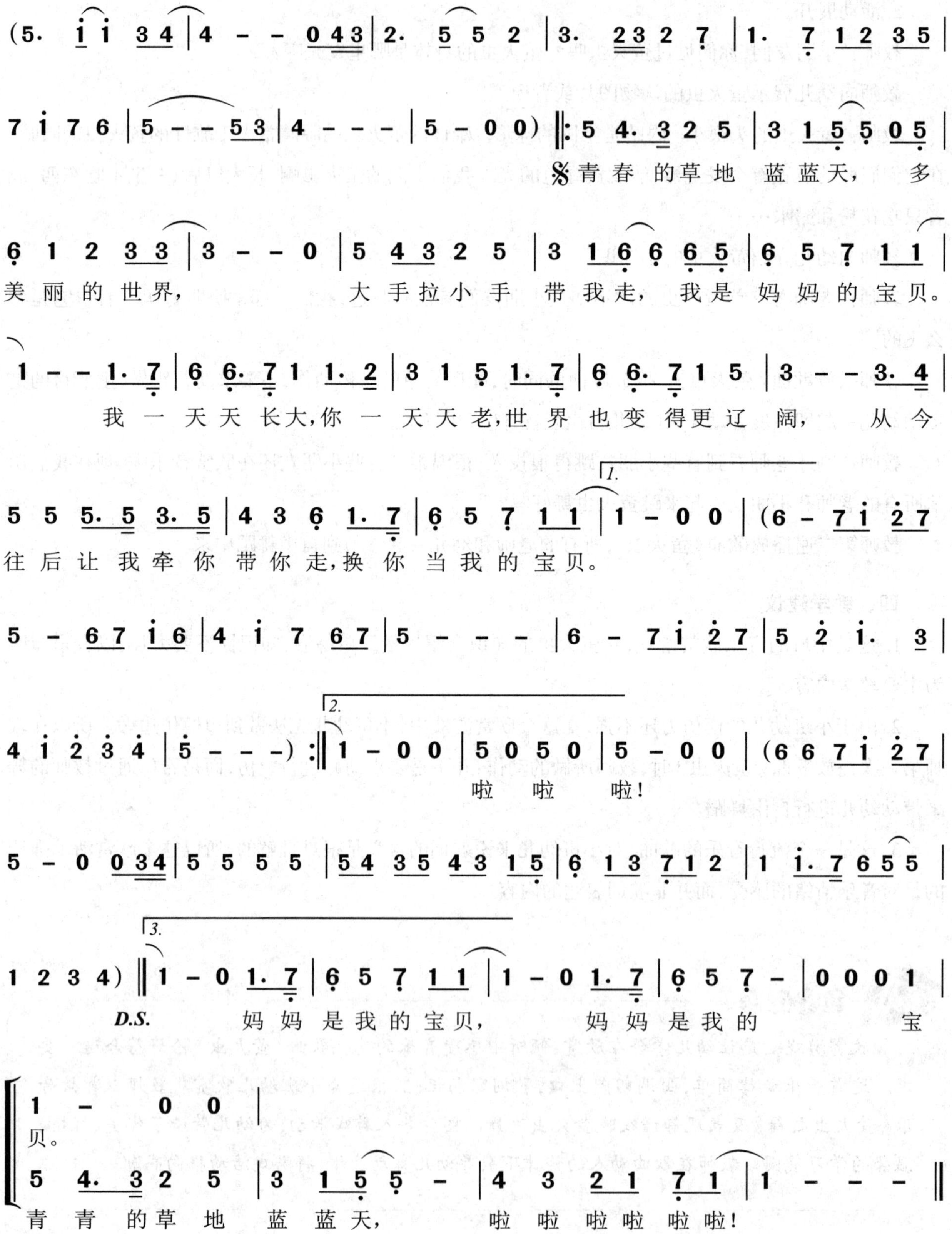

(5. i i 34 | 4 - - 043 | 2. 5 5 2 | 3. 232 7 | 1. 7 12 35 |

7 i 7 6 | 5 - - 53 | 4 - - - | 5 - 0 0) ‖: 5 4. 3 2 5 | 3 1 5 5 0 5 |

𝄋青 春 的草 地 蓝 蓝 天， 多

6 1 2 3 3 | 3 - - 0 | 5 4 3 2 5 | 3 1 6 6 6 5 | 6 5 7 1 1 |

美 丽 的 世 界， 大 手 拉 小 手 带 我 走， 我 是 妈 妈 的 宝 贝。

1 - - 1. 7 | 6 6. 7 1 1. 2 | 3 1 5 1. 7 | 6 6. 7 1 5 | 3 - - 3. 4 |

我 一 天 天 长大,你 一 天 天 老,世 界 也 变 得更 辽 阔， 从 今

5 5 5. 5 3. 5 | 4 3 6 1. 7 | 6 5 7 1 1 |1. 1 - 0 0 | (6 - 7 i 2 7

往 后 让 我 牵 你 带 你 走,换 你 当 我 的 宝 贝。

5 - 67 i 6 | 4 i 7 67 | 5 - - - | 6 - 7 i 2 7 | 5 2 i. 3 |

4 i 2 3 4 | 5 - - -) :‖2. 1 - 0 0 | 5 0 5 0 | 5 - 0 0 | (6 6 7 i 2 7 |

啦 啦 啦！

5 - 0 034 | 5 5 5 5 | 54 35 43 15 | 6 13 712 | 1 i. 7 655 |

1 2 3 4) ‖3. 1 - 0 1. 7 | 6 5 7 1 1 | 1 - 0 1. 7 | 6 5 7 - | 0 0 0 1 |

D.S. 妈 妈 是 我 的 宝 贝， 妈 妈 是 我 的 宝

1 - 0 0 |

贝。

5 4. 3 2 5 | 3 1 5 5 - | 4 3 2 1 7 1 | 1 - - - ‖

青 青 的草 地 蓝 蓝 天， 啦 啦 啦啦 啦啦！

一、活动目标

1. 感受歌曲童声、女声合唱的演唱形式。

2. 能够跟随音乐展开大胆的想象，并与同伴合作进行简单的表演。

3. 体验热爱妈妈的纯真情感。

二、活动准备

物质准备：歌曲《妈妈宝贝》《哈罗歌》。

经验准备：幼儿掌握《哈罗歌》的律动。

三、活动过程

1. 律动入场。

教师带领幼儿以《哈罗歌》律动入场。

教师："今天老师给小朋友们带来了一首好听的歌曲，这首歌曲的名字叫《妈妈宝贝》，请小朋友们仔细听听这首歌曲和我们平时听的歌曲有什么不一样的地方。

教师播放歌曲。

2. 整体欣赏。

教师："哪位小朋友可以告诉老师，这首歌曲和其他歌曲不同的地方在哪里？"

教师引导幼儿说出童声、女声合唱。

教师："小朋友们，你们觉得这首歌曲是快的还是慢的？这首歌曲是关于什么的？

教师播放歌曲，让幼儿带着问题欣赏歌曲。

3. 结合音乐表演。

教师："小朋友们现在可以听着音乐想象一下妈妈和宝贝在干什么吗？"

教师分段播放音乐，引导幼儿大胆想象并表述。

教师："那老师现在想请小朋友们两个人一组，一个扮演妈妈，一个扮演宝宝，然后一起表演一下妈妈和宝贝都在干什么。"

幼儿进行分组练习，教师请部分幼儿进行展示。

4. 简单跟唱。

教师："小朋友们都表演得特别棒，你们想不想和老师一起来唱一唱这首歌？"

教师带领幼儿初步体验童声、女声合唱。

教师："小朋友们回家之后可以表演给妈妈看，谈谈这首歌里的妈妈和宝贝在干什么，然后还可以让妈妈陪着你一起来唱这首好听的歌曲。"

四、教学建议

1. 考虑到部分小班幼儿存在分离焦虑现象，本活动建议安排在小班下半学期。

2. 活动可以与班级主题"我爱我的家"结合，通过各个领域的活动帮助幼儿更好地适应在幼儿园的生活。

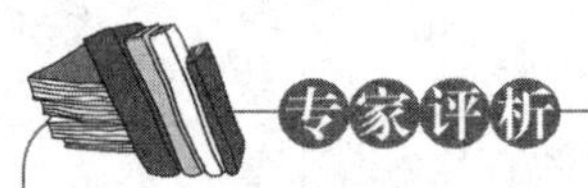

活动主题的选择贴合小班幼儿的理解和接受水平，教师注意引导幼儿反复地仔细听歌曲《妈妈宝贝》，并感受童声与女声的合唱，让幼儿在柔和的氛围中感受妈妈与宝贝之间的亲情，激发幼儿对妈妈的爱意。活动的教学目标明确，教师对幼儿做出准确的指导，让幼儿在进行音乐欣赏的同时有足够的空间可以进行大胆想象，用自己喜欢的方式对歌曲进行创造性的表演，体现活动游戏性的同时也使得幼儿可以更好地表达自己的情感体验。

6. 毛　毛　虫

1=D $\frac{4}{4}$

巴　　赫曲
李依泽设计

7454 5454 7454 5454 | 13♭76 7373 1376 7373 |

1465 6464 1465 6464 | 1743 4747 1743 4747 |

1532 3176 5432 1765 | ♯4267 1671 4267 1671 |

4256 7567 4256 7567 | 4257 2♯45 523♮4 5671 |

2756 7123 4271 2345 | 65♯45 5♮434 4276 5234 |

5257 2342 3154 3123 | 5135 1231 ♯4♭323 32♯12 |

2♭171 16♯43 2461 2♯454 | 5276 7257 25♯43 2176 ‖

一、活动目标

1. 了解毛毛虫的运动方式。
2. 认识到毛毛虫到蝴蝶的蜕变。
3. 培养幼儿的音乐感知力、观察力。

二、活动准备

物质准备：

（1）用硬纸作的小毛毛虫。

(2)故事《毛毛虫、虫毛毛》。

(3)音乐《第一号大提琴组曲(前奏)》(巴赫)

(4)视频《Classical Baby Music Show》

三、活动过程

教师:“今天老师带来了一只可爱的小昆虫,老师要告诉你们一个关于这只小昆虫的故事,大家要静静听呀,听听它们都在说什么。”

教师讲《毛毛虫、虫毛毛》的故事。(老师用硬纸做一个大的毛毛虫,边讲边表演)

一天,毛毛虫睁开眼睛,看了看这个美丽的世界。它慢慢地爬到门口,深深地吸了一口气:“哇,多么清新的空气呀,不如出去看看。”它没爬几步,突然听到一个声音:

“哎呀,这是什么啊?哈哈哈,我知道,是虫毛毛。”一个小女孩的声音。

“哦,不对不对,我不是虫毛毛。”毛毛虫急忙说道。

“你是谁啊?以前怎么没见过你?”那个女孩问道。

“小朋友,你好,我叫毛毛虫。”

“啊哈,你叫毛毛虫啊,我还以为是虫毛毛呢……呵呵!”女孩开玩笑似地说道。

“我要走了。”毛毛虫急急忙忙地说。

“你要去哪啊?”

“我要去工作了,拜拜。”

“我可以跟你去吗?看看你在干什么。”

“当然可以,走吧。”

教师:“小朋友们你们想知道毛毛虫都干了点什么吗?我们一起来看看吧!!”

播放视频《Classical Baby——Music Show》中的《Busy Caterpillar》。

教师:“让我们再仔细看看,毛毛虫都做了些什么。”

再次播放视频《Classical Baby——Music Show》中的《Busy Caterpillar》

教师:“毛毛虫都做了些什么呀?”

教师:“是吗?让我们再看一遍。”

再次播放《Classical Baby——Music Show》中的《Busy Caterpillar》。

教师:“小朋友们真棒,观察得很仔细。老师想问一个问题,你们知道毛毛虫是怎么爬的吗?现在我把这些小毛毛虫发给你们,你们用这些毛毛虫‘爬’给老师看好吗?”

教师:“老师再给你们播放刚才小毛毛虫的音乐,你们像小毛毛虫一样,随着音乐爬来爬去好吗?”

四、教学建议

1. 此活动有很大的延展空间,也可以延伸出其他的活动。此律动活动的学习重点可放在毛毛虫的爬行上,还可以将毛毛虫的演变作为下一次活动的重点。同时,还可以结合绘画课,以画短曲线的形式来表现毛毛虫。

2. 教师对动画情节的提问有助于锻炼幼儿的观察力。在提问后,再一次观看和欣赏视频,有助于幼儿观察到动画片中的更多细节。

3. 导入形式可以是多样的，图片、真实的纪录片都是可以的。

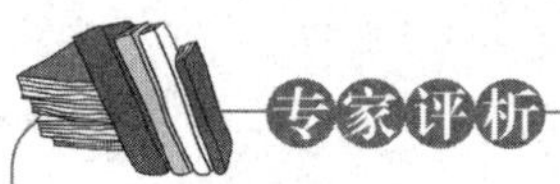

小班幼儿的注意时间较短，处于具体形象思维的阶段，教师借助幼儿最喜欢的动画片的形式引导幼儿进行音乐欣赏，是非常有效的欣赏方式。市面上有许多的幼儿音乐动画片，但创作水平良莠不齐。因此选择音乐动画片对幼儿进行音乐欣赏活动，就要求教师一定要选择优秀的动画作品，只有优秀的音乐动画作品，才能够使幼儿加深对音乐的形象记忆，同时引导幼儿对音乐做出正确的体会和理解。

第三节　中班幼儿欣赏游戏的设计与指导

一、中班幼儿欣赏能力的特征

（一）对音乐作品内容的理解

与小班幼儿相比，中班幼儿在思维、想象上有了进一步提高。因此，音乐欣赏过程中他们音乐的理解能力在不断发展。这种理解能力通常表现在歌曲及标题器乐曲的理解上，他们借助于歌词及已有的生活经验、音乐经验，基本上可以理解音乐作品的内容，包括内容比较复杂的儿童歌曲所表达的艺术表演形象。但是，中班幼儿对于较为复杂的、没有标题的纯器乐曲的理解还有一定的困难。

（二）倾听能力的发展

中班幼儿的倾听能力有了很大提高，能逐渐辨别声音的不同变化。他们不仅能听出音乐的音区、速度、力度、节拍等方面的变化，还能听出乐段和乐句之间的重复和变化。另外，幼儿已经能初步感受到音乐作品中较为突出的感情色彩，尤其是对比鲜明的音乐，如进行曲的雄壮和抒情曲的悠然等，但是对音乐作品中的力度和速度的细微变化还感受不到，也不能辨别由于音区不同和演奏不同而造成音色上的差别。

（三）对音乐作品的感受力

中班幼儿已经进入音乐学习的关键期。他们对一些旋律简单、情绪情感明显的小型乐曲可以独立欣赏并了解。此时的幼儿已经能够感受一些不同题材、风格鲜明、结构短小的歌曲、乐曲，基本上能够理解音乐所表达的情绪和情感，并由此产生一定的想象、联想，再用外部动作加以反映。

二、中班幼儿欣赏游戏的设计

欣赏游戏的指导设计方案以及它的实施方法都是由欣赏游戏本身的特征决定的，中班幼儿欣赏游戏应该以中班幼儿的年龄特点为基础进行设计，通过倾听使幼儿的眼界更加开阔，丰富他们的音乐经验，发展他们的记忆、想象和思维，对于音乐产生稳定而持久的兴趣，这里我们结合中班幼儿的特点进行分析。

（一）音乐的选择

由于中班幼儿的认知发展水平进一步提高，对于事物的分析能力也进一步增强，中班幼儿可以通过很多形式表现他们欣赏到的音乐。所以在音乐的选择上，可以挑选一些比较有特色的曲目，比如不同地域的、段落对比明显的曲目，内容较为广泛。风格比较多样的音乐作品都可以作为中班幼儿音乐欣赏的内容，比如舞曲、进行曲、摇篮曲、爵士乐等。

（二）活动目标

中班幼儿的听辨能力有所提高，逐渐能分辨声音的细微变化了，能通过教师的引导初步感受到乐曲的结构，听出乐段、乐句的重复，以及乐曲在情绪上的明显差异，并且能够理解音乐所表达的情感，由此产生一些联想和想象。由于乐曲的不同乐章代表着不同的情感和风格，所以让幼儿自己去发现其段落的划分和风格不同也是欣赏游戏的一个目标，比如在欣赏贝多芬的《月光奏鸣曲》时，大部分幼儿都能明白地表达出他们的心中第一乐章和第三乐章的不同风格，还能通过自己的感受进行分析总结。同时，中班幼儿具备一定的音乐欣赏表达能力，游戏中表达的形式可以是多样性的，如通过动作来表达，或者通过语言和编创小故事来表达等。

（三）活动准备

1. 教师自身准备：对欣赏音乐的基本信息、风格特点、文化背景的深入了解。

2. 环境准备：根据欣赏的音乐来布置环境，如：教师站位、桌椅摆放、光线等。

（四）活动过程

首先教师应该进行引导，在引导的过程中，教师可以把欣赏过后要跟幼儿分享的一些问题先暗示给幼儿，让幼儿有一个心理准备，在欣赏的过程中，教师可以把欣赏游戏的活动重点更加突出一些，比如教师的目标设定中有关分段的目标，那么在重点段落结束或者开始的时候有一些眼神或动作的提示，这些提示的目的不是要告诉幼儿段落的变化，而是要提醒幼儿注意，以免幼儿注意力不集中从而达不到欣赏游戏的效果。

在欣赏过后的分析中，教师可以简单进行引导，其他都由幼儿自己来表达，如果把空间交给幼儿，他们会给你一个更大的空间。由于每个人的心情和经验决定了不可能每个人对乐曲的感受都一样，所以在游戏结束后的评价总结时，教师应做到客观地对待幼儿对所欣赏曲目的想法和意见。

（五）教学建议

中班幼儿还停留在强烈的自我中心时期，所以幼儿对于曲目的分析往往都是结合自己的经验的，他们可能不容易接受跟自己完全不同的意见，教师在活动过程中要注意调节幼儿之间的讨论交流，进行恰当的指导，避免因意见纠纷引起的混乱。

三、中班幼儿欣赏游戏的课例

1. 飞　　行

1=G $\frac{4}{4}$

《阿甘正传》主题曲
李　　梦设计

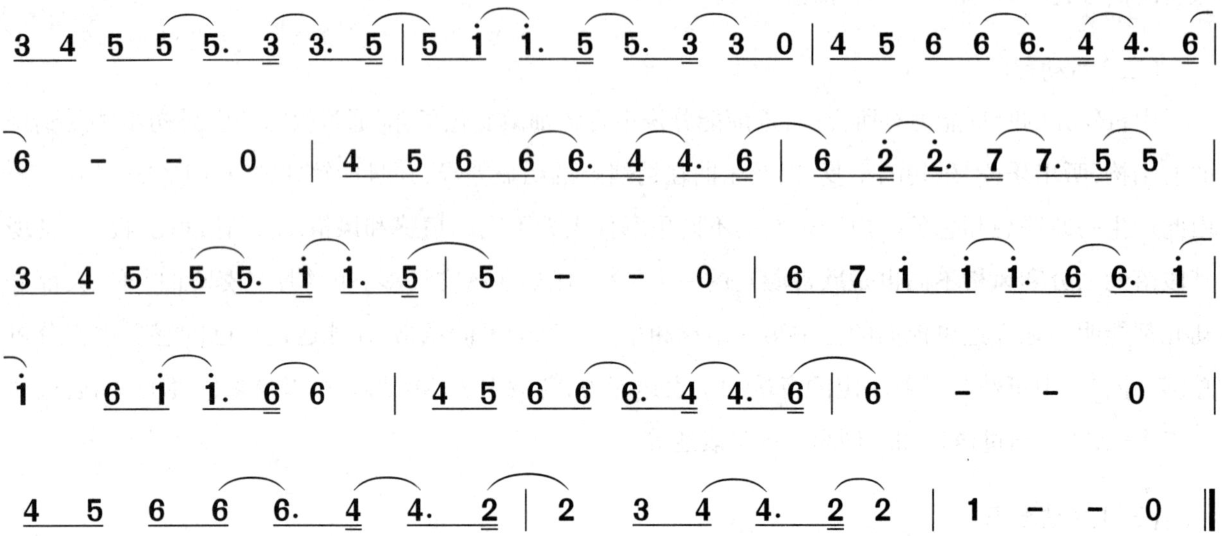

3 4 5 5 5. 3 3. 5 | 5 1̇ 1̇. 5 5. 3 3 0 | 4 5 6 6 6. 4 4. 6 |

6 – – 0 | 4 5 6 6 6. 4 4. 6 | 6 2̇ 2̇. 7 7. 5 5 |

3 4 5 5 5. 1̇ 1̇. 5 | 5 – – 0 | 6 7 1̇ 1̇ 1̇. 6 6. 1̇ |

1̇ 6 1̇ 1̇. 6 6 | 4 5 6 6 6. 4 4. 6 | 6 – – 0 |

4 5 6 6 6. 4 4. 2 | 2 3 4 4. 2 2 | 1 – – 0 ‖

一、活动目标

1. 体会音乐的轻柔与悠扬。

2. 形成起飞和降落的概念。

3. 在“飞行”的整个过程中能够保持安静，并能够听从教师的指令。

二、活动准备

物质准备：电影《阿甘正传》主题曲慢板部分、儿歌《小飞机》、用纸折的纸飞机。

三、活动过程

1. 游戏导入。

教师：“我们来做一个小飞机的游戏吧。”

教师教幼儿《小飞机》的儿歌，根据歌词带领幼儿做小飞机滑行的动作。

教师：“请小朋友们跟老师学，老师说一句你们说一句。‘我是一架小飞机，一飞飞到半空里，围着宝宝转一圈，飞机飞到他手里。’”

“小飞机游戏”：小朋友们坐小板凳围坐成一圈，教师将纸飞机放在某一个小朋友的手中，教师与全体幼儿一起说儿歌，当说到“围着宝宝转一圈”的时候，把“宝宝”替换成下一个小朋友的名字，第一个小朋友便围着第二个小朋友转一圈，然后把小飞机递给第二个小朋友。依次重复直到每一个小朋友都做一遍。

2. 活动展开。

教师：“刚才我们让这个小飞机进行了一次长途的飞行，它现在需要去休息了。我们要做另一个游戏，现在，我们每一个人都是一架小飞机了，我们现在可以自由地飞了。”

教师和幼儿两个胳膊架起，一起在教室里慢慢地跑动。

教师："嘘……小飞机们累了，它们要休息了。"

教师让幼儿回到自己的位置，安静下来。

教师："飞机会怎么飞呀？会有高有低吗？会不会快速地飞高飞低呀？会旋转吗？会上下翻滚吗？飞机是平稳地飞行，还是晃动地飞行呀？"

教师提出问题，让幼儿回答飞行的多种方式，并演示。

教师："飞机是怎么起飞和降落的呢？是一下子飞起来，重重地落下去，还是轻轻地飞起来，轻轻地落下去呢？"

教师用小飞机来演示飞机的起降。

教师："是轻轻地吗？这是我们在飞机里为旅客们播放的音乐，也是轻轻的吗？"

教师第一次播放电影《阿甘正传》主题曲慢板部分。

教师："现在你们每一个小飞机都要起飞了，但是老师有两个要求：每一个飞机上都载着好多的乘客呢，你们一定要平稳地飞行。还有，你们要听音乐，安安静静地飞行，好吗？"

教师为幼儿的飞行游戏提出要求。

教师："现在，每一架小飞机找到自己的位置，准备起飞了。"

教师第二次播放电影《阿甘正传》主题曲慢板部分。并给幼儿明确的起飞和降落的指令，让幼儿随着悠扬的音乐在教室里"自由翱翔"。

教师："现在呀，老师把你们分成几组，我们对着飞，但大家一定要注意对方，不要撞到一起！"

教师可以开发多种集体飞行、合作飞行的方式继续游戏，伴随电影《阿甘正传》主题曲慢板部分"飞行"。

四、教学建议

1. 此处的儿歌《小飞机》是将原版的儿歌进行改编的，原版的儿歌内容是："我是一架小飞机，一飞飞到半空里，围着妈妈转三圈，一下落在她怀里。"

2. 飞行的游戏容易使幼儿在飞的过程中大叫大嚷，无法听从教师的口令，所以就要求教师让幼儿飞行前先聆听音乐，提示幼儿在音乐的意境里飞行。

3. 飞行的方式还有很多，例如：幼儿在绕圆圈飞行的同时，教师提示他们要有高低起伏的变化、速度快慢的变化等。再例如：教师可以将"飞机"分成多个小组，每组排成队，一起直线飞行、圆圈飞行、交叉飞行等。

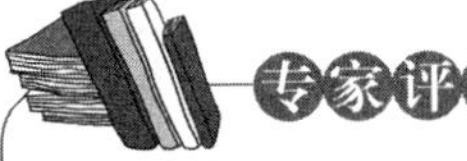

专家评析

"飞行"贯穿了整个欣赏游戏活动，"让幼儿在倾听中得以游戏，在游戏中得以倾听"可说是此活动最为成功之处。教师在导入环节设计了"小飞机游戏"，幼儿自由、开心地"飞行"似乎使得游戏快要失去控制时，教师通过及时引导幼儿归于平静。之后，教师播放《飞行》音乐，让幼儿注意倾听，并不断引申幼儿用动作表现音乐的内容，这使得幼儿对歌曲有了充分的情感体验。

2. 运 动 会

1=C 2/4

A大调回旋曲
李 梦设计

小快板

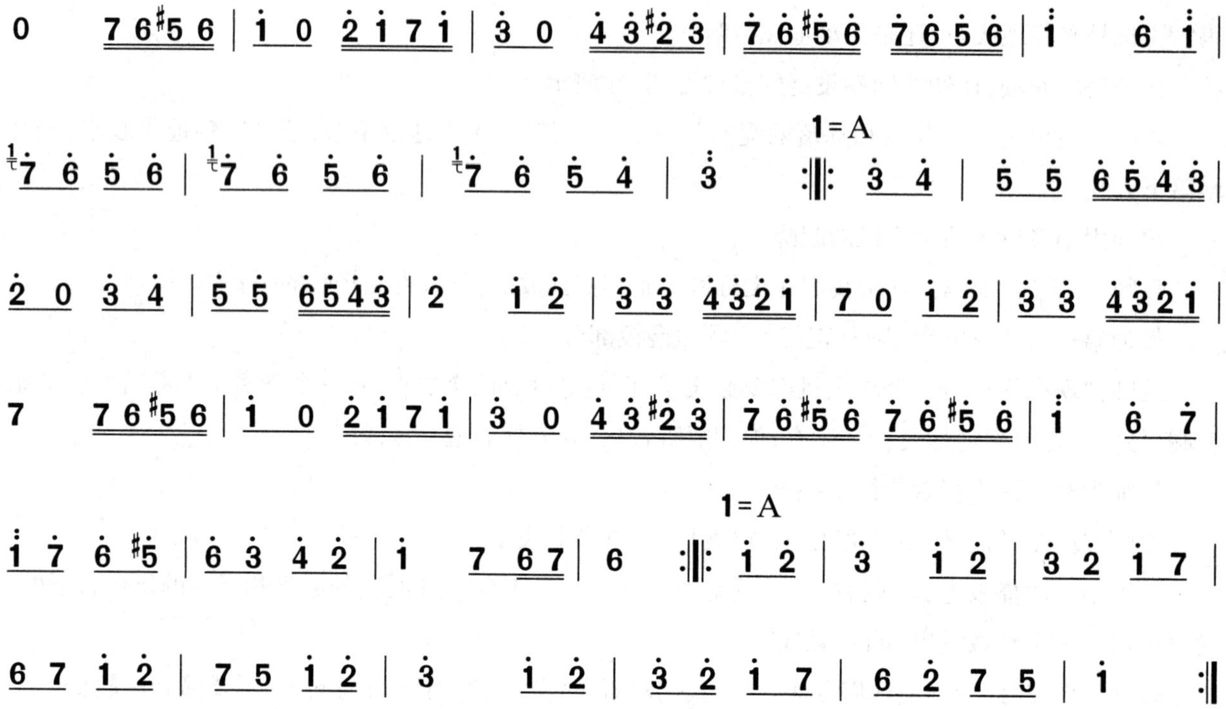

0 76#56 | 1 0 2171 | 3 0 43#23 | 76#56 7656 | 1 61 |

7 6 5 6 | 7 6 5 6 | 7 6 5 4 | 3 1=A :|: 3 4 | 5 5 6543 |

2 0 3 4 | 5 5 6543 | 2 1 2 | 3 3 4321 | 7 0 1 2 | 3 3 4321 |

7 76#56 | 1 0 2171 | 3 0 43#23 | 76#56 76#56 | 1 6 7 |

1 7 6 #5 | 6 3 4 2 | 1 7 67 | 6 1=A :|: 1 2 | 3 1 2 | 3 2 1 7 |

67 1 2 | 75 1 2 | 3 1 2 | 3 2 1 7 | 6 2 7 5 | 1 :||

一、活动目标

1. 通过音乐的速度和节奏差异辨别音乐的情绪。

2. 结合生活经验,模仿不同项目的运动员的动作。

3. 在富有变化的音乐中,不断变换模仿的运动员,感受土耳其军乐的特色。

二、活动准备

物质准备:音乐《土耳其进行曲》、不同运动项目的图片(骑马、跑步、跳远、跳绳)。

经验准备:幼儿对奥运会有一定了解。

三、活动过程

1. 创设情境,引入主题。

教师:"你们知道奥运会吗?"

教师:"在奥运会上你们都看到一些什么项目?"

幼儿回答。

教师:"那你们能说一说,运动员们比赛的时候都有什么样的动作吗。"

幼儿回答。

2. 活动展开。

教师:"每当运动员们要参加比赛进场的时候,你们都会听到什么音乐?"

引导幼儿回答进行曲。

教师:“这个进行曲音乐,让你听起来有一种什么样的感觉?”

幼儿回答。

教师:“今天,我们 ×× 班也要举办一次奥运会,老师也要播放一首进行曲,你们听听都有谁来参加我们的奥运会了。”

教师播放音乐,幼儿首次聆听。

教师:“你们听到音乐里都有什么项目的运动员来参加我们的奥运会了?”

幼儿回答。

教师:“那么我们班的小朋友们有没有人也想来参加我们的奥运会呢?”

教师将幼儿分组,分别参加不同的比赛,如“跑步”“跳绳”“跳远”。

教师:“现在老师再为你们播放一次这首进行曲音乐。我们也来学学我们国家的奥运健儿。小朋友做着自己要参加的比赛项目的动作,一起按顺序进场。看看哪一组小朋友最神气!”

教师再次播放音乐,带领幼儿分组,在不同动作的辅助下,欣赏音乐。

在教师的带领下,幼儿分组做着动作,有序“进场”。

教师:“哪位小朋友还能开动自己的小脑筋想一想,自己的那组动作还能换成别的什么动作呢?”

教师引导幼儿进行创编。

教师:“你们每一个人表现得都像是一个真正的运动员一样,老师实在太为你们感到骄傲了。希望你们长大以后也能成为一名优秀的运动员,为国争光。或者在其他的岗位上也有像今天这么出色的表现,为国家奉献一丝力量。”

四、教学建议

1. 幼儿主动创编的动作,教师应有选择性地采用。若音乐出现高潮时,就不应该采用过于柔美的运动,这样反而不能帮助幼儿理解音乐情感。

2. 带领幼儿使用辅助动作欣赏音乐时,教师可尽量控制幼儿的情绪不要过于兴奋,以免幼儿专注于动作游戏,忽视活动主题。

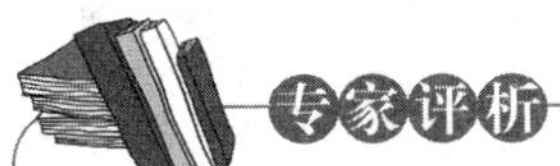

此欣赏活动设计选用的音乐是《土耳其进行曲》。这是一首具有回旋曲曲式风格的乐曲,主题简洁而极具节奏化。根据曲式特点,教师设计了音乐欣赏活动:运动会。活动伊始,教师带领幼儿认知奥运会的体育项目,为活动的展开做了铺垫。随后教师创设了游戏情境,让幼儿举办自己的运动会,并通过倾听音乐,配合不同项目的运动动作辅助幼儿对音乐进行理解,情景化的场景使欣赏活动变得富有情趣。

3. 丑小鸭

1=F 2/4

♩=95

范修奎词
邓洛章曲
李梦设计

(5 56 5 3 | 5 06 5 5 | 5 56 5 3 | 1 03 2 2 | 2 23 5 6 | 6 5 3 | 2 5 3 2 | 1 02 1 1) |

5. 6 5 3 | 5 06 5 3 | 2 1 0 6 | 5 - | 1 1 6 5 | 5 6 5 3 |
1. 丑小鸭，长得丑，不合群，不交朋友，
2. 丑小鸭，长得丑，有梦想，有追求，

5 6 3 | 2 3 2. | 3 3 5 6 | 3 2 3 | 2 3 1 | 6 - |
不交朋友。爸爸妈妈带它去郊游，
有追求。我与丑小鸭交朋友，

5 6 1 3 | 5. 6 5 3 | 2 5 0 6 | 1 6 1. | 5 6 3 | 5 06 5 3 |
形影不离躲身后，躲身后，又自卑，
不嫌它笨不嫌它丑，不嫌它丑，给它鼓励，

5 1 3 | 2 - | 2 23 5 6 | 6 5 3 | [1.] 2 5 3 2 | 1 2 1. :||
又害羞，不敢说话亮歌喉，亮歌喉。
给它加油，高歌逐浪争上游，

[2.] 6 5 3 | 5 - | 5. 0 | 2 5 0 6 | 1 6 1. | 1 0 ||
争上游，争上游。

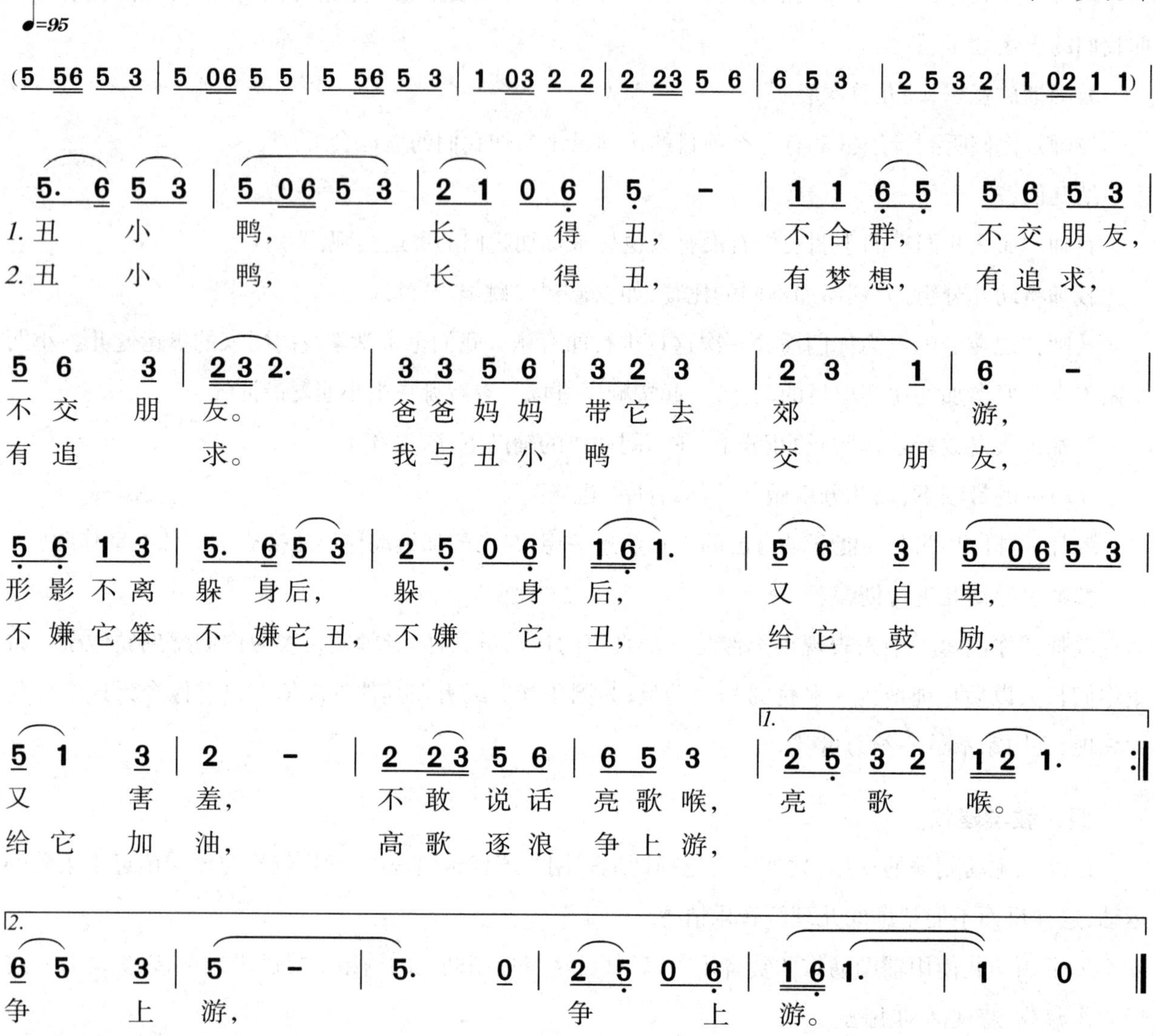

一、活动目标

1. 欣赏歌曲《丑小鸭》，理解歌词。

2. 在理解歌曲内容的基础上，用身体语言来表达歌曲。

3. 能简单模仿舞蹈动作或自由舞动。

二、活动准备

物质准备：歌曲《丑小鸭》、故事《丑小鸭》、《群鸭戏水》舞蹈视频。

三、活动过程

1. 故事导入。

教师："今天呀，老师给你们讲一个丑小鸭的故事。仔细听听故事在讲什么。"

教师讲述丑小鸭的故事。

2. 活动展开。

教师:“小朋友们,你们听这是什么声音?”

另一位老师学小鸭叫,躲在一边不出来。

教师:“咦? 是什么呀? 哦,对,是小鸭子。它怎么不出来呀? 哦,我明白了,让我们也一起学小鸭子叫,看它出不出来好吗?”

“小鸭”教师一摇一摆地出来:“呱、呱、呱呱呱,我来了、我来了。小朋友们,你们认识我吗? 让我来自我介绍一下吧。”

第一遍欣赏《丑小鸭》,教师边唱边表演。

教师:“刚才小鸭子老师唱的是什么呀? 小朋友要是没听清楚,就让小鸭子老师再表演一次。”

第二遍欣赏《丑小鸭》。

教师:“现在听清楚小鸭子老师在说什么了吧。”

在第二遍欣赏后,教师边表演边把歌词慢速重复。

教师:“小朋友们,跟着老师一起说好吗?”

教师边表演边带领幼儿慢速重复歌词。可重复多做几遍。

教师:“让我们来听听歌,看看老师唱得对不对。”

第三遍欣赏《丑小鸭》。

教师:“谁能告诉我,小鸭子长什么样子呢?”(幼儿回答)

教师引导幼儿进行肢体表演。

第四遍欣赏《丑小鸭》。

教师:“现在我们做个游戏,我是鸭妈妈,你们是鸭宝宝,你们跟我学动作好吗?”

教师带领幼儿表演。

欣赏舞蹈:《群鸭戏水》。

教师:“我们来看看小姐姐们是怎样跳的。”

在观看的时候教师要引导幼儿注意小鸭子的走姿和用手表现小鸭子的舞蹈段落。

模仿小鸭子的动作。

教师:“现在让小鸭子们快乐地舞蹈吧。”

播放《丑小鸭的音乐》,让幼儿自由舞蹈。

四、教学建议

1. 让幼儿听清和理解歌词是关键,通过歌词的阐述让幼儿更形象地认识小鸭子。

2. 在表演歌词时,教师的动作一定要清晰、夸张,幼儿才会看明白,觉着有趣。

3. 在欣赏舞蹈片段时,本活动提出的对“小鸭子的走姿和用手表现小鸭子的舞蹈段落”着重进行欣赏,是因为鸭子走路的动作与用手表现小鸭子的动作生动有趣,简单易学。

4. 幼儿对舞蹈动作模仿的像与不像并不重要,只要捉住了小鸭子的某一特点,并随着音乐进行自由舞蹈即可。

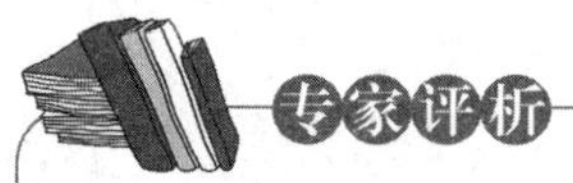

相对于其他音乐游戏活动,欣赏游戏较为抽象,也难长时间集中幼儿的注意力。因此需要教师合理设计教学活动的各个环节,以有效达成教学目标。《丑小鸭》就采用了层层递进、环环相扣的环节设计。根据幼儿的最近发展区特点,教师通过表演、欣赏、互动游戏等不同的形式和手段,对幼儿的学习能力不断提出适宜挑战,在调动了幼儿学习的兴趣的同时,也有效降低了音乐欣赏游戏的难度。

4. 天　　鹅

1=F $\frac{4}{4}$

圣 - 桑作曲
李 梦　周金融设计

(2) | 1 7 3 | 6 5 1 | 2 - 2 3 | 4 - - |
6 - 7 1 | 2 3 4 5 6 7 | 3 - - | 3 - - | 1 7 3 |
6 5 1 | #2 - 2 3 | #4 - - | 7. #1 #2 3 | #4 5 6 7 #1 #2 |
5 - - | 5 - - | 5 3 1 | 6 7 1 | 5 - 5 6 |
7 - - | 4 2 b7 | 5 6 b7 | 4 - 4 5 | 6 - - |
6 2 3 | 4 - 5 6 | 7 - - | 6 - - | 6 2 3 |
#4 - 5 6 | b7 - - | ♮7 - - | 1 7 3 | 6 5 1 |
2 - 2 3 | 4 - - | 6 - 7 1 | 2 3 4 5 6 7 |
3 - - | 3 - - | 3 2 6 | 1 7 4 | 6 5 1 |
2 3 1 | 3 - - | 4 5 3 | 6 - - - |
rit.
6 7 5 | 1 - - | 1 - - | 1 0 0 ‖

一、活动目标

1. 了解圣－桑的《动物狂欢节》,以及其中的著名曲目片段。

2. 通过手部的动作展现天鹅翩翩起舞的美感。展开想象,尝试表达乐曲所展现的画面。

二、活动准备

物质准备:音乐:圣－桑的《天鹅》;芭蕾舞剧《天鹅湖》片段;故事《天鹅湖》。

三、活动过程

1. 创设情境,引出主题。

教师播放芭蕾舞《天鹅湖》片段。

教师:"小朋友们,你们知道刚才老师给你们放的是什么吗? 看过芭蕾舞吗?"

幼儿回答。

教师:"这是一个名叫《天鹅湖》的芭蕾舞剧,舞蹈演员都用他们的舞蹈动作给我们讲了一个什么故事呢?"

幼儿回答。

2. 活动展开。

教师:"老师今天给你们讲一个《天鹅湖》的故事,我们一起来听一听这个发生在天鹅湖的美丽童话。"

教师播放音乐,并为幼儿讲述天鹅湖的故事。

教师:"故事中,王子第一次来到天鹅湖的时候,他看到了一幅什么样的场景呢?"

幼儿回答。

教师:"王子来到湖边,拨开层层矮树,湖中波光粼粼,月亮的倒影把一切都照得透亮。雪白的天鹅成群结队地在湖面上滑行似地游动,他们慢慢地游到湖边,上岸之后,神奇的事情发生了! 他们一个一个地变成了美丽的少女。他们嬉戏玩耍,不亦乐乎。"

教师:"刚才老师讲故事时播放的那首曲子就是著名音乐家圣－桑所写的《天鹅湖》,他用美妙的音符代替文字,描绘了一幅天鹅在湖中翩翩起舞、自由自在游戏的场景。"

教师:"小朋友们,你们觉得天鹅美吗?"

幼儿回答。

教师:"想要变成一只美丽的白天鹅的小朋友请把你的双手举得高高的。"

教师指导幼儿把手做成小鸟飞翔的样子。

教师:"小天鹅们,让我们在音乐中翩翩起舞吧!"

教师播放音乐,带领幼儿随音乐的韵律,用双手翩翩起舞。

教师:"现在老师想告诉你们,这首音乐与我们刚才所观看的芭蕾舞剧《天鹅湖》的作者并不是一个人,这是选自圣－桑的《动物狂欢节》中的《天鹅》。这首曲子中,天鹅在湖中翩翩起舞。老师仿佛听到了它们的爪子波动湖水的声音。一起说说看你们听到了什么?"

幼儿回答。

教师:"回家后每个小朋友想一下今天的两首跟天鹅有关的曲子有什么区别? 你喜欢哪一首? 下节课我们一起再来听听看《动物狂欢节》里还写了哪些动物,好吗?"

四、教学建议

1. 教师带领幼儿随音乐韵律用双手舞蹈时，教师可将注意力更多地集中在音乐左手的伴奏中，跟随如水波荡漾般的伴奏，用双手在空中起舞。

2. 教师可以将教室布置一番，令幼儿身临其境。教师为幼儿讲述《天鹅湖》的故事时，应配合背景音乐，让幼儿仿佛真正走进了宁静又神秘的天鹅湖，看到了美丽的天鹅。

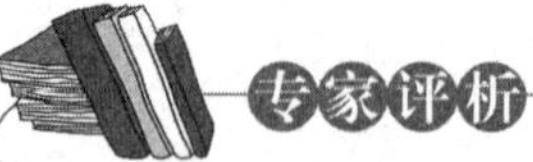

圣－桑的《天鹅》选自他创作的《动物狂欢节》组曲。这首《天鹅》是整套组曲中最受欢迎的和流传最广的一首乐曲。它的主要旋律几乎没有什么装饰，但这样的轻描淡写却比华美的辞藻更适合于天鹅本身，也显得更加一往情深。教师以芭蕾舞剧《天鹅湖》的片段引入，由少女幻化为天鹅的故事吸引着幼儿，也唤起了他们对美的感知。于是，在之后的欣赏中，幼儿脑海中挥之不去的是舞动着婀娜身姿的天鹅仙女。亦动亦静的音乐，仿佛将幼儿带到了美丽的大自然情境中。

5. 水　草　舞

（芭蕾舞剧《鱼美人》选曲）

1=B $\frac{2}{4}$

吴祖强、杜鸣心曲
李　依　泽设计

5 1 | 5 1 | 5323 2326 | 1 － | 1 ♭3 | 1 ♭3 | 14♭34 3434 | 5 － |
mp

5 1 | 5 1 | 5323 2326 | 1212 1214 | 5656 5651 | 3434 3436 |
dim.

1212 1214 | 5656 5653 | 5 1 | 5 1 | 5323 2326 | 1 － | 5 1 |
mp *p*

转1=D（前1＝后6）

5 1 ‖: 61 36 | 51 63 | 5. 6 5 ♯4 | 3 － | 35 73 | 25 31 | 23 1 ♭7 |
p

6 － | 61 36 | 51 63 | 56 51 | 3 ♯4 36 23 26 | 12 13 | 1. 67 63 :‖

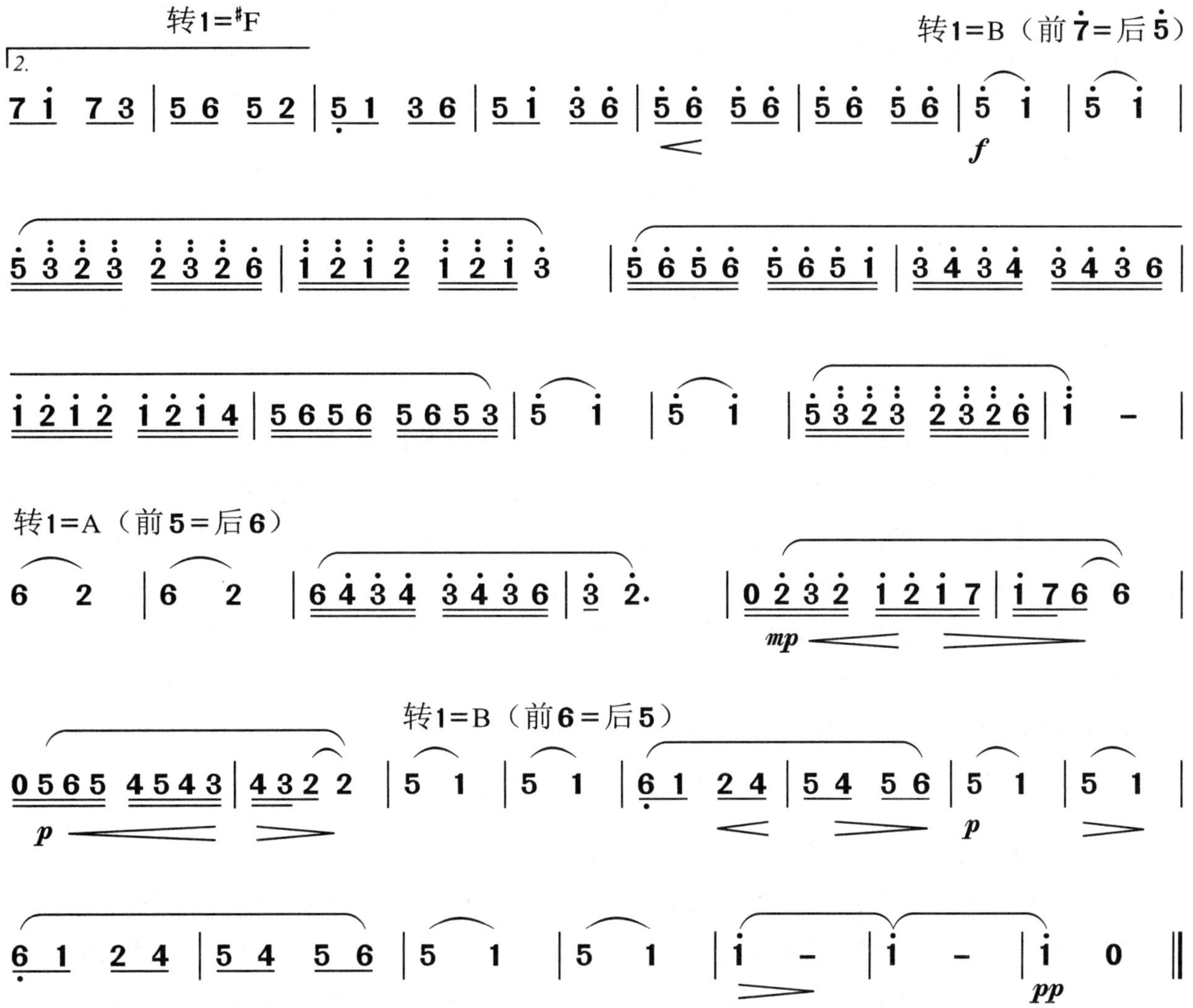

转1=#F　　　　　　　　　　　　　　　　　　转1=B（前7=后5）

2.

7 1 7 3 | 5 6 5 2 | 5 1 3 6 | 5 1 3 6 | 5 6 5 6 | 5 6 5 6 | 5 1 | 5 1 |

<　　　*f*

5323 2326 | 1212 1213 | 5656 5651 | 3434 3436 |

1212 1214 | 5656 5653 | 5 1 | 5 1 | 5323 2326 | 1 – |

转1=A（前5=后6）

6 2 | 6 2 | 6434 3436 | 3 2· | 0232 1217 | 176 6 |

mp

转1=B（前6=后5）

0565 4543 | 432 2 | 5 1 | 5 1 | 61 24 | 54 56 | 5 1 | 5 1 |

p　　　*p*

61 24 | 54 56 | 5 1 | 5 1 | 1 – | 1 – | 1 0 ‖

pp

一、活动目标

1. 认识水草。

2. 了解水草的运动方式。

3. 能随音乐创作水草的动作或模仿《水草舞》中演员的动作。

二、活动准备

物质准备：

（1）舞剧《美人鱼》的《水草舞》乐曲选段。

（2）小鱼、水草的图片。

（3）水草的纪录片。

（4）绿色条状皱纹纸。

三、活动过程

（1）《鱼和水草》的游戏。

将小朋友分成两组，一组做“水草”：由小朋友自己选择站在教室的各个角落或者不规则地站在教室中央,另一组做“小鱼”,“小鱼”在“水草”中穿梭。教师可以有一些提示性的语言:“有些小鱼会一直围着水草转圈圈”“有些小鱼和某一种水草是好朋友,他们一起游戏、一起玩耍”“有些水草很不友好,因为他们会把小鱼吃掉,所以有些小鱼躲着他们”……让“小鱼”以多种方式在“水草间”玩耍。一组做完后,互换角色。

(教师出示小鱼的图片)教师:“小朋友们,你们知道小鱼的好朋友是谁吗?”

引导幼儿说出“水草”。

教师:“你们说说水草是什么样子的,让我们通过纪录片来看看吧。”

播放水草的纪录片。

为幼儿展示水草的图片。

教师:“现在老师给你们每人一个小水草,你们来带着它们舞蹈好吗?”

教师将条状皱纹纸发给幼儿,播放《水草舞》的音乐,让幼儿带着皱纹纸随意起舞。教师可以先为幼儿做示范或者用一些指导性的语言:“让水草左右摆动”“让水草斗起来”“让水草转起来”“让水草由低到高地游,再由高到低地游”……引导幼儿进行多种肢体的表现。

教师:“让我们来看看舞蹈家们是怎样跳水草舞的,看看和你们跳得有没有一样的地方。”

播放舞剧《鱼美人》的《水草舞》舞蹈片段。

教师:“刚才大家都看了舞蹈家们的水草舞,我们来模仿他们跳舞吧。”

让幼儿通过记忆和联想、想象《水草舞》的动作,自由起舞。

四、教学建议

1. 对于刚上中班的幼儿,此律动可以拆分成两个活动。第一个活动在认识水草后,让幼儿拿着皱纹纸随意起舞。这一段的舞蹈其实就是简单的音乐即兴活动。皱纹纸很轻飘,条状皱纹纸会随风起舞,很美,幼儿会玩得很开心。第二个活动,即后半部分的内容,让幼儿欣赏水草舞并模仿。因为中班幼儿的肢体控制、模仿舞蹈动作能力还比较弱,所以教师可以引导幼儿只注意舞蹈演员的某一个简单的部位,比如说手、脚、胯。使得幼儿不会因为感觉模仿起来太困难而退却。

2. 模仿的环节,教师一定要以鼓励为主,幼儿是否模仿得准确并不重要,重要的是他们的大胆参与和模仿。

专家评析

对于专业舞蹈的欣赏,教师一定要把握好导入环节,调整好教学的要求和目的。因为专业舞蹈演员的肢体语言与幼儿的肢体表达有着很大的差距,如果教师一再强调模仿的准确性,就会让幼儿产生负面情绪。所以一定要鼓励幼儿,让幼儿认识到自己的肢体语言同样很美,让幼儿认识身体语言的美,并产生表达和学习的欲望,同时在游戏中大胆、积极地参与到身体表达中来,并学会用熟悉的、简单的身体语言表达情绪,这才是我们进行专业舞蹈欣赏的主要目的。

6. 郊　　游

台湾童谣
陈一新伴奏
李依泽设计

1=F $\frac{2}{4}$

中速 愉快地

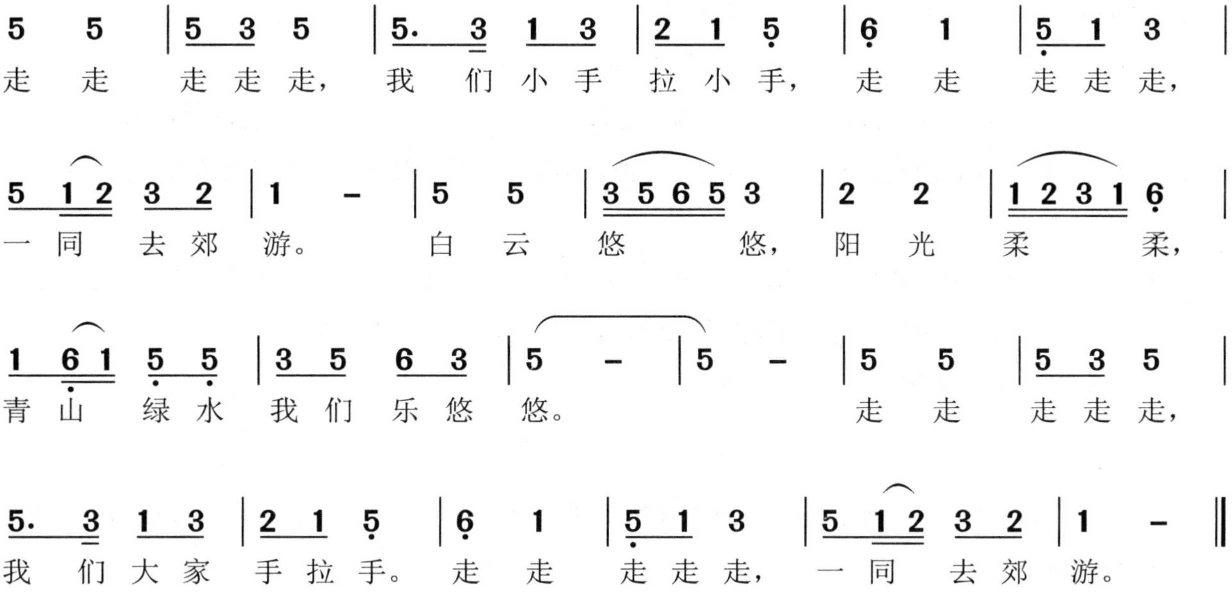

5 5 | 5 3 5 | 5. 3 1 3 | 2 1 5 | 6 1 | 5 1 3 |
走 走 走 走 走，我 们 小 手 拉 小 手，走 走 走 走 走，

5 1 2 3 2 | 1 – | 5 5 | 3 5 6 5 3 | 2 2 | 1 2 3 1 6 |
一 同 去 郊 游。白 云 悠 悠，阳 光 柔 柔，

1 6 1 5 5 | 3 5 6 3 | 5 – | 5 – | 5 5 | 5 3 5 |
青 山 绿 水 我 们 乐 悠 悠。走 走 走 走 走，

5. 3 1 3 | 2 1 5 | 6 1 | 5 1 3 | 5 1 2 3 2 | 1 – ‖
我 们 大 家 手 拉 手。走 走 走 走 走，一 同 去 郊 游。

一、活动目标

1. 感受A段音乐的欢快和B段音乐的优美。

2. 通过欣赏歌曲《郊游》使幼儿喜欢大自然。

3. 幼儿能够用绘画的方式表达对大自然的热爱之情。

二、活动准备

物质准备：歌曲《郊游》、画板、画纸、颜料、动物手偶。

经验准备：幼儿参加过春游，对大自然有初步的了解。

三、活动过程

（室外操场，幼儿围坐成圆）教师："小朋友们好（歌唱）！"

教师："今天的天气真好，蓝蓝的天，白白的云，小朋友们喜欢这样的天气吗？"

教师："今天森林里的小兔子来到我们班，还为小朋友们带来了一首好听的歌曲，小朋友们想不想听听？"

教师："让我们一起听一下动物朋友们在做什么，要认真仔细地听哦！"（播放音乐《郊游》）

教师："有哪位小朋友能说一说，在这样好的天气里，动物朋友们都做了什么？"（去郊游）

教师："哦？那它们是怎样去的呢？大森林里又是什么样的呢？让我们再听一遍音乐看看你们还能听出来什么。"

教师："嗯，小朋友说得都很好，有些小朋友们听出来了小动物们很开心地走着去郊游，有些小朋友听到了森林里有白云，还有水，非常棒。让我们再安安静静地听一遍这首美妙的音乐，然后我们把听到的小动物、大森林用我们的画笔画出来，送给大森林里的小动物们，可以邀请小动物们来我们中一班做客，和我们一起做游戏！”

助教（小兔玩偶）："那太好了，我的动物朋友们一定会非常喜欢的！”

教师："那我们就开始吧！”

（教师分发画具幼儿作画，音乐循环播放。）

作画完毕，要请小朋友们分享自己的画作，教师点评。

教师："小朋友们画得都特别好，分享的内容也很有意思，小兔子非常开心，它已经迫不及待想把在中一班的经历告诉它的动物朋友了，小兔子要带着小朋友们的《郊游》画回到森林里了，让我们和它说再见吧！”

助教（小兔子）："再见小朋友们，谢谢你们的画，希望你们喜欢我给大家带来的音乐，我还会再来的。”

教师："现在让我们听着小兔子为我们带来的这首美妙的音乐回去吧！”

（幼儿听着音乐回到班级，活动结束。）

四、教学建议

1. 本活动可以增加一些郊游场景的创设，在组织形式上可以进行小组活动，在室外使用野餐垫，让幼儿更有郊游的代入感。

2. 可以让幼儿参与到郊游的活动中来，如“走走走”这段音乐可以让幼儿跟着音乐一起走起来，提高幼儿的参与热情。

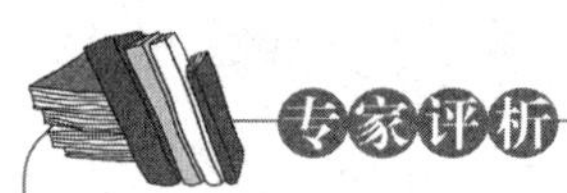

倾听是音乐欣赏的基础，教师在活动中强调了在听音乐时要“静静的”“仔细听”这都在无形中创造了良好的倾听环境，在活动中教师运用小动物提升了神秘化，提高了幼儿的参与热情，引起了幼儿的注意。在幼儿充分倾听、感知与体验音乐的基础上创设条件，采取绘画的方式，丰富了幼儿对音乐作品的感知与体验，现场绘画这样的方式可以帮助幼儿在相关生活经验的基础上，建立对音乐的理解，有效地支持了幼儿对音乐的感受与理解。

第四节　大班幼儿欣赏游戏的设计与指导

一、大班幼儿欣赏能力的特征

（一）理解能力的发展

大班幼儿对音乐作品中歌词所表达内容的理解已经达到了比较成熟的水平，能够独立地理解歌词的含义和表达的情感，感知其细微之处。而他们对音乐作品的理解能力，主要表现在对音乐所引起的情感、想象、联想以及音乐所表达的思想和内容的理解。对结构较为复杂的音乐能够做出自己的解释和理解，并具有逻辑性和关联性。

（二）倾听能力的发展

大班幼儿已经能够初步把握音乐的表现手段，他们不仅能辨别音乐作品中速度、力度及音区的变化，还能辨认乐曲的结构，如二段体或三段体的结构。大班的幼儿对部分乐器的音色有了初步的认识，所以已经可以对所欣赏的音乐进行演奏乐器的分类，如：弦乐、管乐、打击乐……甚至可以听辨出主要的演奏乐器，如：小提琴、大提琴、钢琴等。但对于音色相异性较小的乐器，如：小提琴与中提琴、大提琴与贝斯、长号与圆号等，分辨起来还是比较困难的。

（三）感受能力的发展

大班幼儿对音乐作品的感受能力和理解能力有了很大的进步，已经可以理解音乐的情绪差异和风格差异。随着音乐经验的不断丰富和积累，他们能够感受和辨别较为复杂的音乐作品，并能区别作品结构、情绪和风格上的细微差别，同时也能够对音乐形象鲜明的同类音乐作品进行分析和归类，并且用语言表达音乐感受的能力增强了，能在不同色彩的音乐中自由想象和表现。

二、大班幼儿欣赏游戏的设计

（一）音乐的选择

这个阶段的幼儿对于音乐的感受和理解能力都有了更大的进步，听辨能力更强了，能从对音乐的粗略区分进入比较细致的区分，而且能感受、辨别较为复杂的器乐曲结构、音色以及情绪风格的变化。所以可以选择歌词内容复杂的曲目。针对大班幼儿的发展特点，可以为幼儿选择一些民族音乐，甚至具有丰富音乐文化的世界名曲供他们欣赏，对幼儿进行多种感官的综合培养，充分发挥他们在音乐欣赏活动中的主体作用和个体特点。从而拓宽音乐视野，增强对音乐的鉴赏力。

（二）活动目标

大班幼儿能对纯器乐作品进行清晰的分辨，并且理解音乐作品在速度、力度、音色、节奏等表现手段上的变化。能够在音乐欣赏的过程中有创造性地表现，这种表现不只体现在表现意识的强烈，而且还体现在创造性的表现更丰富、多样。有身体动作、嗓音表达、语言描述、图片再现等。随着年龄的增长，幼儿的音乐鉴赏能力也直接地表现在音乐的偏好上，他们容易受到经验或者偶像崇拜的影响。所以教师在目标设定的时候不要追求所有幼儿的统一，要尊重幼儿的见解，可以通过暗示和指引让他们自己选择音乐偏好。

（三）活动准备

1. 教师自身准备：对欣赏音乐的基本信息、基本风格等的掌握，包括对多媒体课件等辅助材料的准备。

2. 环境准备：根据欣赏的音乐来布置环境，如：教师站位、桌椅摆放、光线等。

（四）活动过程

在活动的过程中，主张多听、多感受，教师应该多次播放所欣赏的曲目，并在每次播放的时候提示，同时在欣赏过后分析幼儿的想法，在反复进行的过程中通过暗示等间接的指导方法实现活动目标，让幼儿自己发现所欣赏曲目的特点和风格类型。由于大班幼儿注意力集中时间较长，可以给一定的时间进行讨论和总结，总结的方式可以是多样性的，可以语言陈述，可以通过动作表现，可以几个人一组，也可以单独进行编故事等。

（五）教学建议

教师引导时间不要过长，主要时间放在欣赏和游戏上，在幼儿不违反基本秩序和安全的情况下，尽量不要控制儿童的行为。由于幼儿对音乐的认识受到幼儿本身经验知识和心理发展水平制约，所以教师应该多给幼儿独立接触音乐的机会，不要强行灌输，着重引导幼儿自己发现、自己感受，建议在欣赏游戏活动中多对乐器进行欣赏。

三、大班幼儿欣赏游戏的课例

1. 蓝蓝天空

1=F 4/4

多乐士广告歌
印晓芳设计

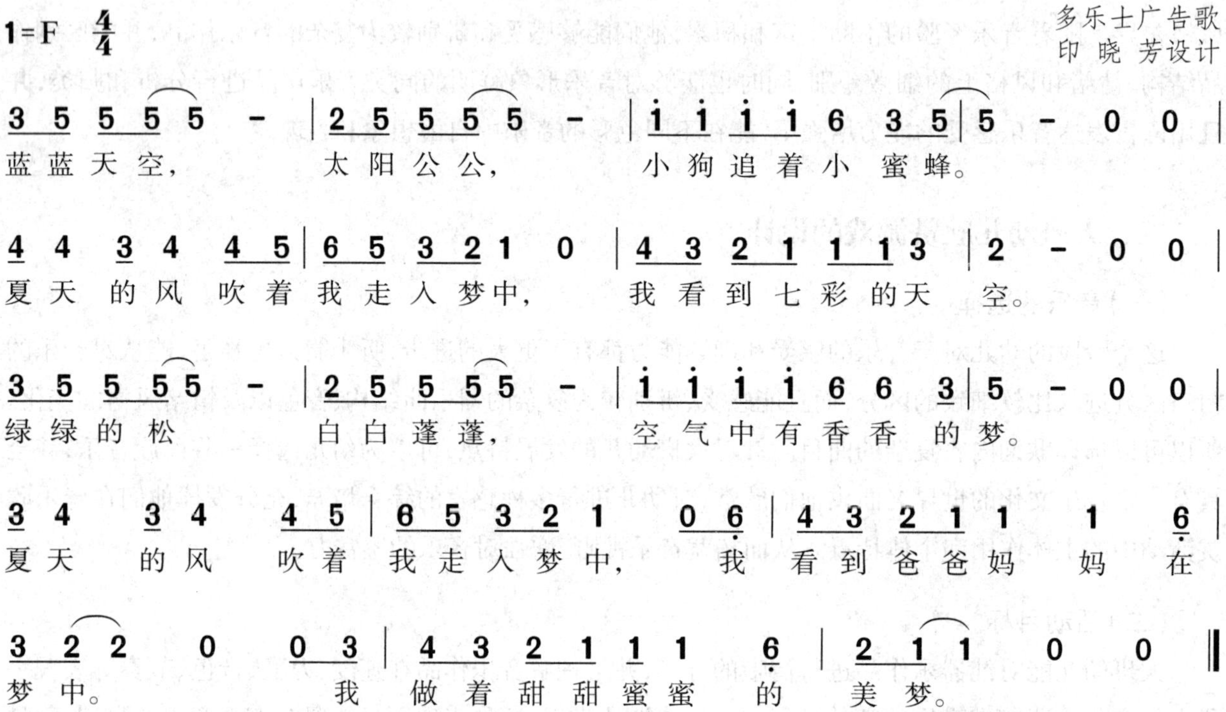

3 5 5 5 5 - | 2 5 5 5 5 - | 1 1 1 1 6 3 5 | 5 - 0 0 |
蓝蓝天空， 太阳公公， 小狗追着小蜜蜂。

4 4 3 4 4 5 | 6 5 3 2 1 0 | 4 3 2 1 1 1 3 | 2 - 0 0 |
夏天的风吹着我走入梦中， 我看到七彩的天空。

3 5 5 5 5 - | 2 5 5 5 5 - | 1 1 1 1 6 6 3 | 5 - 0 0 |
绿绿的松 白白蓬蓬， 空气中有香香的梦。

3 4 3 4 4 5 | 6 5 3 2 1 0 6 | 4 3 2 1 1 1 6 |
夏天的风吹着我走入梦中， 我看到爸爸妈妈在

3 2 2 0 0 3 | 4 3 2 1 1 1 6 | 2 1 1 0 0 ‖
梦中。 我做着甜甜蜜蜜的美梦。

一、活动目标

1. 能在优美动听的音乐中将脑海中想象的画面画出来。

2. 亲身体验唱自己改编歌词的歌曲的快乐。

3. 体会到歌词中的意境美，并能知道初步的环保知识。

二、活动准备

物质准备：歌曲《Wonderful A Blue World》；多媒体课件；蜡笔、水彩笔、油画棒、颜料、白纸、彩纸、贴纸、胶水、剪刀、棉花等；树苗若干、撒水壶、塑料铲子。

经验准备：幼儿有过根据歌曲改编歌词的经验。

三、活动过程

1. 看一看，想一想。

以蓝天的图片导入，播放没有歌词的歌曲《Wonderful A Blue World》。

教师："今天老师请你们闭上小眼睛，想象一下，你们在蓝蓝的天空中能看到什么呀？"

（教师引导幼儿回答洁白的云、各种形状的云、美丽的蓝色、小鸟等）

2. 听一听，想一想。

教师："小朋友们都能'看到'这么多的东西呀，老师呀已经把老师想到的东西编进了歌曲里去啦！你们想不想听听老师的这首歌曲呢？那竖起你们的小耳朵让我们来听听，老师的这首歌曲里都有些什么东西呢？仔细听，老师待会请小朋友们来比比看，谁听得最认真，听到的东西最多。"

听有歌词的歌曲《Wonderful A Blue World》。

3. 画一画，学一学。

（1）教师："老师看到每个小朋友都听得很仔细、很认真，有些小朋友还一边听一边已经在说了呢，那谁来说说看你听到老师的这首歌曲里有什么呀？"

幼儿回答有蓝蓝天空、太阳、小狗、小蜜蜂、夏天的风、梦、绿绿的松、莲蓬、爸爸妈妈、空气等。（若幼儿回答出来的不多，可以再听一至两遍，或者帮助幼儿一起回答）

教师："大家真棒，能听到这么多啊！那你们觉得这首歌好听吗？"

幼儿回答："好听！"

（2）教师："老师把歌词里的东西都做成图片，大家看着图片一起和老师拍手唱唱看，好吗？"

播放蓝天白云等歌词内容的图片集（要按歌曲顺序来），一起和教师学唱歌曲。

（可以唱 1~2 遍）

教师："老师知道很多小朋友也会把自己想象的东西编到歌曲里去的，我们一起把想象的东西画下来，然后试着唱一唱自己的歌曲好不好呀？"

教师："你们可以先把自己小脑袋里想的东西都画下来，可以用蜡笔、油画棒来涂颜色或者用其他材料来让你们的画变得更美丽。"

放着没有歌词的歌曲，幼儿操作画画，教师在旁指导。

4. 唱一唱，变一变。

教师："好多小朋友都完成了自己的作品，让我们来看看大家的画里都有什么呢？"

邀请 1~2 个小朋友上台分享自己的画作，解释里面有什么，为什么要这么画，如果想编进歌曲的话打算怎么编。教师："其他的小朋友也可以和旁边的好伙伴一起分享一下，和他说说你们的画里有什么，想怎么编进自己的歌曲里，听的小朋友要认真听哦，然后再交换。"

幼儿分享自己的画作，交流自己的想法，教师在旁指导。

请一名幼儿上台先分享他的画，让台下幼儿指出他的画里有什么，给他出出主意应该把什么换掉，怎么编。

教师："你们都有这么多好办法啦！那我们大家和他一起试试唱一唱我们这位小作词家的歌曲好吗？来，一起拍着小手唱歌啦！"

教师帮助幼儿一起唱新的歌曲，将直观材料替换成新的东西。

教师："你真厉害！自己写好歌词把它变成了自己的歌曲啦，你们学会了这个方法了吗？下面我再请一个小作词家来让我们和他一起唱唱他的歌曲。"

请 2~3 位幼儿上台，其余幼儿可以和邻座的好朋友分享。

5. "一起保护蓝蓝的天空"在行动，做一名环保小卫士。

教师："看来我们班级里有好多厉害的作词家呢！我们先把画纸放回小桌上，你们可以回家唱给爸爸妈妈听，他们一定会为你们骄傲的呢！"

幼儿收图纸。

教师:“小眼睛在哪里?”

幼儿:“小眼睛在这里。”

教师:“小手小脚在哪里?”

幼儿:“小手小脚放放好!”

放一段马路上汽车轰鸣的声音,低泣的哭声,然后停止。

教师:“嘘,你们听到了什么声音啊?”

幼儿回答。(汽车的声音、还有谁哭的声音)

教师:“那我们来看看到底是不是这些声音,又是什么发出这些声音的呢?”

教师播放一段视频,视频里的天空变得不再蓝蓝的,汽车的尾气弥漫四周,树木被砍伐。(树要拟人化,在哭泣)

教师:“大家从视频里都看到了什么呢?”

(幼儿:汽车后面冒黑烟,小树在哭。)

教师:“是啊,这么多黑烟,这些黑烟不仅对我们的身体有害,对我们的花草树木,河流江水,还有我们生活的地方——地球也有害呢!”(放地球被黑烟笼罩的图片)“看,黑烟把我们的地球也笼罩了呢,那你们觉得我们该怎么办呀?谁来说说看他的想法呢?”

(幼儿:把黑烟吸走,不让烟囱冒烟,不让汽车冒烟,不开车。)

教师:“我知道了,你们的意思是要保护我们的地球环境,对不对啊?”

教师:“你们真是爱护环境的好孩子!对了,我们可以通过少开车、多乘坐地铁的方法来保护地球的环境;我们还可以通过植树造林、爱护绿化的方法来保护环境!多植树,多造林,白白的云朵天上飘,暖暖的阳光身上照,绿绿的小草红红的花儿对我笑,笑我们都是好宝宝!”

教师:“让我们做一个保护环境的好宝宝,一起保护地球上蓝蓝的天空吧。走,我们一起去教室外面的花坛里种上我们自己的小树吧!4个人一组,领好树苗后小心拿到花坛那里等老师来。”

(大家一起到花坛植树。)

四、教学建议

这节课可以将音乐、美术和科学探索教育融合在一起,让幼儿从听、看、操作中体会到游戏的乐趣。在科学探索的方面,导入了基本的环保知识,锻炼幼儿们互相合作和自主解决问题的能力。

多通道参与原则,是当今幼儿园音乐欣赏教育活动改革所提出的一项重要原则,《蓝蓝天空》这一欣赏活动设计,就是借助了听觉以外的其他通道,如:绘画、歌唱、观看视频等,它们之间相互运用、相互融合。在欣赏中,教师通过将音乐化静为动、化虚为实、化生疏为可感、化抽象为形象,使抽象的教学活动变成生动形象的音像结合的复合载体,并呈现在幼儿面前,加深幼儿的直接感受、切身体验,以帮助幼儿更好地理解、感受音乐。

2. 洋娃娃进行曲

（胡桃夹子选曲）

1=G $\frac{4}{4}$

柴可夫斯基作曲
吉　文　佳设计

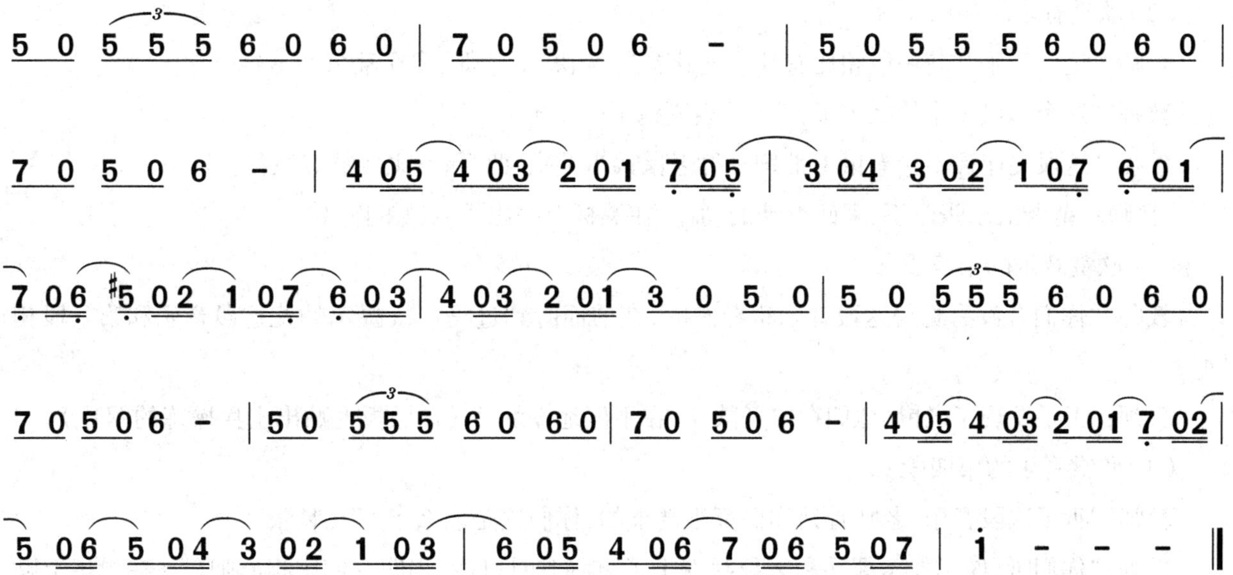

5 0 5 5 5 6 0 6 0 | 7 0 5 0 6 - | 5 0 5 5 5 6 0 6 0 |

7 0 5 0 6 - | 4 0 5 4 0 3 2 0 1 7 0 5 | 3 0 4 3 0 2 1 0 7 6 0 1 |

7 0 6 #5 0 2 1 0 7 6 0 3 | 4 0 3 2 0 1 3 0 5 0 | 5 0 5 5 5 6 0 6 0 |

7 0 5 0 6 - | 5 0 5 5 5 6 0 6 0 | 7 0 5 0 6 - | 4 0 5 4 0 3 2 0 1 7 0 2 |

5 0 6 5 0 4 3 0 2 1 0 3 | 6 0 5 4 0 6 7 0 6 5 0 7 | i - - - ‖

一、活动目标

1. 欣赏音乐，了解音乐的曲式结构。

2. 感受音乐各段落的情绪情感。

3. 能跟着音乐用动作演绎故事情节。

二、活动准备

物质准备：老鼠头饰、小女孩和小王子的衣服、皇冠、故事情节的图片；《玩具进行曲》音乐。

经验准备：幼儿看过电影《胡桃夹子和老鼠国王》或童话《胡桃夹子》。

三、活动过程

1. 导入。

（1）故事导入：回忆故事或电影情节，重点回忆老鼠国王篡权和王子带兵的情节。

教师："小朋友们，我们已经看过了《胡桃夹子和老鼠国王》的电影，有哪些情节对你是印象深刻的？"（老鼠国和王子打仗）

故事情节：从前有一天，王子和他的士兵都被变成了木偶，原来老鼠国王想篡夺王位，最后，在王子的带领下，他们打败老鼠国，夺回了王位，王子也变回了原来的样子。

（2）音乐导入。

教师："今天老师要带大家去一个童话王国玩，让我们一起来听听，童话王国里发生了什么？"（小朋友们在听的过程中跟着老师一起拍打节奏）

2. 分段欣赏。

（1）欣赏音乐的第一段 A。

教师:“这一段旋律带给我们什么感受?”(让幼儿大胆、自由地表述,如很神气的、像士兵等)

教师:“像不像王子带领的木偶兵吹着小喇叭,昂首挺胸在操练?”

(教师示范昂首挺胸踏步等操练动作,鼓励幼儿自由发挥表现,在黑板上贴出士兵操练时的图片。)

(2)欣赏音乐的第二段 B。

教师:“这段音乐和前一段相比有什么变化?”(变快、变急促、像在乱窜)

教师:“这个时候发生什么事了?”(士兵逃跑了……)

教师:“这段旋律像不像老鼠王带领一群老鼠兵东瞧瞧、西看看,想要篡夺王位?”

(教师示范老鼠东张西望、来回走动的动作,在黑板上贴出小老鼠的图片。)

(3)欣赏音乐的第三段 A。

教师:“你们有没有觉得这段音乐很熟悉啊,在前面听到过吗?”(提示幼儿这段音乐和第一段相同)

教师:“王子发现了老鼠,他们在准备战斗,在不停地操练。”(在黑板上贴出士兵操练的图片)

(4)欣赏音乐的第四段 C。

教师:“听了这段音乐,老师看到你们都很严肃的,你们这是怎么了?”(紧张)

教师:“你们听,像不像木偶兵和老鼠兵遇上了,他们在打仗?小朋友们很担心吧。”(在黑板上贴出老鼠和木偶士兵打仗的图片)

(5)欣赏音乐的第五段 A。

教师:“老师发现了一个小秘密,这段音乐前面也出现过了,是在哪些段落中出现的?”

教师:“像这种重复好几次的音乐我们叫作回旋式音乐。”

教师:“猜猜看发生了什么事啊?”(王子赢得胜利,在庆祝)

(在黑板上贴上王子胜利的图片。)

3. 再次欣赏音乐,能根据情节内容,结合音乐演绎故事。

(1)完整欣赏音乐,在每个段落出示提示图片。

教师:“现在我们再听一遍曲子,小朋友们听的时候,想想整个故事发生了什么?”

幼儿边听边回忆故事的发展以及五个段落的音乐特点。

(2)角色演绎。

教师:“小朋友们,想不想一起进入童话世界中感受一下这场战争?”

让孩子们根据音乐情节的发展扮演不同的角色,用动作演绎故事。当 A 段出现的时候,提示幼儿自由发挥做士兵的动作。

4. 扩展延伸。

其他故事情节可以在课后再学习、演绎,最终能形成一个完整的幼儿舞台剧。

四、教学建议

在音乐欣赏的过程中,鼓励幼儿大胆表达自己的想法。教师对音乐的解读只是作为参考。可以把它当作一个儿童的表演节目,适当结合美术学科,让幼儿自己设计表演的服装、场景等。

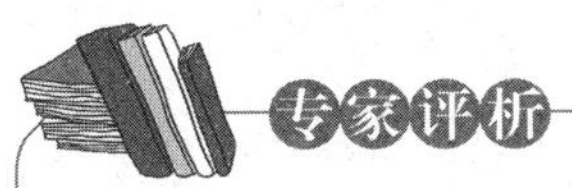

专家评析

《胡桃夹子和老鼠国王》是深受幼儿喜爱的一部电影，将电影情节带入欣赏活动教学中，能起到事半功倍的作用。教师为欣赏活动做了分层设计，将整首乐曲分为五个段落，每欣赏一段音乐过后，引领幼儿分析从中感受到的故事情节。这样，一方面会吸引幼儿的注意力，让幼儿产生继续欣赏的欲望，以致对音乐产生一定的期许；另一方面，避免了幼儿对冗长音乐的枯燥乏味之感，易让他们深刻体会到音乐本身的情感并产生共鸣。

3. 春之声圆舞曲

小约翰·施特劳斯曲
王 莉 莉订谱、注释
王 宇 聪设计

1=D 3/4

(5 0 #4 5 | 6 0 2 3 | ♮4 0 7 1 | 2 0 5 | 1 3 3 |

5 3 3 | 1 3 3 | 5 3) #4 5 𝄋 ‖: 6 5 #4 5 2 1 | 7 1 4 3 #2 3 |
p

6 0 0 ♭6 | 5 0 0 #4 | ♮4 0 0 #2 | 3 0 0 #1 | 2 - - |
mf

2 0 #4 5 | 6 5 #4 5 1 7 | #6 7 3 2 #1 2 | 7 0 0 6 | ♭6 0 0 5 |
mp

#4 0 0 ♮4 | 3 0 0 #2 | 3 - - | 3 0 #4 5 | 6 5 #4 5 2 1 |

7 1 ♮4 3 #2 3 | 6 0 0 ♭6 | 5 0 0 3 | 2 0 0 #1 | ♮1 0 0 7 |

1 0 7 1 | 2 1 7 1 7 6 | 5 0 0 5 | #4 0 0 4 |
mp

5 0 7 1 | 2 1 7 1 7 6 | 5 1 0 3 0 | 6 0 2 0 5 0 ‖

一、活动目标

1. 了解音乐《春之声圆舞曲》和奥地利著名音乐家小约翰·施特劳斯。

2. 能够准确把握圆舞曲的节奏，并感受音乐带来的春天的气息。

二、活动准备

物质准备：音乐《春之圆舞曲》、描绘春天的挂图。

三、活动过程

1. 创设情境，引出主题。

教师："小朋友们，每当春天到来的时候，你们都有一种什么样的感觉呢？"（温暖、花儿开等）

教师："在每个人的心里对春天都有一种不一样的感觉。在老师心里，每当春天到来的时候，老师都有一种快乐的想舞蹈的感觉。因为终于可以脱下厚重的冬装，穿上轻便的春装。花儿也开了，大树也重新发出了新芽，一片生机勃勃。"

教师："今天老师带来了奥地利的音乐家小约翰·施特劳斯创作的《春之声圆舞曲》，他用音乐告诉了我们他心中的春天是什么样的。现在我们一起来欣赏这首著名的圆舞曲吧！"

2. 活动展开。

教师播放音乐，幼儿首次聆听，感受音乐。

教师："现在你们来说说，小约翰·施特劳斯他心目中的春天是什么样的呢？"（欢快、热闹）

教师："听了这首曲子以后，老师好像看到了冬天的雪还没有完全融化，地上还有一些积雪，但是冬眠的小动物们渐渐都苏醒了，地上也露出了刚刚出芽的小草，一派生机的景象，就像是一幅油画，永远保留住了大自然的春色。"

教师："让我们闭上眼睛，怀着对美好春天的向往，再来欣赏一次这首名曲吧！"

教师播放音乐，幼儿再次聆听音乐，感受音乐所表现的场景。

教师："有谁发现这首《春之声圆舞曲》中的一个不变的节奏。"

教师引导幼儿抓住圆舞曲特有的三拍子节奏。

教师："现在让我们都来做一次小约翰·施特劳斯，我们把桌子当成琴键，一起来演奏一曲《春之声圆舞曲》。"

教师播放音乐。幼儿在音乐的节奏中，用手指轻弹桌面，一拍一动，闭上双眼，享受音乐。

教师："小约翰·施特劳斯，你们弹得太动听了，我们一起来跳一支《春之声圆舞曲》吧！"

教师带领幼儿围成一个大圆圈，手拉手，双脚分开，由半蹲到直立随音乐舞蹈，一拍一动。

教师："现在老师想给你们一人发一张纸，请所有的小朋友都来画一画自己心中的《春之声圆舞曲》。"

配合背景音乐进行创作。

四、教学建议

1. 本活动中教师对春天的描述十分重要，教师应尽量生动、细致，声情并茂地为幼儿讲述自己心中的春天。

2. 三拍子的节奏复习是本游戏的重点，通过演奏和律动的方式巩固幼儿对强弱拍子的音乐感。

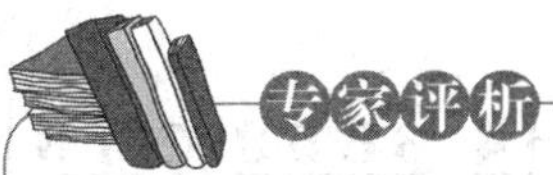

专家评析

《春之声圆舞曲》是小约翰·施特劳斯圆舞曲作品中最具代表性的名作之一。教师将此音乐欣赏活动分为了三个环节，分别是“听春天”“弹春天”“舞春天”。在第一个环节“听春天”中，教师为幼儿提供了想象的主题，让幼儿有目的的去聆听音乐；在第二个环节“弹春天”中，教师有创意的让幼儿将桌子当成琴键，一面随着乐曲弹奏，一面闭目冥想；第三个环节“舞春天”中，教师则让幼儿通过体态律动，更进一步感受音乐，体验春天的气息。教学活动设计的适宜性使幼儿始终徜徉于美妙的音乐、无限的遐想和积极愉快的情绪情感体验中。

4. 百 鸟 朝 凤

吕　　文　　成曲
蒋绍勤记谱并订弓、指法
李　　依　　泽设计

1=C（5 2 弦）4/4 2/4

♩=60

1 0 3 0 1 0 3 0 | 5356 7 27 6065 6 1 | 6165 353 0 1 353 |

0 1 3535 656 0 1 ‖: 6165 3 5 231 61 | 2 16 5165 5 3 313 |

23 26 053 2356 | 51 6165 6165 6165 | 6165 3561 565 032 |

11 2 36 053 23 | 25 5 56 532 3564 | 3566 6 61 3 |

2 – 3. 5 23 | 1. 2 1262 1 62 | 1262 1262 1262 1262 |

1 – – – | 0 5 5 0 0 0 | 0 2 2 1 0 0 3 3 3 |
3. 1 3. 1 | 7262 7262 7262 7262 | 3 1 – – |

0 2 2 7 7 7 2 2 35 7 7 0 0 | 3 3 0 0 2 2 0 0 | 1 1 5 5 |
1 3 – – | 3 – – – | 1 – – – |

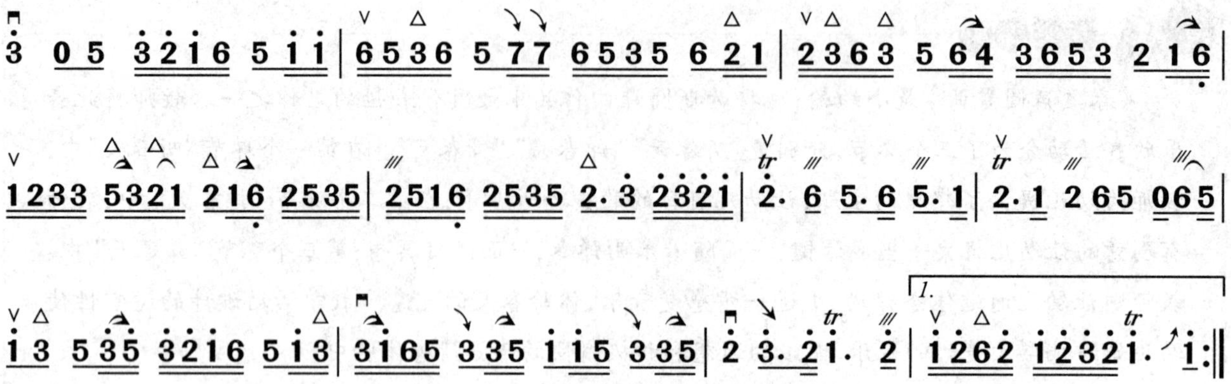

3 0 5 3216 5 11 | 6536 5 77 6535 6 21 | 2363 5 64 3653 216 |

1233 5321 216 2535 | 2516 2535 2· 3 2321 | 2· 6 5· 6 5· 1 | 2· 1 265 065 |

13 535 3216 513 | 3165 335 115 335 | 2 3· 21· 2 | 1. 1262 12321· 1 :‖

一、活动目标

1. 激发幼儿对民间音乐的喜爱。

2. 乐于用语言和别人分享自己对《百鸟朝凤》的理解。

3. 认识唢呐这个民族乐器。

二、活动准备

物质准备:音乐、百鸟朝凤图、唢呐图片。

三、活动过程

(幼儿在教室内围坐)教师:“今天老师为小朋友们带来了一首美妙的音乐,小朋友们想不想听一听?”

教师:“在听音乐之前,请小朋友们闭上眼睛仔细地听。”(播放完整的音乐)

教师:“现在请小朋友们睁开眼睛,说说你们都听到了什么?”

教师:“有的小朋友说自己听到有鸟,只有一只鸟吗?鸟儿又在干什么呢?我们现在先来听一小段,请小朋友们仔细听,鸟儿在哪里呢?在做什么呢?”(播放1、2小节音乐)

教师:“刚刚我们又认真地听了一遍这首美妙的音乐,现在有哪位小朋友能告诉老师鸟儿在什么地方?在做什么呢?”

教师:“小朋友们都非常棒,说出了自己听出来的故事,有的小朋友说小鸟们在做游戏;有的说鸟妈妈找不到小鸟宝宝了;还有小朋友说它们在跳舞……你们的故事都很棒!现在,我想请小朋友们用自己的动作来表演一下小鸟在做什么。”

教师:“小朋友们的动作也都很特别,现在老师再播放一次音乐,请小朋友们都站起来在安全区内,我们跟着音乐轻轻地做自己的动作。”(播放1、2小节音乐)

教师:“小朋友们都做得非常好,每一只‘小鸟’都有不一样的地方,小朋友们知道吗,这首曲子主要是由我们的民间乐器——唢呐(出示唢呐图片)吹奏完成的。这首曲子有属于自己的名字,它的名字叫作《百鸟朝凤》(出示《百鸟朝凤图》)。小朋友们可以看到很多很多的鸟儿,其中还有一只不一样的鸟,它们之间还有什么样的故事呢?明天我们再来一起探索鸟儿的世界。”

四、教学建议

1. 活动场地可以选择在宽阔的地方,让幼儿有足够的空间进行活动。

2. 道具准备上应用到小鸟的头饰等，给幼儿更直观深入的带入感，增加活动的趣味性。

专家评析

律动、舞蹈是拥有一定艺术性的形体活动，跟随被欣赏的音乐进行创造性的表演是一种欣赏音乐的方法。本活动让幼儿尽可能地在“参与”的过程中欣赏音乐，幼儿自己创编鸟儿的动作可以让幼儿对所欣赏的音乐产生更深刻、更全面的认识，并逐步意识到音乐与动作之间的内在联系。

5. 玩具兵进行曲

莱昂·耶塞尔曲
石　人　望编曲
李　依　泽设计

1=G（#G）2/4

进行曲速度

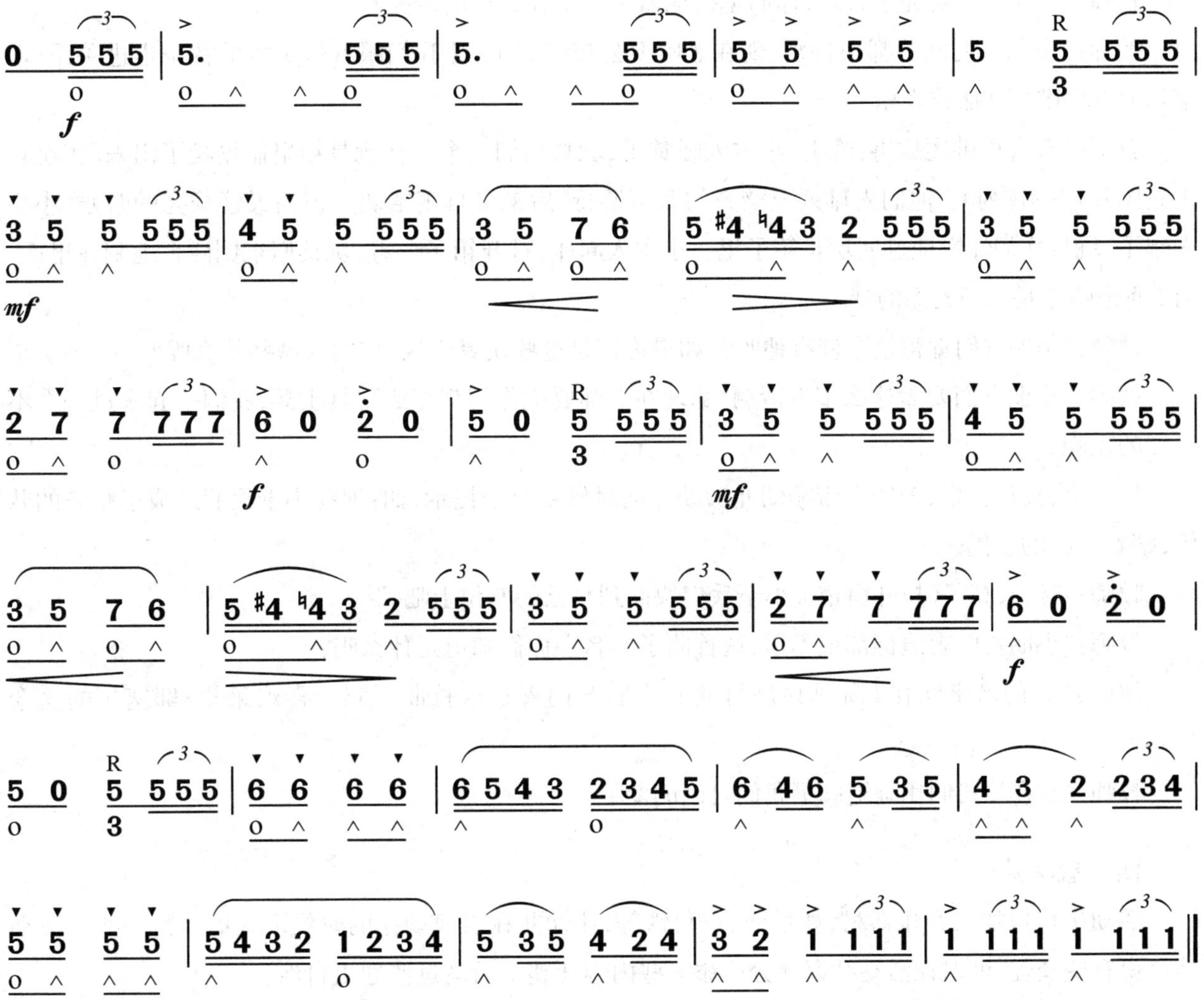

一、活动目标

1. 大胆、乐意积极参与音乐表演活动。

2. 理解音乐内容并能根据音乐内容为角色创编不同的走路姿态。

二、活动准备

物质准备:《玩具兵进行曲》、玩具士兵图片若干(手持各种不同乐器,可贴于黑板上)、小型“玩具箱”(可贴于黑板上,将士兵图片放入箱子内)。

经验准备:对进行曲有初步的了解。

三、活动过程

教师:“小朋友们上午好,小朋友们昨晚睡得好吗?有没有做梦呀?”

教师:“有的小朋友做梦了,有的小朋友睡得很香没有做梦,老师今天要和小朋友们分享一个德国音乐家的美梦,这个伟大的音乐家的名字叫作莱昂·耶塞尔,这个音乐家在做完了这个有意思的梦之后,他还为这个梦做了一首曲子,让我们先来听一听这首曲子,然后猜一猜到底是个什么样的梦。”(播放音乐)

教师:“小朋友们听完了音乐,你们觉得他做了一个什么样的梦呢?”

教师:“小朋友的回答都很特别,现在老师要公布答案了,让我们跟着这美妙的音乐走进莱昂·耶塞尔的梦中吧。”(播放音乐)

教师随着音乐讲述故事:晚上,小主人睡觉了,玩具兵们一个个从玩具箱里偷偷爬了出来(将玩具士兵图片逐一排列)。他们先排列成整齐的队伍游行,后来又打闹嬉耍。正当天蒙蒙亮的时候,小主人醒了,玩具兵们惊慌地逃回玩具箱子里。小主人起床,打开箱子一看,玩具们东倒西歪地躺在里面。呵!原来刚才是一场美丽的梦。

教师:“小朋友们觉得这个梦有趣吗?如果你们是这些玩具士兵,你们会做些什么呢?”

教师:“小朋友们要做这么多事情啊,那现在老师要把你们都变成玩具士兵,我们一起来过一个不一样的夜晚。”

拉窗帘,播放音乐,教师在带领幼儿做动作的时候要给予提示,如:现在小士兵们站成了整齐的队伍,踏着自己的步伐……

教师:“呀,天亮了(拉开窗帘),小士兵们快回到自己的座位上吧。”

教师:“小朋友们表演得都很不错,这首曲子的名字你们知道是什么吗?”

教师:“它的名字叫作《玩具兵进行曲》,小朋友们喜欢这首曲子吗?喜欢莱昂·耶塞尔的这个梦吗?”

教师:“现在让我们用画笔画下我们自己的梦吧。”

四、教学建议

活动中可以加入音乐器材,如手鼓、三角铁等,让幼儿在表演动作的时候形式更丰富一些。活动结束得有些仓促,可以在活动结束部分增添一些内容让整个活动过渡地更自然。

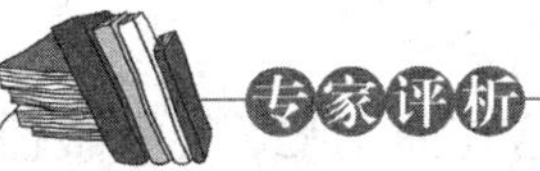

在音乐欣赏中鼓励用身体动作感受音乐，肌肉活动、身体动作在感受音乐，特别是在感受音乐节奏中所起的作用是巨大的，例如：可以把节奏用脚踏出来，随着它跳跃或者舞蹈或者发明一种节奏游戏等。《玩具兵进行曲》$\frac{2}{4}$拍的节奏全曲情绪欢快、雄壮、生动，富有儿童性在表演中能够达到幼儿的兴趣点，在做动作的同时感受这个节奏让幼儿对音乐有了更充分的理解。

6. 赛　　马

黄　海作曲
张心抚配伴奏
李依泽设计

1=F（6 3弦）$\frac{2}{4}$

奔放、热烈地

二胡　6. 35 | 6. 35 | 6. 35 | 6. 35 | 6535 6535 | 6535 6535 |

扬琴　6 63 3 63 | 6 63 3 63 | 6 63 3 63 | 6 63 3 63 | 6 63 3 63 | 6 63 3 63 |

二胡　6 6 6 6 | 6 6 6 6 | 63 16 | 36 53 | 2321 2321 | 2321 2321 |

扬琴　6 63 3 63 | 6 63 3 63 | 36 0 0 | 31 0 0 | 5 52 2 52 | 5 52 2 52 |

二胡　63 16 | 36 53 | 2321 2321 | 2321 2321 | 2. 61 | 2. 61 |

扬琴　36 0 0 | 31 0 0 | 5 52 2 52 | 5 52 2 52 | 5 52 2 52 | 5 52 2 52 |

一、活动目标

1. 能安静地倾听《赛马》，感受乐曲所表现出的情景。
2. 通过听、看、说体会乐曲所表达的内容与情绪。
3. 感受中国民乐的风格。

二、活动准备

物质准备：赛马的乐曲、赛马视频。

经验准备：幼儿知道蒙古这个民族。

三、活动过程

教师:“今天老师给小朋友们带来了一首好听的曲子,让我们先来听一听这首曲子吧。”(完整播放曲子)

教师:“小朋友们听完这首曲子有什么感觉呢?”

教师:“好像来到了什么地方?看到了什么呢?”

教师:“有小朋友说他听出来有马儿,那马儿在干什么呢?”

教师:“有小朋友说马儿在跑,那你们知道是一匹马儿在跑还是很多马儿在跑呢?他们跑的速度怎样?马儿为什么要跑呢?”

教师:“小朋友们说得都很好,有的说一匹马儿在快快地跑,有的说很多马儿在跑……能说出来自己是怎么想的你们都很棒。我们刚刚听到的这首曲子名字叫作《赛马》,赛马是蒙古族人在他们的那达慕大会上的一项活动,老师还给小朋友们带来了一段蒙古族人在那达慕大会上赛马的视频,让我们来看一下赛马是什么样的。”(播放视频《赛马》)

教师:“看了视频之后,小朋友们已经知道赛马是什么样子的了,现在请小朋友们说一说赛马是什么样的,马儿是怎么奔跑的,马儿之间又是怎么比赛的呢?”

教师:“小朋友们说马儿都跑得快快的,很多马儿一起跑,有时候后面的马儿就超过了前面的马儿,还有观众在给它们加油……那我们现在再听一遍这个音乐,当你听到马儿跑得快的时候,请跟着音乐拍拍你们的腿,后面的马儿要超过前面的马儿的时候,请跺跺你们的脚。”(播放音乐)

教师:“刚刚小朋友们都做得很好,能够跟着音乐动起来,现在老师也想要和小朋友们一起跟着音乐进行激烈的赛马,可以吗?”

教师:“让我们一起动起来吧!”(播放音乐,老师带领幼儿跟随音乐节奏律动)

教师:“和小朋友们一起‘赛马’老师非常开心,请小朋友们把这首好听的音乐回家分享给你们的爸爸妈妈,你们可以一起查阅更多关于赛马的小知识。”

四、教学建议

在活动中可以增加一些骑马的动作,不仅限于拍腿、跺脚等简单的动作。可以模拟赛马的场景,制作头饰,让幼儿通过角色扮演对音乐有更深的认识。

专家评析

在这个活动中教师运用容易引起幼儿兴趣的视频让幼儿直观地了解了赛马的场景,并在第一次听音乐的时候组织幼儿讨论了倾听的感受,后又将这个场景和音乐相结合起来让幼儿对音乐进行欣赏,引导幼儿理解、感知音乐的部分细节,但在律动部分教师带领幼儿一起做动作在无形中给幼儿做了一个范本,欣赏音乐作品时应尽量选用开放式、启发式的手段以免限制幼儿的感知觉联动,禁锢幼儿的感受力发展。

图书在版编目(CIP)数据

幼儿园音乐游戏设计与指导/董丽主编. —上海：复旦大学出版社，2019.6（2023.8 重印）
ISBN 978-7-309-14063-7

Ⅰ.①幼… Ⅱ.①董… Ⅲ.①学前儿童-音乐教育-幼儿师范学校-教材 Ⅳ.①G613.5

中国版本图书馆 CIP 数据核字(2018)第 268166 号

幼儿园音乐游戏设计与指导
董　丽　主编
责任编辑/高丽那

复旦大学出版社有限公司出版发行
上海市国权路 579 号　邮编：200433
网址：fupnet@fudanpress.com　http://www.fudanpress.com
门市零售：86-21-65102580　团体订购：86-21-65104505
出版部电话：86-21-65642845
杭州日报报业集团盛元印务有限公司

开本 890×1240　1/16　印张 12　字数 290 千
2023 年 8 月第 1 版第 3 次印刷

ISBN 978-7-309-14063-7/G · 1929
定价：40.00 元